Arena-Taschenbuch

Band 2592

D1986624

Gerda van Erkel
hat drei Kinder und arbeitet als Psychotherapeutin mit Jugendlichen. Dabei kam sie in Kontakt mit »De Triangel«, einem Zentrum, das sozial gefährdeten Jugendlichen als Begegnungsstätte dient. Ihre konkrete Arbeit mit den Jugendlichen gibt Gerda van Erkel immer wieder Impulse und Ideen für ihre Arbeit.

Gerda van Erkel

Jasper sucht Margreet

Aus dem Niederländischen
von Monica Barendrecht
und Thomas Charpey

Arena

Mit Dank an Gert (De Triangel) und
Bruno (Jeugdinfo Antwerpen)

In neuer Rechtschreibung

1. Auflage als Arena-Taschenbuch 2001
Die Originalausgabe erschien 1996 unter dem Titel
»Leven op de rand«
bei Uitgeverij Davidsfonds/Infodok in Leuven, Belgien
Lizenzausgabe des rex verlags luzern
© 1997 by rex verlag luzern – stuttgart
Aus dem Niederländischen von
Monica Barendrecht und Thomas Charpey
Einband und Reihengestaltung: Bayerl & Ost, Frankfurt,
unter Verwendung eines Fotos von Mauritius
Gesamtherstellung: Westermann Druck Zwickau GmbH
ISSN 0518-4002
ISBN 3-401-02592-9

Gewidmet

meinen Eltern und meinen Kindern
Koen, Annelies und Bart

den Jugendlichen, ihren Eltern und dem Team
von De Triangel alias Plansjee und

Pol Custers,
für seine echte und treue Freundschaft

»Ich meine nur: Um zu einer anderen Person eine vollkommene Beziehung haben zu können, muss man diese erst zu sich selber haben. Wenn wir unser eigenes Alleinsein nicht aushalten, werden wir den anderen ausschließlich als Schild gegen die Einsamkeit benutzen.«

Irvin D. Yalom, *Nietzsches tranen*, Amsterdam, Uitgeverij Balans

Teil I

1

Auf ihrem Schädel liegt eine hauchdünne Schicht Kupferglanz und an ihrem rechten Ohrläppchen blinken vier kleine Silberringe hintereinander. Es ist Dezember. Draußen fällt schon den ganzen Mittag über Schneeregen; erst in der letzten Stunde sind dicke, wattige Flocken daraus geworden. Sie steht in der Türöffnung zwischen Gang und Hinterzimmer. Der schwarze Mantel, auf dem jetzt der Schnee langsam schmilzt, ist ihr viel zu weit und endet schätzungsweise drei Fingerbreit über ihren Knöcheln. Eine Pfütze bildet sich um ihre ausgelatschten Springerstiefel. Auch die sind schwarz, genau wie die dicken groben Wollsocken. Ebenso der indische Stoffbeutel über ihrer Schulter, der allerdings mit Goldstickerei verziert ist und mit einem Haufen von diesen gläsernen Glitzerdingern, die bei jeder geringsten Bewegung im Schein der Lampe funkeln.

Aber es ist ihr kahl geschorener Schädel, von dem ich

meinen Blick nicht abwenden kann. Ich kann nicht entscheiden, ob sie dadurch nun unnahbar oder gerade schrecklich zerbrechlich aussieht. Jedenfalls signalisiert er: Fass mich nicht an! Das ist einigermaßen verwirrend, denn mehr als alles andere ist sie unglaublich sexy. Und dann ist da noch das blaue Auge. Wie die Augenklappe eines Piraten sitzt es unter der kleinen ovalen Brille und genau wie das andere ist es kräftig mit schwarzem Kohlstift nachgezogen. Wimpern wie Schwalbenschwänze. Das restliche Gesicht ist weiß – nicht einfach bleich, sondern weiß, als wäre es mit Schnee gepudert – mit scharfen Wangenknochen, was das Schwarz von Augen und Mantel und das Kupferrot des Schädels noch mehr betont. Einfach beängstigend, wenn man mich fragt.

Seit sie da in der Türöffnung erschienen ist, hängt Chuck neben mir halb über dem Tisch. Er schubst mich zur Seite, um sie besser sehen zu können, und da ich gerade meinen Vier-Uhr-Kuchen in den Kaffee getunkt habe, bricht das aufgeweichte Stück ab und verschwindet im Becher. Ich versuche es wieder rauszulöffeln, aber es entsteht nur eine Matschpampe und ich gebe es auf.

Himmel, die Neue ist wirklich beängstigend.

»Leute, das ist Margreet«, stellt Lukas sie vor.

Chuck pfeift durch die Zähne.

»Margreet oder Mordsgrete?«, liebäugelt er.

Sein Brustumfang hat schon zehn Zentimeter zugelegt, um sie sich als nächste Dekoration an die Brust zu heften, doch ich sehe schadenfroh, wie sie ihn mit ihrem Blick eiskalt abprallen lässt. Jemand müsste sie warnen vor dem Gegenschlag, denke ich, aber meine Zunge liegt aufgerollt wie eine ängstliche Schnecke in meinem Mund. Chuck schiebt mit der seinen die Unterlippe vor. Wir von Plansjee wissen, was das bedeutet. Und schon geht es los: Er schlägt die flachen Hände auf den Tisch, drückt sich mit den Unterarmen hoch, springt wie ein Tiger, der Beute wittert, auf seinen Stuhl, auf den Tisch und auf der anderen Seite wieder runter – das Ganze schneller, als man zweimal mit den Augen zwinkern kann. Nur Kari ist noch schneller als er *unter* dem Tisch verschwunden. Ich selbst kann gerade noch meinen Kaffeebecher in Sicherheit bringen und Evelien die Milchtüte. Chuck pflanzt sich breitbeinig vor Margreet auf. Hände auf den Hüften. Seine Jeans spannt sich über dem Hintern, und das weiß er. Ich könnte wetten, dass er grinst, mit seinem Fuchslächeln in den äußeren Augenwinkeln. Nun muss er nur noch seine braunen Afrolocken in den Nacken werfen. Ich halte mein Herz fest, damit es nicht wie ein Schild aus Pfefferkuchen zwischen ihn und Margreet springt. Sie ist ein ganzes Stück kleiner als er, aber dadurch lässt sie sich offensichtlich nicht abschrecken. Im Gegenteil, sie macht noch einen Schritt vorwärts und steht nun genau unter der Lampe; das Licht spiegelt sich auf ihrem Schädel. Zwischen ihr und Chuck liegen nun keine dreißig Zentimeter mehr. Herausfordernd kreuzt sie die Arme über der Brust. Ich hoffe, dass sie weiß, was sie tut, und ich halte mein Herz noch fester. Dann hebt sie das Kinn, um das, was sie zu sagen hat, Chuck mitten ins Gesicht sagen zu können.

»Trottel!« – Zwei Silben tief gekühlte Verachtung.

Mir läuft es eiskalt den Rücken hinunter.

»Das ist unser Hausmacho«, spottet Evelien.

»Nicht für dich, Schnepfe!«

Evelien streckt ihm ihre Rasiermesserzunge raus und Dominik grinst hinter seinem Ellbogen. Jeder platzierte Kinnhaken für seine Stiefschwester tut ihm gut.

»So, jetzt reicht's dann«, meint Lukas. »Setz dich zu uns, Margreet, und nimm dir einen Kaffee, wenn du willst!«

Chuck dreht sich um und geht finster auf den Schrank zu. Dem verpasst er einen Hieb, dass im Innern das Geschirr klimpert. Margreet setzt sich auf seinen Stuhl zwischen mich und Evelien, die ihr schweigend die Schale mit dem letzten Schokokeks hinschiebt, aber sie lehnt ab. Evelien zieht so rasch die Hände zurück, dass man meinen könnte, eine Wespe wolle sie stechen. Dominik kann seine Beute

nicht schnell genug hinunterschlingen. Der Keks unter seinen Zähnen zerbricht die Stille. Lukas klaubt Kari unter dem Tisch hervor.
Lukas ist einer der Erzieher. Ein Kerl wie ein Baum mit der Frisur eines Fremdenlegionärs und einem Pfeffer-und-Salz-Bart um Kinn und Oberlippe. Kari, ihre Hand sicher geborgen in der von Chuck, faucht in Richtung der Neuen, die geistesabwesend zurückstarrt und auf einmal traurig aussieht. Ihr dünner Hals wirkt etwas verloren in dem weiten Mantelkragen.
Dominik hört abrupt auf zu kauen. Plötzlich ist es still. Jeder wartet und niemand sagt was und alle studieren wir die Kuchenkrümel auf der Tischplatte. Nur Lukas sitzt bequem auf seinem Stuhl, die Füße parallel und flach auf dem Boden, die Knie ein wenig auseinander. Er schaut um sich, als hätte er es für den Rest seines Lebens niemals wieder eilig, mit einer Unerschütterlichkeit, mit der nur Lukas schauen kann, und wir wissen, er meint es ernst. Er kann, wenn er will, auf diesem Stuhl hundert Jahre alt werden und sich dabei noch amüsieren, während wir – ich auf jeden Fall – schon einen Krampf im Hintern kriegen.
Ich schlucke, wende mich der Neuen zu und strecke ihr die Hand hin.
»hi, ich bin Jasper«, sage ich. Meine Zunge ist noch im-

mer dick. Weiter fällt mir nichts mehr ein, nur noch, dass Chuck mich von nun an endgültig gefressen haben dürfte. Das passiert mir immer und immer wieder: Ich bin ein friedliebender Junge und suche mir meine Schwierigkeiten ganz alleine. Als ob mein Leben ohne das nicht schon kompliziert genug wäre. Wer sagte das auch gleich wieder: Dein Schicksal ist dir gegeben, und was du daraus machst, ist deine Bestimmung?

Margreet wendet mir das Gesicht zu und ich höre mich fragen, ob sie ihren Mantel nicht ablegen will.

»Die Garderobe ist im Gang«, will ich noch sagen, aber sie fällt mir ins Wort. Sie weiß, wo die Garderobe ist (natürlich, die haben sie ihr beim Einführungsgespräch gezeigt: die Garderobe, den Abfalleimer, den Klopapiervorrat und so weiter); und ihren Mantel behält sie lieber an, denn sie ist sich noch nicht sicher, ob sie bleiben wird.

Damit habe ich nicht gerechnet. Ich versuche zu lächeln, ungefähr so, als hätte ich einen Schlag in den Magen gekriegt und müsste dennoch mit aufs Foto.

Sie zieht die Handschuhe aus und legt sie wie für eine Kampfpause, aber in Reichweite, vor sich auf den Tisch. Dominik würgt an dem Keksklumpen in seinem Mund herum.

»Du bist ein Ferkel«, höhnt Evelien. »Wenn du kotzen musst, dann mach das bitte auf dem Klo und nicht wie heute Nacht . . .«

»Das war das Hundefleisch . . .«, brabbelt Dominik und zu uns gewandt: »Ihr Vater hatte gekocht.«
»Ja, Gulasch! Endlich mal was anderes als Frikadellen und Tiefkühlfritten! Deine Mutter kennt ja Gulasch nicht mal als Konserve! Und gib ruhig zu, dass du *so* eine Tüte Süßigkeiten vor dem Fernseher gefressen hast!« Ihre Hände deuten einen Mülleimerbeutel an.
Das ist normal für die beiden – vielleicht auch für die meisten zersplitterten Familien, am Anfang jedenfalls. *Ihr* Vater und *seine* Mutter wohnen seit ein paar Monaten zusammen. Wir achten längst nicht mehr auf ihr Gezänke. Selbst Kari kriecht deswegen nicht mehr unter den Tisch. Aber Margreet wird noch weißer, als sie ohnehin schon ist. Ich sehe sie in ihrem Mantel zittern. Und als sie sich Kaffee einschenkt, klappert der Becher gegen die Thermoskanne und gleich darauf gegen ihre Zähne, als sie trinkt, obwohl sie ihn mit beiden Händen umklammert hält. Ein Rinnsal brauner Tropfen läuft von ihrer Unterlippe über ihr Kinn. Ich fühle mich unbehaglich, weil ich etwas beobachte, das nur ihr gehört, ganz allein und ausschließlich ihr, und das sehr verletzlich ist, aber als ich meinen Blick abwenden will, gelingt mir das nicht. Ihre Augen bleiben zwar trocken, aber ihr Mund weint, wortlos, man hört nichts als das Ticken ihrer Zähne gegen den Becher. Noch nie habe ich ei-

nen Menschen so einsam gesehen, ausgenommen vielleicht meinen Vater. Aber ich war auch noch nie auf den ersten Blick verliebt.
Noch während ich das denke, will ich es abstreiten, aber natürlich stimmt es. Ich komme mir vor wie eine Fliege, die von der Flamme einer Kerze angelockt wird. Schon gefangen in ihrem Dunstkreis, nur eine Frage der Zeit, dass ich reinfalle.
Inzwischen herrscht wieder eine ohrenbetäubende Stille und jeder starrt heimlich Margreet an; ich auch. So war es immer, wenn jemand neu zu uns kommt: Der stört das Gleichgewicht, und wer dann nicht fest im Sattel sitzt, fällt möglicherweise auf die Schnauze oder wird in die Ecke gedrückt. Sie darf niemanden überfahren . . .
Sie setzt den Becher ab; ein trockenes Tacken auf der Tischplatte. Ein Kaffeetropfen löst sich von ihrem Kinn und zerplatzt auf ihrer Hand. Sie wischt ihn nicht weg, schließt die Augen. Dominik tupft mit einem feuchten Finger die letzten Kekskrümel aus der Schale. In seinen Mundwinkeln klebt Schokolade. Evelien verbiegt ihren Kaffeelöffel. Chuck sitzt auf den Fersen rücklings beim Schrank. Noch immer spielt seine Zunge mit der Unterlippe. Ich merke, wie er mich mit seinem Fuchslächeln aufs Korn nimmt, mich herausfordert, noch mal den Retter für Margreet zu spielen. Ich denke nicht daran, ziehe

mich mit Knochen, Muskeln und Sehnen zurück, aber in meinem Bauch toben die Schmetterlinge. Wenn ich sie nicht beachte, werden sie schon aufhören.

Kari rutscht von ihrem Stuhl und kauert sich zwischen Chucks Knien zusammen. Da bleibt sie sitzen, bewegungslos, Augen und Mund zugekniffen. Erst wenn er sie in die Wange zwickt, wird sie ihre Augen zu den normalen Schlitzen öffnen.

»Hallo, Reisfresser«, sagt er und zwinkert ihr zu.

Sie lacht und schnappt nach seiner Nase, dann legt sie beide Arme um seinen Hals. Sie schnurrt, ihr Gesicht an seiner Wange. Zum x-ten Mal überlege ich mir, warum ich diese beiden nicht begreife. Chuck und Kari – es stimmt einfach nicht. »Neidisch«, sagt mein Bauch und »Schnauze!«, sagt mein Kopf, aber ein ernsthaftes Argument hat er nicht. Es ist nun einmal wahr, dass ich niemanden habe, der mich noch einmal so anfassen würde. Stijn findet, dass er zu groß ist, und Katrien schmust mit ihren Puppen. Nur Dries will noch ab und zu auf den Schoß, aber Dries tickt nicht richtig und man weiß nie, ob er es ernst meint. Er kann dir im nächsten Moment voller Zuneigung einen Biss in die Wange verpassen, sodass sie eine Woche lang so blau ist wie Margreets Auge; darum zählen Dries' Arme um meinen Hals nur halb. Ich schäme mich, dass ich so denke, denn ich will ein guter Mensch sein. Ich glaube auch, dass ich einer bin. Zumindest besser als dieser beknackte Chuck oder dieser Angeber Dave mit seiner täglichen Fortsetzung aus der Serie Schul-Guerilla und seinen ewigen Black Stars, der Gruppe, in der er spielt. Ich kann es kaum glauben, aber heute bin ich richtig froh, dass er auftaucht, und ich bin offensichtlich nicht der Einzige. Dieses eine Mal macht niemand die Bemerkung, seine Phantasie sei größer als sein Grips. Nur Margreet verkriecht sich noch tiefer in ihrem Mantel, aber ich habe das meine getan, ich wasche meine Hände in Unschuld. Die sind jetzt allerdings mit dem Abräumen beschäftigt.

Dave und ich haben Küchendienst, aber er hat sich gerade erst Kaffee eingeschenkt und bläst sich auf, weil keine Kekse mehr übrig sind.

»Bestimmt du wieder, Dominik, oder?«, holt er aus.

»Such dir einen anderen. Ich hab den Tisch nicht gedeckt. Jasper! Hee, Jasper?! Du kannst nicht zählen, Mann! Und das für so'n Hirnwichser!«

Chuck und Dave grinsen und Kari wiehert ein bisschen hinterher. Ich zucke die Schultern und rühre den Keksmatsch durch meinen Kaffee; er ist nicht mehr zu trinken.

»Das kommt durch die Neue«, sagt Kari – so, wie man ein Streichholz in der Nähe von einer Tonne Sprengstoff zündet.

»Ich heiße Margreet.«
Dave hat sie bis jetzt ignoriert, nun zeigt er auf ihren Schädel.
»Auschwitz überlebt?«, spottet er.
Sie presst die Zähne aufeinander.
»Dann wirst du dich an dieses Konzentrationslager wohl auch gewöhnen können . . .«
»Hol doch ein neues Paket Kekse aus der Küche, Dave«, beschwichtigt Lukas.
»hi, Jungs, habt ihr gehört! Er will mich schmieren, damit ich die Klappe halte!«
»Wenn das möglich wäre! Ich würde sofort eine ganze Keksfabrik für dich aufkaufen.«
Allgemeines Grinsen, sogar Margreet zuckt kurz mit den Mundwinkeln. Dave marschiert pfeifend in die Küche, doch als er dort nur Spekulatius findet, flucht er laut.
»Dieses Zeug würde man in einem Bistro noch nicht mal Hausfrauen zum Kaffee andrehen«, grollt er.
Die Schranktür knallt zu. Lukas und Maya wechseln einen Blick, der so viel heißt wie »Oh nein, nicht schon wieder«.
»Schnee in der Luft«, sagt Maya gottergeben.
Chuck schiebt Kari von seinem Schoß und steht auf. Er nimmt ein Päckchen Zigaretten aus seiner Gesäßtasche und knipst sein Feuerzeug an.
»Geh bitte in den Garten«, sagt Maya.

»In der Hausordnung steht, dass man, wenn es friert . . .«
»Wenn es friert wie in *Sibirien,* okay, da hast du Recht, aber ich hab das Gefühl, dass dir etwas Abkühlung gut tun würde. Und zieh eine Jacke an!«
»Warum? Wenn ich eine Lungenentzündung kriege, bin ich diese beschissene Gruppe wenigstens los.«
»Versuch's doch mal mit Lungenkrebs«, sagt Evelien, ohne von ihrem Buch aufzusehen. Dafür, dass sie immer diese zuckersüßen Liebesschnulzen liest, ist sie so giftig wie ein Skorpion.
Chuck verschwindet schmollend nach draußen, ohne Jacke und mit Dave im Schlepptau. Der nimmt seinen Kaffee mit und murmelt etwas von Clochards in Paris, die wenigstens Pappschachteln als Schutz bekommen.
»He, Dave!«, rufe ich ihm hinterher.
»Reg dich nicht auf! Ich trockne schon noch ab . . .«
»Hoffentlich. Ich hab nicht vor, deinen Teil auch noch zu erledigen.«
»Ohgottohgott, zähl doch die Löffel!«
Ich fange an den Tisch abzuräumen. Margreet schiebt schweigend das eine oder andere in meine Richtung. Ihr Lächeln ist wie Seife an meinen Händen. Beinahe lasse ich einen Becher fallen. »Lass nur«, sage ich, »ich schaff das schon«, aber da schaut sie, als ob ich einen Stein in ihr anderes Auge geworfen hätte.
»Sorry«, murmele ich.

»Ja, wieso nicht. Das sagen sie alle.«
»Ich meine es so.«
»Klar. Und ich bekomme Aladins Wunderlampe zum Nikolaus.«
»Sorry.«
Es ist heraus, bevor ich es weiß. Echt, ich würde so etwas nicht absichtlich tun. Sie nimmt ihren Walkman aus dem Stoffbeutel und lässt die Rollläden vor ihren Augen herunter. Dann eben nicht. Ich werde mich nicht aufdrängen. Sie kann es mir ja sagen, wenn sie wieder da ist.
Ich schaue in die Runde. Die anderen haben offensichtlich nicht auf uns geachtet. Evelien sitzt in einer rosa Wolke hinter ihrem Buch. Sie hört nicht einmal, dass Dominik mit seinem Computerspiel neben ihrem Ohr piepst, denn dann würde sie toben. Tinne kommt gerade aus der Küche, Maya und Lukas sind zum Tisch im Durchgangszimmer umgezogen und tratschen über uns. Es ist unglaublich, wie viel Worte hier um uns gemacht werden. Ich würde meinen Bericht gerne mal lesen. Oder auch nicht. Er ist voller Sachen, die ich lieber vergessen möchte. Schlafende Hunde soll man nicht wecken.
Vielleicht ist es vor allem das, wogegen wir uns wehren, wenn Neue kommen, überlege ich mit einem Mal. Wir wollen nicht wieder bei null anfangen, doch die Gefahr besteht ja immer.

Ich war verrückt, als ich hier ankam – wenigstens dachten sie das. Noch verrückter als Dries und mein Vater, denn ich machte es vorsätzlich, auch wenn es nicht wirklich absichtlich war – nicht bewusst, meine ich. Wenn man verrückt ist, können sie dir nichts tun. Das hätte in meinem Kopf herumgespukt, meinte Maya. Nicht, dass sie das so geradeheraus sagte ... Irgendwie kam ich nach einiger Zeit selber dahinter, durch meine Gespräche mit ihr, und danach war es nicht mehr nötig, so zu sein. Oder zu tun, als ob. Ich traute mich zum Beispiel nicht quer durch ein Zimmer zu gehen. Und ich musste mich immer ganz nahe an einer Wand halten. Oder meine Mappe an geraden Tagen rechts tragen, an ungeraden Tagen links. Sonst passierte etwas Fürchterliches. Ein Verkehrsunfall oder so, oder unser Haus in Flammen und Dries noch drin ... Ich zählte auch fortwährend alles. Die Punkte auf Vifs Kleid. Die Kästchen in meinem Mathematikheft. Die Würfel in der gläsernen Zuckerdose. Die musste ich schätzen, dann geriet ich in Panik. Ich versuchte es zu lösen, indem ich immer selber die Zuckerdose füllte und dann subtrahierte: ein Würfel pro Tasse, das ist hier die Ration, und Chuck trinkt ihn schwarz und Vif und Arno nehmen keinen Kaffee, sondern Milch. Vif kommt schon eine ganze Weile nicht mehr und Arno ist ebenfalls dabei, abzubauen, der ist nur noch freitags hier. Ich fand das Zählen und so damals saudoof, aber wenn ich es nicht machte, begann ich zu schwitzen und bekam keine Luft mehr – ich glaubte dann, ich würde sterben. Ganz selten überfällt es mich noch, aber nie mehr so schlimm wie damals. Vorhin ganz kurz, als ich mich Margreet zuwandte, um »hi« zu sagen, »Ich bin Jasper« – alle Blicke auf mich gerichtet, vor allem der von Chuck –, und ich plötzlich nicht mehr so klar wusste, wer Jasper überhaupt ist. Die Glitzerdinge auf ihrem Stoffbeutel halfen nicht viel, es waren zu viele. Immer um die Zahl vierzig herum verlor ich den Faden.

In der Küche lade ich Papier und ein paar Obstreste im Mülleimer ab, dann gehe ich, den Becherturm immer noch in den Händen, zum Fenster. Es schneit dicke, wollige Flocken. Auf der Bank, die unter das Vordach geschoben wurde, rauchen Chuck und Dave. Es ist dunkel, ich sehe nur ihre Umrisse, Schulter an Schulter, so dicht nebeneinander, dass sie eine Einheit bilden. Ab und zu glüht die Spitze ihrer Zigaretten rot auf. Einmal höre ich ihre gedämpften Stimmen, doch sie reden nicht viel. Das ist der Vorteil beim Rauchen: Man kann einfach so zusammensitzen; man braucht keinen Grund, kein Gesprächsthema, nichts. Entspannt in deiner Wolke. Manchmal, so wie jetzt, fehlt es mir und ich möchte wieder anfangen, doch dann zwinge ich mich an Opa zu denken. Blut spucken kommt mir wirklich nicht appetitlich vor.

Tinne kommt herein und ich staple den Abwasch in

der Spüle. Sie ist der Tausendsassa in Plansjee. Sie kümmert sich um alles, wofür Lukas und Maya keine Zeit haben: einkaufen, kochen, putzen und alle zwei Wochen freitags deine Haare nach Läusen kontrollieren. Letzte Woche ist sie dreiundzwanzig geworden. Wir haben ihren Geburtstag mit Apfelkuchen und Schlagsahne und warmer Schokosoße gefeiert. Im Frühjahr wird sie heiraten. Ihr Freund holt sie oft ab, in einem roten Lada. Es kommt vor, dass der sich weigert anzuspringen, und dann schieben wir mit der ganzen Meute, bis er in Fahrt kommt. Der ist nichts für Tinne, dieser Lada. Ihr Freund genauso wenig. Ein New Ager.

Tinne ist mehr eine, die zupackt. Kein Gesülze.

Sie stöbert im Kühlschrank.

»Was essen wir?«, frage ich.

Das Wochenmenü hängt am schwarzen Brett, doch aus Tinnes Mund klingt es immer appetitlicher.

»Kerbelsuppe und danach Spagetti.«

»Gibt es Hackbällchen in der Suppe?«

»Dreiundsiebzig.«

Siehst du, das meine ich. Es würde mich nicht wundern, wenn Tinne sie wirklich zählte, so organisiert, wie sie ist.

Ich lasse Wasser in die Spüle laufen und tue einen Spritzer Spülmittel hinein. Während das Becken voll läuft, kratze ich den Topf aus, in dem sie Schokoladenpudding gekocht hat. I'm a lucky guy. Man kann auch Küchendienst haben, wenn es Äpfel als Nachtisch gegeben hat. Dann fang ich an abzuwaschen.

»Weißt du, dass ich schon fast zwei Jahre hierher komme?«, denke ich laut. »Nur Chuck war noch vor mir hier . . . Im Mai werde ich achtzehn, dann muss ich hier weg . . .«

Auf einen Schlag wird es mir bewusst.

»Tut es dir Leid?«, fragt Tinne, während sie für einen Moment aufhört, über dem Suppentopf Petersilie durch die Mühle zu drehen. Ich höre es, weil das Geräusch aufhört. Und ihre Augen spüre ich außerdem im Rücken.

»Ach nein, eigentlich . . . wir sind irgendwie eine Gruppe geworden, weißt du . . . auch wenn es manchmal nicht so toll läuft.«

»Und manchmal läuft absolut nichts, das kannst du wohl sagen! Wie ihr heute Margreet empfangen habt, also wirklich!«

Das Wasser ist zu heiß und ich lasse kaltes dazulaufen. Dann wasche ich die Becher ab und staple sie auf der Spüle. Der Rest ist für Dave.

Tinne schneidet unterdessen Schinkenstücke für die Spagetti und singt den neuesten Hit von Guns n' Roses. Sie singt gut, und wie sie dabei die Hüften schwingt . . . das ist ein Po für eine Harley Davidson, nicht für einen Lada. Ich klaue ihr einen Streifen

Schinken unter dem Messer weg. Sie klopft mir schnell auf die Finger, ohne mit dem Singen aufzuhören.
»Ich hoffe, dass Margreet bleibt«, höre ich mich dann selbst sagen, ganz leise, aber immer noch verständlich, was keineswegs beabsichtigt war.
Prompt bricht der Gesang ab, das Messer hackt deutlich langsamer.
»So«, sagt sie, aber ich gehe ihr nicht auf den Leim; ich bin lange genug hier und weiß, wie schnell es in der Gerüchteküche brodelt. Mir fällt plötzlich ein, dass ich noch jede Menge für die Schule zu erledigen habe.

Es gibt zwei Arbeitszimmer in Plansjee, eines im ersten und eines im zweiten Stock. Beide gehen auf den Garten hinaus. Auf der anderen Seite, zur Straße hin, liegen das Musikzimmer und darüber das Büro des Teams.
Wir sitzen im zweiten Stock. Wir: Das sind die Großen, die mehr oder weniger allein zurechtkommen – und wenn nicht, ist Lukas auch noch da. Ich fühle mich oft verloren hier. Von allen bin ich der Einzige, der Sozialwissenschaft belegt hat. Ein Hirnwichser mit zwei linken Händen. Besonders Chuck und Dave reiben mir das vergnüglich unter die Nase, wobei ich allerdings eines zugeben muss: Ich kann sie auch auf

die Palme bringen, indem ich jede Menge schwierige Wörter ausstreue wie Hänsel und Gretel ihre Brotkrümel. Dann grinst Lukas sich eins, aber ich darf es nicht zu bunt treiben, sonst wirft er mit dem scheinheiligsten Blick der Welt ein paar Begriffe dazwischen wie große Brote. Lukas ist schlau aus Spaß an der Freud – und ich bin es aus Protest. Evelien ist's auch – glaube ich wenigstens. Sie ist sechzehn und büffelt wie verrückt, um in der Hotelfachschule mitstrampeln zu können. Eigentlich halten wir sie für eine vorlaute Ziege, aber sie hat einen großen Busen, und wie Dave neulich sagte: Wenn sie den Mund hält, kann man sich mit ihr schon blicken lassen.
Chuck ist Automechaniker. Er ist ein Jahr jünger als ich, aber weil ich ein Schuljahr wiederholen muss (wegen Mathe), absolvieren wir beide unser vorletztes Jahr.
Margreet wird wohl zu uns kommen. Hoffentlich hat sie was auf dem Kasten.
Im ersten Stock lernen die Kleinen, die böse werden, wenn wir sie so nennen. Kari, dreizehn, geht in die Sonderschule, und da ist noch Dominik. Dominik ist vierzehn und auch schon ein paar Mal sitzen geblieben. Jetzt ist er im ersten technischen Jahr. Er will Elektriker werden. Arno und Dave sind fünfzehn, Dave schon beinahe sechzehn. Eigentlich gehört Dave zu uns, aber solange er die Schule häufiger schwänzt als

besucht, muss er dableiben. Dave hat schon alles Mögliche probiert – momentan ist es Schweißen –, aber im Grunde genommen interessiert er sich nur für die Black Stars. Er ist ihr Gitarrist, und wenn man ihm glauben möchte, werden die ganz groß rauskommen und Geld verdienen wie Dreck, aber das will ich erst mal sehen. Selbstständiges Lernen ist nicht sein Ding. Maya jammert, dass sie graue Haare bekommt, bevor sie ihn zum Arbeiten motivieren kann, aber ich glaube, das sagt sie nur, um dann von Lukas zu hören, wie gut ihr das stünde.

Ich hole meine Büchertasche vom Gang. Von der Garderobe, wo sie eigentlich liegen sollte, hat sie jemand mit einem Tritt bis zur Kellertür befördert. Muss ein guter Torschütze gewesen sein – sie ist heute bleischwer. Warum war es kein Basketballer? Dann wäre sie wenigstens schon im zweiten Stock . . .

Durch meinen Küchendienst bin ich spät dran und montags essen wir ohnehin eine Viertelstunde früher als sonst, um Viertel nach fünf, weil wir nach dem Essen GGS haben – GruppenGeSpräch. Groß geschrieben, eine heilige Angelegenheit. Jeder muss daran teilnehmen, da hilft auch die beste Ausrede nicht. Hier werde ich heute nicht weit mit meinen Hausaufgaben kommen und ich habe, ungelogen, eine Menge zu tun – unter anderem einen Aufsatz in Englisch, den ich schon eine Woche lang habe schleifen lassen.

Das ist ungewöhnlich: Normalerweise schreibe ich gerne Aufsätze, aber dieses Thema macht mir schon einige Nächte lang Gänsehaut.
Unsere Schreibtische stehen in zwei Reihen an den Wänden, wir sitzen also mit dem Gesicht zur Mauer. Als ich hereinkomme, ist Chuck mit einer technischen Zeichnung beschäftigt, mit Tusche. Wohlweislich mache ich einen großen Bogen um ihn. Ich will nicht derjenige sein, der ihn angestoßen hat, wenn er wieder mal einen Flecken macht. Evelien lernt mit den Fingern in den Ohren. Unten im Musikzimmer legt jemand eine Kassette von den Cranberries ein – Dave oder Dominik, die schon fertig sind. Ausgezeichnet: Margreet hat den Tisch neben mir bekommen, dem Gartenfenster am nächsten. Wir alle haben unsere festen Plätze. Gefällt mir gut. Zu Hause muss ich mir immer irgendein Eckchen suchen, wo die Drillinge nicht gerade herumwuseln. Im Sommer ist das kein Problem, da kann ich im Mansardenzimmer arbeiten, aber im Winter gefriert dort die Tinte in der Füllfeder. Ich knipse meine Schreibtischlampe an. Margreets Blick schweift von ihrem Heft ab, nach draußen, wo der Schnee sich dicht vor dem Fenster schwindelig tanzt. Ihren Mantel hat sie nun doch ausgezogen. Sie trägt einen schwarzen Schlabberpulli über schwarzen Leggins. Schwarz ist wohl ihre Farbe. Ich kriege einen Schreck, weil sie so mager ist.

Und dann der kahle Schädel! Angenommen, sie hat Krebs und bekommt gerade eine Chemotherapie – dann will ich das nicht wissen, denke ich. Ich habe schon selbst genug am Hals.

Im Büro des Teams klingelt das Telefon. Lukas geht hin und kommt vorerst mal nicht zurück. Ich seufze, nehme mir mein Arbeitsheft vor und einen Stift. Erst mal kommt der Aufsatz dran. In die erste Zeile einer neuen Seite schreibe ich das Thema: *A terrifying night.* Darunter ziehe ich einen Strich, freihändig. Das sollte man mit einer Horrornacht machen können – einen Strich darunter ziehen und ihn nie wieder überqueren.

An diesem Abend wollten wir den ersten Geburtstag der Drillinge feiern. Mutter hatte einen Kuchen gebacken und der stand nun auf dem Tisch. Ich hatte eine Kerze angezündet. Stijn und Katrien saßen in ihren hohen Stühlen. Sie lachten und krähten und grabschten nach dem Kuchen. Ich saß zwischen ihnen mit Dries auf dem Schoß. Schwer lehnte er sich an mich mit seinem zu großen Kopf, den er nicht gerade und still halten konnte, und mit einer Nase und wässrigen Augen, die rot und geschwollen waren, denn er war mal wieder erkältet. Er sabberte. Ab und zu wischte ich den Speichel weg mit dem Lätzchen, das ich ihm für das Foto abgenommen hatte. Mein Vater stand an der anderen Seite des Tisches, ungefähr drei Meter entfernt, mit dem schussbereiten Fotoapparat.

»Sag cheese«, sagte Mutter zu mir und zu Vater sagte sie, er solle aufpassen, dass die Kameratasche nicht vor der Linse hinge. Das sagte sie bei jedem Foto, seit Jahren. Er brummte etwas, blickte durch den Sucher und legte den Finger auf den Auslöser, fertig zum Abdrücken. Ich sagte cheese und fühlte einen Schwall Spucke aus Dries' Mund über meine Hand laufen, die ich fest um seinen Bauch gelegt hatte. Dries machte eine unkontrollierte Bewegung und sein Kopf wackelte, als ob er jeden Moment von seinem Hals fallen wollte. Ich sah zu meinem Vater hin, der noch immer den Finger auf dem Auslöser hielt. Ich dachte daran, was er von seinem Standpunkt aus sehen musste, und bekam Angst, denn seit der Geburt von Dries war er nicht mehr der Alte. Ich lächelte tapfer und hoffte, er würde nun schnell knipsen, denn ich kriegte schon fast Maulsperre, aber er knipste nicht. Sein Finger lag auf dem Auslöser und begann zu zittern und dann bebte seine Hand, sein ganzer Arm und schließlich seine Schultern und die Kamera fiel ihm aus den Händen. Und in einer einzigen fließenden Bewegung wie in Zeitlupe ging er in die Knie und sackte auf dem Boden zusammen. Er begann zu jammern und zu heulen und meine Mutter musste ihm ins Bett helfen, wo er noch Stunden später herzerreißend jammerte und heulte, ohne auch nur für einen Moment innezuhalten. Obwohl es das Letzte war, was ich wollte – ich lag da und lauschte. Und mit offenen Augen und mit geschlossenen Augen sah ich immer und immer wieder meinen Vater in

die Knie gehen und auf dem Boden liegen wie einen überfahrenen, winselnden Hund. Dann begann er zwischen den Schluchzern immer häufiger zu schreien und zu toben. Er rief etwas, das ich damals nicht begriff, aber inzwischen schon: dass meine Mutter niemals diese Hormonkur hätte beginnen dürfen, dass ein Kind genug wäre, wenn Gott einem nur eines gab. Etwas später schluchzte er nicht mehr, sondern brüllte nur noch. Dann fing das Gepolter an. Manchmal hörte ich durch sein Poltern und Schreien hindurch meine Mutter flehen: »Hör bitte auf«, oder: »Du tust mir weh« . . . Und ich lag in meinem Bett und wollte nicht hören, was ich hörte, aber ich konnte nichts tun, um es nicht zu hören, und es war ein Wunder, dass die Drillinge trotz des ganzen Lärms schliefen. Selbst Dries, um den sich das alles drehte, gab keinen Mucks von sich. Dann plötzlich dieser dumpfe Schlag und die Hilferufe meiner Mutter; und ich stand an der Tür ihres Schlafzimmers und sah, wie er sie an die Wand drückte, seine Hände um ihre Kehle, und sie verdrehte die Augen und versuchte mir etwas zu sagen, ich verstand es nicht, aber es musste so etwas sein wie »Hilf mir« oder »Tu was«, irgend so etwas, aber damals war ich ein kleiner Junge von zehn Jahren und mein Vater noch stark wie ein Ochse und ich nahm den Stuhl neben dem Bett, denn das hatte ich mal in einem Zeichentrickfilm im Fernsehen gesehen, und schlug ihn ihm von hinten über den Kopf. Er fiel und hatte ein Loch im Kopf und blutete und blutete und meine Mutter schrie hyste-

risch und blieb an der Wand kleben wie eine Comicfigur nach einem Stromschlag.
Und ich war ein Junge von zehn ohne irgendwen auf der Welt, der mir helfen konnte, bis mir die Großeltern einfielen, die drei Straßen weiter wohnten. Auf nackten Füßen und im Pyjama lief ich durch die Nacht und merkte nicht, dass es regnete. Es schüttete wie aus Kübeln, wurde mir später erzählt. Meine Großeltern kamen. Sie riefen den Hausarzt an und der rief den Krankenwagen. Meine Mutter wurde ins Bett gesteckt und mein Vater zum ersten Mal eingeliefert – und ich hasste Dries. Ich wollte, dass er tot wäre.

Über so etwas schreibt man nicht; Beckers, unser Lehrer, ist so sensibel wie Buckingham Palace.
Dann schon lieber irgendetwas aus dem Ärmel schütteln über einen Versicherungsvertreter, der nach Feierabend in seiner Firma im Lift festsitzt. Todsimpel. Von dieser Sorte Geschichten sieht man fast täglich eine im Fernsehen. Man nehme einen Workaholic in mittleren Jahren mit einem Herzleiden und zufällig hat er seine Pillen zu Hause auf dem Nachtschränkchen vergessen. Ich lasse ihn glimpflich davonkommen, nur: Sein rechter Arm bleibt gelähmt und seine Unterschrift mit der Linken wurde nie wieder so perfekt wie früher.
Es ist Essenszeit; ins Reine schreiben werde ich zu Hause. Nur Margreet sitzt noch da. Sie zeichnet et-

was in ihr Heft, Linien und Flächen – ich kann nichts Genaues sehen, denn ihr Arm liegt davor. Sie ist offensichtlich nicht mit ihren Gedanken bei der Sache. Ab und zu macht sie eine Pause und kaut an ihren Nägeln. Die sind abgefressen, das habe ich sofort bemerkt – schade, denn sie hat schöne Hände: lang und schmal, und sie bewegt sie wie Wasserpflanzen in der Strömung. Ein Nagel knackt und sie schrickt auf. Sie schaut zu mir hin, ob ich es wohl gehört habe. Als sie bemerkt, dass ich sie beobachtet habe, klappt sie schnell ihr Heft zu und verstaut es in der indischen Tasche. Aber sie lächelt, was seltsam wirkt mit dem blauen Auge. Ich wage nicht zu fragen, wie sie dazu gekommen ist. Menschen, die lügen, konnte ich noch nie leiden und die Wahrheit höre ich vielleicht lieber gar nicht.

»Komm«, sage ich. »Wir gehen essen.«

Aber sie geht in die andere Richtung und drückt ihre Nase an die Fensterscheibe, hinter der es nun völlig dunkel ist, um den Schnee zu beobachten.

Jeden Montagabend wird ausgelost, wer wo am Tisch sitzt. Meinen Klassenkameraden habe ich das nie zu berichten gewagt. Das geht doch wohl nicht: Man ist fast alt genug, um wählen zu gehen, aber der Platz am Tisch hängt ab von einem Stückchen Papier! Gut, es besteht die Gefahr, dass sich Cliquen bilden und jemand zum schwarzen Schaf gemacht wird. Und wir zanken uns tatsächlich oft genug, über hunderttausend Kleinigkeiten ... aber warum labern Lukas und Maya dann andauernd über Entscheidungen treffen und verantwortlich sein und so, wenn wir keine Chance kriegen, es zu lernen? Es geht mir ums Prinzip – denn neben wem ich saß, war mir bis heute ziemlich gleichgültig. Aber jetzt ist Margreet da und alles ist anders. Auf einmal bewirkt es bei mir ein Gefühl von Einsamkeit, dass mir all die Zeit, bevor sie auftauchte, mein Sitznachbar egal war, solange nur nicht darum gelost wurde und solange es möglichst nicht Chuck war. In meinem Leben gab es den ganz besonderen Menschen nicht – und nun, da es *sie* gibt, möchte ich auch neben ihr sitzen, wenn ich will. So kommt es, dass ich seit langer Zeit mal wieder laut und deutlich gegen das Auslosen ankämpfe. Maya und Lukas winken etwas ungeduldig ab – »das ist doch nun wohl erledigt, oder, Jasper« – und bewerten es vermutlich wie die normale Angeberei der anderen, die zur Ankunft eines Neulings dazugehört; sie verstehen es nicht. Über manche Dinge kann man reden in Plansjee und andere bleiben, wie sie sind – damit muss ich leben.

Margreet hört und sieht und schweigt.

Plansjee ist ein altes Haus mit vielen kleinen Zimmern hintereinander. Deshalb haben wir zwei Esszimmer. Sie liegen nebeneinander, getrennt durch eine Türöffnung; das Türblatt ist entfernt worden. An dem rechteckigen Tisch im Durchgangszimmer sitze ich nicht gerne. Es ist düster und kahl und beinahe ohne Tageslicht. An dem runden Tisch, an dem wir unseren Vier-Uhr-Kaffee trinken, ist es viel gemütlicher. Wie die angrenzende Küche liegt dieses Zimmer auf der Gartenseite. Der ganze rückwärtige Giebel ist verglast, was besonders schön ist im Frühjahr und im Herbst mit all den Farben und so. Im Sommer schwitzt man sich kaputt. Oben auf dem Schrank und auf den Fensterbänken wuchern Pflanzen bis auf den Boden hinunter. Ein kompletter Urwald, und Chuck schleppt immer mehr an: alles, was verkümmert oder angeknackst oder fast schon eingegangen ist und von den Leuten für die Müllabfuhr an die Straße gestellt wird. Man kann richtig zusehen, wie die Pflanzen sich erholen. Für sie bewirkt Chuck etwas, das er bei sich selbst nicht wirklich für möglich hält.

Im vorderen Zimmer, zur Straße hinaus, gibt es noch eine Sitzecke. Dort findet gleich das Gruppengespräch statt.

Genau wie die Sitzordnung am Tisch wird auch ausgelost, wer mit wem wann den Abwasch erledigt. Dann muss man auch die Tische decken und abräumen, zusammen mit einem der Betreuer. Freitags kocht einer von uns und donnerstags putzen wir zu zweit das Musikzimmer, jeder alle paar Wochen mal.

Ich erwische einen Platz im Durchgangszimmer, zusammen mit Dave, Margreet und Kari. Maya kommt auch zu uns. Die anderen – Evelien, Chuck, Dominik und Lukas – sitzen am runden Tisch. Tinnes Arbeitstag ist nach dem Kochen vorbei, aber meistens bleibt sie zum Essen in Plansjee, es sei denn, ihr Freund holt sie ab, so wie heute. Er hupt, damit er den Motor des Lada nicht abstellen muss.

»Er soll ihn doch aufs Dach legen und als Schlitten benutzen!«, stichelt Chuck hinter Tinne her.

Darauf beginnt Kari »Jingle Bells, Jingle Bells« zu singen und dann nur noch lalala, bis Dave bemerkt, dass das ein Anschlag auf sein Black-Star-Trommelfell ist. Sofort kriecht Kari in sich zusammen, aber unter dem Tisch tritt sie zu; allerdings trifft sie nicht Dave, sondern mein Schienbein. Ich trete zurück – nicht allzu hart, aber sie ist wirklich ein kleines hinterhältiges Mistvieh. Sie wirft mir einen giftigen Blick zu, mit zusammengepressten Lippen. Lukas runzelt die Augenbrauen, sagt aber nichts. Er teilt die Suppe aus, genau fünf Hackbällchen für jeden Teller.

»Für mich nicht, ich bin Vegetarierin«, wehrt Margreet ab. »Und eine halbe Kelle reicht.«

Vegetarierin? Meiner Meinung nach ist sie einfach auf Diät.

Ansonsten spricht sie nichts am Tisch. Sie isst langsam, vor jedem Bissen dreht sie ihr Besteck dreimal um und sie braucht auf diese Weise für ihre zehn Spagettinudeln länger als wir für den ganzen Teller. Den Schinken stochert sie heraus und legt ihn zur Seite.
Nach meinem Tritt schmollt Kari und sagt ebenfalls nichts mehr, doch das fällt kaum auf: Mit Dave am Tisch ist es nämlich nie ruhig. Er spult andauernd eine seiner Geschichten ab, ihm ist egal, ob jemand zuhört oder nicht. Meistens hört niemand zu. Es dreht sich auch immer um das Gleiche. Entweder um die Black Stars oder um die Tatsache, dass er den Klassenclown gespielt hat. Ich kann Dave nicht wirklich leiden, und doch auch nicht so, wie ich Chuck nicht mag. Dave ist nicht mehr als heiße Luft. Er mag mich auch nicht besonders. Er hält mich für einen Streber und eigentlich bin ich das auch.
Ich will nicht in der Scheiße stecken bleiben, auch wenn dutzende von Komitees sie mit Namen wie Duftsprays aufwerten wollen. Vierte Welt zum Beispiel. Ich hasse das einfach. Also will ich aus der Scheiße raus, aber das scheint nicht einmal meine Mutter zu verstehen. Sie wirft mir vor, dass ich sie alle nicht gut genug finde und dass ich mich für sie schäme; und dass ich überheblich bin, wenn ich manchmal frage, ob sie denn alle über nichts anderes reden können als über die Seifenopern im Fernsehen,

die Prostata von Achiel und die sonstigen Straßenthemen.
Kari zieht mich am Ärmel; sie möchte also wieder einlenken.
»Mag Dave seine Spagetti nicht?«, fragt sie mit ihrer Mäuschenstimme. Sie fürchtet sich vor ihm.
Ich verstehe den Wink: Zeit für den Nachtisch.
»Quatsch nicht so viel, iss!«, sage ich zu Dave. »Dein Mund ist groß genug.«
»Damit ich besser singen kann, Rotkäppchen.«
»Ich denke, du bist Gitarrist?«
»Ja, auch. Gestern hatte ich plötzlich ein paar Superarrangements für ein neues . . .«
»Das kannst du dir für nachher aufheben. Jetzt wird gegessen oder es gibt keinen Nachtisch«, unterbricht Maya. »Ich möchte pünktlich mit dem Gruppengespräch anfangen.«
Sie sammelt schon mal die leeren Teller ein.
Pudding ist Tinnes Spezialität, aber Margreet möchte keinen.
»Pudding ist doch kein Fleisch«, sagt Kari zu ihr.
»Nein, aber ich bekomme Kopfschmerzen von Schokolade.«
Kein Schwein glaubt ihr das, doch dann sehe ich wieder diesen kahlen Schädel und bin mir nicht mehr sicher. Will es auch ganz bestimmt nicht wissen. Kari schmollt, warum sie denn immer Schwarzwurzeln

und Wirsing und Rosenkohl und Spinat und Chicorée essen muss. Warum darf man sich denn aussuchen, ob man Nachtisch möchte oder nicht?
Darauf hat Maya nicht sofort eine Antwort.
»Wir werden das im Gruppengespräch besprechen«, sagt sie.
Kari macht ein triumphierendes Gesicht und schleppt Margreets Pudding wie eine verdiente Kriegstrophäe in die Festung ihres linken Armes ab. Während sie ihren eigenen Teller leerschlingt, belauert sie uns hinter ihren Wimpern. Doch schließlich schafft sie vom zweiten Dessert nur vier Löffel. Der Rest muss, zu Mayas großem Ärger, in den Mülleimer geworfen werden. Wenn etwas angeknabbert ist, mag sogar Dominik es nicht mehr.
Chuck, Evelien und Maya räumen schnell ab, Maya treibt die beiden auch noch kräftig an. Der Abwasch bleibt bis nach dem Gruppengespräch stehen. Dave trotzt der Kälte für eine schnelle Zigarette. Die Übrigen verkrümeln sich schon in die Sitzecke, Dominik mit seinem Taschencomputerspiel und Kari hinter einem Comic.
In ovaler Anordnung stehen hier ein Drei- und ein Zweisitzer und auch noch zwei einzelne Sessel aus weinrotem Samt, die aussehen, als seien sie der Lieblingsspielplatz von kleinen Kätzchen, die noch nicht gelernt haben ihre Krallen einzuziehen. Außerdem

gibt es einen niedrigen Tisch und zwei Schränke: einen mit Gesellschaftsspielen und den Comics und einen mit den Bastelsachen. Wenn man davon etwas braucht, muss man die Betreuer um den Schlüssel bitten; der Schrank ist verschlossen, weil wir immer so ein Chaos daraus machen. Margreet setzt sich in einen der Sessel, im Lotussitz. Ihre geschlossenen Augen fangen an mich nervös zu machen. Kein Wunder, dass man sie ihr blau schlägt. Ich selber gehe zum Fenster – mal kurz die normale Welt anschauen. Auf dem Asphalt und auf dem schrägen Dach auf der anderen Straßenseite liegt schon eine Schneeschicht von mindestens vier Fingern hoch, doch jetzt fallen die Flocken nicht mehr so dicht wie noch vor einer Stunde. Auf dem Abdeckstein eines Kamins sitzt eine Taube. Sie sitzt regungslos, den Kopf unter den Federn, und sieht aus wie aufgeblasen. Es ist dunkel, die Straßenbeleuchtung brennt schon. Die Autos fahren bedächtig. Manchmal rutscht eines von der einen zur anderen Straßenseite. Im Hauseingang vom Bäcker stehen zwei Mädchen. Sie kichern, nehme ich an, dafür sind es Mädchen, und ab und zu beißen sie von etwas ab, das halb aus einer Papiertüte herausragt. Das Mädchen rechts leckt ihre Finger ab und dann bemerkt sie mich. Sie stupst ihre Freundin an, die nun auch herüberschaut. Ich winke ihnen zu und jetzt kichern sie eindeutig, hinter ihrer Hand. Vielleicht er-

zählen sie nachher zu Hause, dass ich versucht habe sie zu verführen. Wir von Plansjee haben einen zweifelhaften Ruf. »Shit!«, stößt Dominik hinter meinem Rücken hervor.
Er wird wohl wieder kurz vor seinem Rekord gescheitert sein. Ich drehe mich um, erleichert, dass ich einen Grund habe, mich von diesen beiden Tussies auf der anderen Straßenseite nicht länger auslachen zu lassen. Ohne Grund ist es so feige. Dominiks Zunge ragt aus seinem Mund und versucht die Nasenspitze zu erreichen.
»Was spielst du?«, frage ich.
»King Kong«, antwortet er, ohne von seinem Spiel aufzusehen. Dominik will dauernd seinen Rekord verbessern.
Er ist fast so weit – mit seiner Zunge an der Nase, meine ich.
Ein Schneeball knallt an die Fensterscheibe. Treffer in den Rücken. Ich erschrecke mich zu Tode und drehe mich blitzschnell um. Gerade noch sehe ich die beiden Mädchen, wie sie sich umdrehen und wegrennen. Hoffentlich rutschen sie aus. Die Papiertüten taumeln durch die Schneeflocken über die Straße. Eine landet unter den Rädern eines Lastwagens, der, wie eine Aufschrift mitteilt, das Glück liefert – binnen vierundzwanzig Stunden. Er fährt für ein Versandhaus. Solche Slogans verderben mir die Laune. Wenn

es so einfach wäre, säße niemand hier in Plansjee. Geld sollte man natürlich schon haben ... Ich strecke ihm meinen Mittelfinger entgegen.
Im Haus neben dem Bäcker gehen die Lichter eines Christbaums an.
Es ist fünf vor sechs.

»Margreet findet sich zu fein, um mit uns zu reden«, eröffnet Evelien das Gruppengespräch hitzig und Chuck assistiert: »Wahrscheinlich haben sie ihr mit den Haaren auch die Zunge abgeschnitten.«
Zuerst antwortet Margreet nicht, doch alle starren sie an: die anderen, die Betreuer, ich auch. Ich weiß nicht, warum, aber mein Herz schlägt mir bis zum Hals. Sie holt tief Luft und sieht Chuck direkt an.
»Zumindest laufe ich nicht so meiner Zunge hinterher wie du deinem Schwanz«, sagt sie.
Es klingt so ruhig, als hätte sie gesagt: »Du hast einen Fettfleck auf dem Pullover« – (was tatsächlich der Fall ist, die ganze Woche schon).
Zack, da stößt seine Zunge an die Unterlippe. »Verdammt, was glaubst du, wer du bist?«, bellt er.
»Margreet.« – Immer noch genauso ruhig.
»Ist das alles?«, fragt Dave.
»Das ist genug.«
Währenddessen sitze ich unruhig auf der Kante meines Sessels. Meine Hände sind feucht. Ich würde gern

»lasst sie in Ruhe« sagen, aber gleichzeitig habe ich den Eindruck, dass sie ihre Angelegenheiten sehr gut selber regeln kann, vielleicht besser als ich meine eigenen. Aber möglicherweise denke ich das auch nur, damit ich mich selbst nicht als Feigling betrachten muss.

Noch immer sagt keiner ein Wort. Kari verkriecht sich bei Chuck.

»Sie tut, als ob wir ein Haufen Scheiße sind.« Evelien unternimmt einen neuen Angriff.

In ihrer Festung namens Chuck kneift Kari sich die Nase zu und prustet. Dominik murmelt etwas vor sich hin. »Was man sagt, das ist man selber!«, glaube ich zu hören. Ganz sicher bin ich nicht, vielleicht spielt mir mein eigenes Hirn einen Streich. Margreet sitzt da, als ginge sie das alles nichts an, aber ihre Augen sind jetzt offen. Als sie sieht, dass ich sie anschaue, schlage ich die meinen nieder. »Schlappschwanz«, knurrt etwas in meiner Brust.

»Margreet«, beginnt Lukas, »dir wird hier eine Menge vorgeworfen . . . Das kann für dich ja wohl kaum angenehm . . .«

»Ach ja? Ich hab nichts gehört. Niemand hat mit mir geredet. Solange sie über mich reden, als ob ich nicht anwesend wäre, als wäre ich ein Möbelstück, höre ich nichts. Also?«

»Dann sag du ihnen das auch direkt.«

»Von mir aus. Wenn ihr mir was zu sagen habt, dann sagt es mir gefälligst ins Gesicht, wenn ihr euch traut.«
»Oho, wir spielen die Chefin«, höhnt Chuck.
»Hast du was mit den Ohren?« Sie kreuzt wieder die Beine unter sich.
»Gong«, sagt Lukas. »Worum geht's bei diesem Streit?«
»Margreet ist neu hier; und sie legt die Regeln fest«, sagt Evelien.
»Ich bin nicht *sie,* du Schnepfe. Und ich lege nur eine einzige Regel fest: Ich will, dass ihr mit mir redet und nicht über meine Tante in Marokko.«
Kari flüstert etwas in Chucks Ohr. Er nickt. »Und wie war das beim Essen? Kein Fleisch, keinen Pudding?«
»Das geht euch doch nichts an?!«
»Aber es gibt die Regel, dass du von allem etwas essen musst«, sagt Dave. »Ich musste letzte Woche auch Blutwurst essen.«
»So ist es! Sonst gibt's keinen Nachtisch«, ergänzt Dominik.
»Ich kriege Kopfschmerzen von Schokolade, das sagte ich bereits.«
»Und ich kriege Bauchschmerzen von Wirsing und Rosenkohl«, sprudelt Kari hervor. »Wenn Margreet nicht muss, dann muss ich in Zukunft auch nicht mehr.«
»Da gibt's einen Unterschied«, sagt Maya. »Gemüse

ist gesund, das brauchst du, und Nachtisch gibt es nur so dazu.«

»Und was ist mit Fleisch?«, fragt Dave. »Das muss sie dann doch essen!«

Maya zögert. »Ja, ein kleines Stückchen schon.«

»Fleisch ist ungesund, das verfault im Darm«, protestiert Margreet.

»Es sind auch Vitamine drin, die sonst nirgendwo drin sind. B12.«

»Ich mach das nicht mit. Wenn ihr mich zwingt, kotz ich's anschließend wieder raus.«

»Tu, was du willst, aber dann bitte auf dem Klo. Die anderen essen eine Portion Gemüse und du isst ein Stückchen Fleisch«, entscheidet Lukas. »Der Nachtisch ist mir schnuppe . . . aber ich will nicht, dass aus reiner Gier damit herumgematscht wird« (ein eindeutiger Blick zu Kari, die ihre Schuhe weggeschleudert hat und an den Socken herumzupft; sie hat schon ein ordentliches Loch fabriziert).

»War das jetzt ein Gespräch?«, fragt Margreet. Der Unterton ist eindeutig.

»War's so schlimm?«, spottet Dave. »Schlimmer als Auschwitz?«

Ich sehe, wie sie erstarrt. Jetzt steht sie gleich auf und nimmt ihren Mantel und ich kenne sie noch nicht mal. Ich schlucke, sage: »He, Dave, nicht immer die gleiche Platte, bitte«, aber meine Kehle ist noch immer pulvertrocken und die Luft knistert vor Spannung.

»Es darf sogar eine von den Black Stars sein«, versuche ich jetzt und das funktioniert, denn Dominik schmeißt mir ein Kissen an den Kopf und dann folgen drei weitere von Chuck, Dave und Evelien.

Eine Minute Dampf ablassen, dann ruft Lukas uns zur Ordnung.

»Wir sind noch nicht fertig«, sagt er. »Ich glaube, ein paar haben Margreet noch etwas zu sagen. Chuck? Evelien?«

Chuck zuckt mit den Schultern. »Kein Interesse mehr. Wenn sie nichts sagen will, dann sagt sie eben nichts. Es kommt sowieso nur Stacheldraht dabei raus.«

»Geht mir genauso«, sagt Evelien.

»Endlich, sie gibt es zu!«, jubelt Dominik.

»Idiot.«

Er weicht ihrem Schlag aus und ergänzt dann, dass bei ihr der Draht auch noch unter Strom stehe. Sogar Maya und Lukas grinsen verstohlen.

Ich schaue zu Margreet in ihrem viel zu weiten Pullover. Ich würde ihr gerne sagen, dass ich wünschte, sie würde einfach mitmachen und quatschen und so, aber ich weiß nicht, wie; die anderen lynchen mich, wenn ich das wage.

»Wie alt bist du?«, frage ich.

»Fast siebzehn.«

Ich nicke, die Fäuste in ihrem Schoß öffnen sich ein wenig.
Sogar Chuck hat hierzu nichts zu bemerken.
Eine trügerische Stille breitet sich aus. Da kann noch alles Mögliche passieren.
»Willst du noch etwas loswerden?«, fragt Lukas.
»Nein.«
»Dann war's das wohl für heute, glaub ich.«
Wer damit an der Reihe ist, besorgt schnell den Abwasch, die anderen beschäftigen sich noch eine Viertelstunde. Nur Kari darf schon zu ihrem Bus, denn der nächste fährt erst eine Stunde später. Dave und Dominik haben noch Lust auf eine Runde Doppelkopf. Lukas ist der dritte Mann.
»Machst du mit, Jasper?«, fragt Dominik.
Ich schaue zu Margreet hinüber, aber die hat schon wieder ihre Kopfhörer auf.
»Okay«, sage ich.
Aber dann verwechsele ich die Trumpffarbe (ich glaubte, es wäre Herz, aber es war Karo) und bringe Dave in Schwierigkeiten und es gibt fast Streit.
Das Klo ist unser Asyl, aber Klaustrophobie darf man nicht haben. Es ist so klein, dass man die Beine kaum darin unterbringt. Ich schaue auf die Uhr. Zwei Minuten vor sieben.
Ich würde gerne hier sitzen bleiben, aber dann hole ich Margreet nicht ein.

2

Hol's der Geier, wo ist sie? Sie kann doch noch nicht weit sein?

Ich bin ein Dummkopf, dass ich nicht an die Dunkelheit gedacht habe. Die hat sie verschluckt.

Ich schlittere auf dem Fahrrad an den Autos vorbei, die sich vorsichtig über den Schnee schieben. Eine lange Reihe von roten Rücklichtern, stockender Verkehr und dazwischen ich – ein wahnsinnig Verliebter im Geschwindigkeitsrausch.

Einmal bin ich schon um den Block gefahren. Natürlich kann auch sie mit dem Fahrrad unterwegs sein, oder sie hat einen Bus genommen, oder sie wohnt in der Nähe in einer der Seitenstraßen, aber die kann ich doch nicht alle nacheinander durchkämmen ...

Ich will gerade aufgeben, als ich sie in der Ferne laufen sehe. Ich bin mir sicher, dass sie es ist. Ein schwarzer Schatten, dicht an den Häusern entlang, ihr Schä-

del leuchtet kurz auf, wenn sie an einer Straßenlaterne vorbeigeht.
Immer noch fällt etwas Pulverschnee. Er nagt an meinem Gesicht und an meinen Händen. Die Wollhandschuhe sind dünn und knapp geworden, sie erleben ihren dritten Winter – oder ist's der vierte?
Es ist eine anstrengende Fahrerei. Hier in den Seitenstraßen ist noch kein Salz gestreut.
Ich klingele zweimal kurz hintereinander. Sie schaut sich um und ich hebe eine Hand, wodurch das Rad gefährlich ins Wackeln gerät. So kann ich knapp mein Gleichgewicht bewahren. Margreet geht weiter. Vielleicht hat sie mich nicht erkannt.
»Hallo! He, Margreet!«, rufe ich. »Warte!«
Als ich sie eingeholt habe, springe ich vom Rad und laufe parallel zu ihr, aber nun weiß ich nicht mehr, was ich sagen wollte. Schweigend gehen wir nebeneinander her. Sie sieht mich nicht ein einziges Mal an und läuft mit kleinen, energischen Schritten, wodurch sie manchmal ausrutscht und mit den Händen flattert. Wie aufgeschreckte Tauben, denke ich. Ich frage mich plötzlich, ob der Schnee auf ihrem Kopf nicht sehr kalt ist. Ich habe auch kurzes Haar, aber nicht so, stacheliger, mit viel Gel drin, und außerdem habe ich die Kapuze von meinem Anorak auf dem Kopf.
Es ist eine schmale, dunkle Straße mit alten, billigen

Reihenhäusern und hier und da einem Laden. Die meisten sind geschlossen, einige haben ein sparsam erleuchtetes Schaufenster. Ich kenne diese Art Wohnviertel, es gibt sie auch am anderen Ende der Stadt, wo ich zu Hause bin.

Dieses Schweigen ist kälter als der Schnee.

Ich fummele ein Päckchen Kaugummi aus meiner Jackentasche und halte es ihr hin. »Willst du einen?«, frage ich.

Sie sagt weder Ja noch Nein und ich stecke den Kaugummi wieder weg, nachdem ich mir mit einer Hand einen herausgedrückt habe. Anscheinend beißt sie sich lieber auf die Lippen. Der Schnee hat nasse Tupfen auf ihrer Brille zurückgelassen, dahinter spielen ihre Augen Verstecken oder liegen im Hinterhalt. Die Heftigkeit ihres Ausbruchs überrumpelt mich.

»Was soll das jetzt, Jasper?«, platzt sie heraus. »Was willst du von mir? Ich bin dir dankbar, dass du mir geholfen hast, okay?! Aber jetzt lass mich in Ruhe!«

Sie ist stinksauer und ich, mein Gott, ich hab keine Ahnung, was ich von ihr will.

Ich ziehe die Schultern hoch und schiebe mit der Zunge den Kaugummi beiseite, froh, dass ich endlich was sagen kann, wenn ich auch nicht weiß, was; aber diese Stille wurde langsam drückend.

»Einfach so«, sage ich, wie ich »tut mir Leid« sagen würde.

Sie seufzt. »Sorry.« Und das war's dann.
Einen Moment überlege ich mir sie zu fragen, ob sie dieses »Sorry« ernst meint. Ich will sie verletzen, ich weiß nicht, warum. Will sie weniger gefährlich machen.
Lieber weiterkauen.
Ich werde noch bis zur Ampel am Steenweg mit ihr laufen, nehme ich mir vor. Es ist von da ein ganz schönes Stück nach Hause. Mutter wird wieder meckern.
Vor unserer Nase springt die Ampel auf Rot und wir bleiben stehen – obwohl kein Auto weit und breit zu sehen ist. Ich müsste sagen, dass ich jetzt zurückgehen muss, doch das tue ich nicht. Margreet nimmt ihre Brille ab und putzt sie sauber mit einem Zipfel ihres Taschentuchs.
»Nicht dass das viel nützen wird«, sagt sie. Kurz bricht ein Lächeln durch den Gips ihres Gesichts. Vielleicht ist es deshalb, weil ich mit meinen Fingern den Umriss ihres blauen Auges nachmale.
Ihre Kieferknochen treten schärfer hervor. Hinter ihren Wimpern boxen Tränen.
»Bitte nicht«, sagt sie heiser.
Ich glaube nicht wirklich, dass sie möchte, dass ich aufhöre, aber ich höre trotzdem auf. Sie setzt ihre Brille wieder auf; sofort kommen neue Schneetupfer auf das Glas. Die Ampel springt auf Grün. Keiner von

uns beiden macht Anstalten, über die Straße zu gehen. Ein Auto hält, die Reifen zischen auf dem Asphalt.

»Eigentlich bin ich schon viel zu weit«, kichert sie dann. »Ich bin einfach mit dir mitgelaufen.«

»Und ich mit dir!«

Wir müssen plötzlich beide lachen und dann klopfe ich den Schnee von meiner Jacke. Meinen Kaugummi spucke ich in die Rinne.

»Wo wohnst du denn?«, frage ich.

Sie nennt die Straße und ich sage: »Komm, spring auf meinen Gepäckträger«, und: »Halt dich fest«, aber offenbar gibt es ein Missverständnis, denn ich meine natürlich »Halt dich an mir fest«, während sie nach dem Sattel greift. Mit der anderen Hand klemmt sie meine Büchertasche und ihren Stoffbeutel auf ihren Schoß. Ich fühle den harten Rand eines Buches in meinem Rücken, aber da es *ihr* Buch ist, möchte ich das in hundert Jahren noch spüren. Ich fahre Slalom und ertappe mich dabei, wie ich pfeife. Ich mache noch einen extra Umweg – quasi, weil ich den Weg nicht kenne – und Margreet tut so, als ob sie es nicht bemerkte. Als wir an die Ecke ihrer Straße kommen, ist sie jedoch unerbittlich. Sie will, dass ich sie dort absetze.

Es ist eine Straße ohne Ende. An dieser Stelle gehen die Nummern bis dreihundert.

»Ich würde dich aber gerne bis zur Tür bringen«, versuche ich noch. »Macht mir nichts aus.«
Doch sie steht schon auf dem Gehsteig.
»Bist du immer so hartnäckig?«, fragt sie leicht spöttisch.
Ich stammle etwas wie »erstes Mal«.
Darauf sagt sie nichts. Ich möchte mir selber gerne einreden, dass sie mich ein wenig zu lange anschaut, aber die Sprenkel auf ihrer Brille lassen mich daran zweifeln – ich habe den Hinterhalt noch nicht ganz vergessen.
»Also dann bis morgen«, sage ich.
»Vielleicht.«
Sie wirft ihren Stoffbeutel über die Schulter.
Nach ein paar hundert Metern wischt die Dunkelheit sie aus.
Ich binde meine Mappe wieder auf den Gepäckträger und strampele mühsam durch den Schnee nach Hause. Ich bin ganz alleine auf der Welt.

Unhörbar hineinschlüpfen ist kein Kunststück: Meistens ist genug Tumult im Haus, um das zu schaffen, doch helfen tut das auch nicht. Meine Mutter weiß einfach, dass ich da bin, noch bevor ich die Schuhe habe abtreten können. Das ist übrigens auch das Erste, was ich zu hören bekomme. Es schallt irgendwo aus der Küche oder dem Wohnzimmer – sie hat Röntgenaugen.

»Füße abtreten, Jasper!«
Die anderen Ausrufezeichen folgen dann, genauso wie bei einer Reihe von Dominosteinen alle anderen folgen, nachdem man den ersten umgekippt hat. Meine Mutter verfügt dazu über einen ungewöhnlich fixen Zeigefinger. Neulich träumte ich, ich hätte ihn abgebissen, aber er wuchs wieder an, noch zehnmal größer als vorher.
Du bist spät dran! Wo warst du so lange! Du solltest doch! Kannst du nicht ein Mal! Du glaubst wohl, das ist ein Hotel hier!
»Geh Schnee schippen, Jasper! Und bei Oma auch!«
Doch als ich bei Oma ankomme, haben es die Nachbarn schon gemacht. Opa liegt bleich im Bett. Er hat heute wieder Chemo gehabt. Das hatte ich fast vergessen. Meine Mutter geht dann mit zum Krankenhaus. An diesen Tagen ist sie unerträglich. Sie sollte lieber auch anfangen zu stricken, wie Oma. Zwei rechts, sieben links, eine Luftmasche, drei zusammen . . . Statt Vater-unser und Gegrüßest-seist-duamen. Oma glaubt nicht mehr an Gott. Sie strickt einen Pullover für Dries. Davon wird er auch nicht gesünder, aber er wird es warm haben.
Als ich zu uns zurückkomme, schippe ich den Schnee zu einem Haufen am Straßenrand zusammen. Wir wohnen in einem Eckhaus, das heißt also Doppelpech. Nach der Hälfte habe ich Blasen an den Hän-

den. Ich lehne mich auf den Stiel meiner Schneeschaufel und schaue durch das Fenster hinein. Mein Pa sieht fern in einer Wolke aus Zigarettenqualm, die Fernbedienung in der Hand. Er wechselt die Kanäle schneller, als ich mit den Wimpern zucken kann. So kommt es, dass Menschen meinen, sie könnten abwechselnd Superman, Premierminister, Lucky Luke und Rudi Carell sein. Dries liegt auf seinem Rücken auf dem Teppich. Er rudert mit Armen und Beinen in der Luft wie eine gekenterte Schildkröte. Um ihn herum verstreut liegt sein Spielzeug: Klötze, sein Stoffclown, ein hölzerner Bagger, an dem er sich nicht verletzen kann ... Stijn und Katrien machen am Tisch ein Gesellschaftsspiel – ein Herz und eine Seele, denn es wäre schon lange Schlafenszeit vorbei. Meine Mutter bügelt. Eine Haarsträhne hängt in ihrer Stirn. Ich fühle auf einmal, wie ich erstarre, und beginne erneut Schnee zu schippen. Ein Durchgang in der Breite einer Steinplatte wird schon langen. Wenn heute Nacht noch mehr herunterkommt, kann ich morgen früh nochmals anfangen. Und Salz ist nicht im Haus, außer einem kleinen Rest.
Ich stampfe den Schnee von den Schuhen, bevor ich hineingehe. Meine Finger sind so kalt, dass ich kaum die Schnürsenkel aufbekomme. Meine Schuhe sind durchnässt. Ich gehe in die Küche, um sie mit Werbeprospekten voll zu stopfen, in der Hoffnung, dass sie

dann morgen früh trocken sind, und setze Wasser auf für Tee. Es ist halb zehn, da sehe ich mit Schrecken: Die ganzen Hausarbeiten sind noch zu machen. Im Wohnzimmer dirigiert Mutter Stijn und Katrien ins Bett. Es ist eine Sinfonie, die sie noch nie ohne falsche Noten gespielt haben. Sie schaut meinen Pa an, der schon wieder eingeschlafen ist, und lässt die Schultern hängen. Ihrem Zeigefinger kann ich wenigstens noch Widerstand entgegensetzen . . .
»Ich bringe Dries schon ins Bett«, sage ich.
Ich drehe ihn um und stelle ihn auf die Füße. Er watschelt wie ein Pinguin mit mir zum Klo. Er hat es nicht eilig. In der Küche pfeift der Wasserkessel. Ich sprinte hin und zurück.
»Hast du schon gepinkelt?«, frage ich Dries.
Er schaut mich strahlend an und wackelt mit dem Kopf. Ich schaue hinter ihm in die Kloschüssel.
»Flunkermax!« Ich tätschle seine Wange. »Komm!«
Er schlägt die Arme um meinen Hals und will nasenstübern.
»Komm, du kannst laufen«, sagte ich. »Hopphopp!«
Ich denke an meinen Aufsatz, den ich noch ins Reine schreiben muss. Und der Geografietyp lässt uns morgen bestimmt eine Arbeit schreiben.
Doch Dries kann man nicht hetzen. Ich hebe ihn hoch und lege seine Beine um meine Hüften. Er ist schwer, aber so geht es wenigstens vorwärts. Im Wohnzimmer

wurstele ich ihn in seine Nachtpampers und den Schlafanzug. Dann trage ich ihn gleich auch noch hinauf und stecke ihn ins Bett. Stijn und Katrien trödeln im Bad. Die Stimme meiner Mutter klingt gereizt. Ich gehe hinunter und räume Dries' Siebensachen und das Gesellschaftsspiel der beiden anderen auf. Das Wasser im Kessel ist kalt und der Teebeutel zieht nicht mehr so richtig, aber da kann man nichts machen. Ich schalte den Fernseher aus. Mein Vater merkt es nicht. Er schnarcht leise, den Mund halb geöffnet. Ich nehme meine Tasche und setze mich an den Tisch. Der Tee ist kalt. Als meine Mutter kurz darauf herunterkommt, klappt sie das Bügelbrett zusammen. Sie seufzt.
»Für heute reicht's«, sagt sie. »Musst du jetzt noch anfangen zu lernen für die Schule? Was machst du denn in Plansjee?«
»Wir hatten Gruppengespräch.«
»Ach so, ja, es ist Montag.«
»Es war eine Neue da.«
»Hmmm ... Katrien hat wieder blaugemacht heute Nachmittag. Sie hatte angeblich wieder Bauchschmerzen. Ich weiß nicht mehr, was ich mit ihr anfangen soll. Vielleicht kann sie in die andere Tagesgruppe, die für die Kleinen. Was meinst du?«
»Was fragst du mich ... Sprich mit Maya darüber ...«
Sie seufzt wieder und legt die gebügelte Wäsche in den Korb.

»Wie ging es Opa?«
»Er hat geschlafen.«
»Es geht abwärts mit ihm ... Noch drei Monate, sagt der Arzt. Höchstens ... Musst du noch viel machen?«
»Nächste Woche beginnen die Klausuren.«
Sie nickt und macht den Fernseher wieder an, setzt sich aufs Sofa, die Füße auf den Couchtisch. Auf dem Bildschirm flimmert eine *Telefacts*-Sendung über Bosnien. Sie nimmt meinem Vater die Fernbedienung weg. Er knurrt kurz, schläft aber weiter, und meine Mutter tauscht nacheinander Bosnien gegen *Jake and the Fatman,* einen blutigen Vietnam-Streifen, *Leben mit Alzheimer* und eine komische Seifenoper.
Ich schlage meinen Atlas auf und platziere meinen Finger irgendwo. Manchmal träume ich vom Auswandern – nicht nur zappen, sondern wirklich. Das Bermudadreieck scheint mir aber doch etwas zu radikal. Verschwinden ist auch nicht das, was ich will.

3

Beckers, der Englischpauker, hat eine Notiz in mein Aufgabenheft gemacht. Ich habe es ihm erklärt, doch bei ihm wirkt sich das ins Gegenteil aus. Ich sollte es inzwischen wissen und doch bedenke ich es erst wieder in dem Augenblick, da sein Mund ein scharfes Grinsen in sein Gesicht schneidet, bevor er mit hochgezogener Oberlippe die Zähne zeigt.

Du weißt doch, wie ich über Ausreden denke, Van de Looverbosch? Mildernde Umstände sind was für Frauen so wie Hautcremes und Weichspüler. Nicht gemacht ist nicht gemacht. Fünf Seiten, und nicht größer schreiben als sonst.

Die letzten Jahre ist meine Schrift immer winziger geworden. Maya fragte mich mal, ob ich mich vielleicht verstecken wollte, unsichtbar werden. Da musste ich die Zähne zusammenbeißen, um nicht zu heulen. Ich möchte eigentlich, dass jeder alles von mir sehen kann, aber es gibt so wenig Raum dazu. Und als ich darüber

nachdachte, hatte sie auf einmal doch noch Recht, denn wenn jeder alles von dir sehen kann, ist das doch auch wahnsinnig beänstigend. Und nun weiß ich nicht mehr, was ich will; es ist nur Chaos in mir.
Lukas unterschreibt die Notiz.
»Ich habe es *wohl* gemacht, nur nicht ins Reine geschrieben«, verteidige ich mich, während ich ihm den Entwurf meines Aufsatzes zeige. »Und ich musste Schnee schippen.«
»Hm«, ist alles, was er darauf erwidert.
Er schraubt sorgfältig die Kappe auf seine Füllfeder und steckt sie, zusammen mit seiner Lesebrille, zurück in die Brusttasche seines dunkelgrünen Flanellhemdes. Dass er nichts sagt, ist kein Grund, mich zu entspannen – im Gegenteil. Die Spannung zieht wieder bis in meine Gesäßmuskeln. Ich blicke von ihm weg, zu Margreet hinüber. Sie ist mit ihren komischen Kritzeleien beschäftigt. Mehr als »Hi, Jasper!« hat sie heute noch nicht zu mir gesagt, als wären wir gestern nicht zusammen auf einem Rad gefahren. Doch zu den anderen sagt sie noch weniger. Geschlossen wie eine Auster. Hinter mir kriegen sich Chuck und Evelien in die Haare, weil Chuck keinen Leuchtstift hat und Evelien ihren nicht ausleihen möchte.
»Wenn du ihn mir nicht gibst, nehme ich ihn mir einfach«, droht er.

»Ekel! Au! Lukas . . .! Er verdreht mir mein Handgelenk!«
»Hee, Leute!«
»Die blöde Kuh kann doch ihren Stift mal ausleihen, es ist nur für zwei Zeilen.«
»Kauf dir selber einen! Du schwimmst im Geld. Wenn du mit einer Lederjacke von zehntausend Eiern angeben kannst . . .«
»Die hab ich von meiner Mutter bekommen.«
»Ach ja, und wenn sie nicht gestorben sind . . .«
Doch sie wirft ihm den Stift an den Kopf und Lukas wendet sich wieder mir zu. Margreet kaut an ihren Nägeln.
Okay, soll er doch loslegen. Zum Glück ist Lukas nicht Beckers. Er nimmt dir deine Ausreden zwar genauso wenig ab, aber er ist wenigstens ehrlich.
»Es war halb zehn, bevor ich anfangen konnte«, sagte ich, »und da musste ich noch alle Hausaufgaben machen. Ich wollte es heute Morgen abschreiben – ich hab mir doch extra den Wecker gestellt –, aber dann musste ich wieder Schnee schippen. Er lag so hoch . . .« Ich zeige zwischen Daumen und Zeigefinger eine Spanne von etwa fünf Zentimetern – und gebe etwas Reserve für den Fall, dass er mich herunterhandeln will, doch Lukas handelt nicht. Er sagt, bei ihm draußen liegen die Felder so weiß und offen da, dass nur jemand, der seiner Sache ganz sicher ist, sich

trauen würde darauf zu gehen. Er schaut, ob er ganz weit seiner Spur folgen kann, lächelt dann – nicht ertappt, sondern etwas verlegen, und reibt sich das Kinn.

»Wie geht es deinem Vater?«, fragt er.

Ich zucke die Schultern, schaue heimlich zu Margreet hinüber. Die hat inzwischen doch mit ihren Hausaufgaben angefangen. »Chemie. Sekundarstufe II« steht auf ihrem Buch. Ich glaube nicht, dass sie hinhört, dämpfe aber trotzdem meine Stimme, sodass die Bitterkeit in meinem Hals stecken bleibt.

»*Er* räumt keinen Schnee, wenn du das vielleicht meinst! Schlafen, qualmen und fernsehen – das ist alles . . . Aber er ist wenigstens ruhig in letzter Zeit.« Und dann milder: »Vielleicht gewöhnt er sich daran.«

Daran – das ist Dries. Und das Ziehen im Bauch, wenn er ihn anschaut.

Andere Leute sagen *es*, wenn sie *ihn* meinen – Dries. Aber man gewöhnt sich nicht daran, das weiß ich, man wird es nie los.

Man lernt es mittragen, und wenn es eines Tages nicht mehr da wäre, würde man es vermissen – wie während der Tour des Sommerlagers letztes Jahr, als wir nach einer Viertelstunde Pause wieder weitermussten und ich nach einiger Zeit entdeckte, dass ich meinen Rucksack hatte stehen lassen; und es war so verdammt kalt und leer ohne dieses schwere Monstrum zwischen meinen Schultern, dass ich unbedingt umkehren wollte, um ihn zu suchen, obwohl wir schon ein ganzes Stück weiter waren, und dann stellte sich heraus, dass er inzwischen geklaut worden war. Der Rucksack stammte noch aus der Armeezeit meines Vaters – er war nur widerwillig dabei gewesen, wie er immer betont, man werde da kein Mann. Aber dort ist er wenigstens nicht in die Knie gegangen.

»Meine Mutter benimmt sich zur Zeit hysterischer als mein Pa«, sage ich so beiläufig wie möglich zu Lukas. Ich sage nicht, dass ich heute Morgen mit ihr herumgestritten habe, das wird sie schon selbst machen beim nächsten Hausbesuch von Maya: *»Unser Jasper ist so verquer . . .«* Aber verdammt noch mal, ich muss zu Hause *alles* machen. Schnee schippen, Dries füttern, Stijns Bettlaken in die Waschmaschine stecken . . . Er hat mal wieder ins Bett gemacht. Warum zieht sie ihm nicht einfach Pampers an, wie Drijs? *(Weil er acht ist und normal und ich meinen Lohn nicht komplett für nasse Hintern ausgeben will. Darum.)*

Lukas seufzt und bewegt seinen Kopf langsam von links nach rechts. Etwas in seinem Hals kracht, doch das ist offensichtlich Absicht.

Ich hoffe, er sagt etwas, egal, was. Ich hasse Schweigen. Es zieht die Worte aus meinem Mund.

»Es ist nicht so, dass ich nichts tun will«, sage ich, »aber es ist einfach nie genug. Nie genug und nie richtig. Manchmal würde ich . . . ach, lass stecken, ist auch egal.«

»Scheint mir auch so . . . Wie ich sehe, kannst du ganz gut die Zähne zusammenbeißen.«

Er sieht, dass mein Kiefer aus Holz ist. Und dass er unter seinem Blick vermodert.

Ich zucke die Schultern. »Es ist nicht ihre Schuld, dass nichts klappt. Sie ist auch nur allein . . .«

»Sie würde sich vielleicht weniger allein fühlen, wenn sie sehen würde, was du alles für sie tust, Jasper.«

»Und was würde sie denn sehen, meinst du? Ein Faktotum?«

»Lass sie mehr Mutter sein«, sagt er schmunzelnd, denn er spielt wieder Orakel. Ich finde es aber nicht zum Lachen.

»Ich verstehe dich nicht«, sage ich knurrig.

»Zeige mehr . . .«

»Lukas! Lukas, was ist der Unterschied zwischen einer Hochebene und einer Tiefebene? Ich finde es nicht in diesem blöden Text!«

»Moment, Evelien, ich komme sofort.«

»Geh nur. Ich muss lernen, sonst bin ich wieder nicht fertig für morgen.«

»Diese Geografie wird schon nicht weglaufen.«

»Meine Mutter auch nicht.«

Ich habe mein Matheheft schon genommen und baue eine Wand zwischen Lukas und mir. Er steht auf, um Evelien zu helfen.

Ich glaube, er denkt, *ich* würde weglaufen.

Blitzartig sehe ich mich selber – rennend durch seinen Schnee da draußen, ohne zurückzublicken. Und dann plötzlich innehalten, außer Atem, mit Textblasen von Dampf, die aus meinem Mund aufsteigen. Ich breche einen Zweig von einer Fichte, um meine Spuren zu verwischen.

Als Lukas zurückkommt, tue ich, als ob ich eine Formel über eine Gleichung mit drei Unbekannten pauke. Er nimmt mein Heft, das noch immer beim Aufsatz aufgeschlagen liegt.

»Darf ich ihn lesen?«, fragt er.

»Tu, was du nicht lassen kannst.«

Es klingt gleichgültiger, als ich es meine. Lukas nimmt seine Brille, faltet die Bügel auseinander und setzt sie auf. Dutzende Male am Tag die gleiche bedachtsame, konzentrierte Geste. Es wäre bequemer, wenn er sie an seiner Kette um den Hals hängen würde, doch dann wäre er nicht mehr Lukas. Die Hemdtasche gehört zum Ritual des Lesens. Ich beobachte ihn, doch er verzieht keine Miene.

»Intelligent und zynisch«, sagt er nach einer Weile und gibt mir den Aufsatz zurück.

Er schaut mich fragend über den Rand seiner Brille an, aber antworten werde ich ihm darauf nichts. Margreet hat ihr Chemiebuch hingelegt. Sie zeichnet mit ihrem Finger bedächtig den äußeren Rand ihres Veilchens nach. Ich will nicht, dass es Zufall ist; sie weiß, was es bedeutet – sie ist eine Auster. Ich bin eine Auster. Wir alle hier in Plansjee. Sogar das Großmaul Chuck ist eine Auster. Evelien hat Recht. Genauso ist es: und wenn sie nicht gestorben sind ... Das soll man ihnen glauben! Eine Lederjacke von zehntausend Eiern von seiner Mutter – aber warum darf er dann nicht bei ihr wohnen?

Wir reden hier untereinander nicht groß über unsere Geschichten zu Hause, aber ab und zu öffnet sich die Auster doch ein bisschen und dann kann man sich einiges zusammenreimen.

So ist Chucks Mutter vor ein paar Jahren mit einem stinkreichen Witwer auf und davon. Solider Job. Grauer Nadelstreifenanzug mit Schlips und schwarze Lackschuhe mit Absätzen. Ich habe sie mal zusammen gesehen – an einem Elternabend, glaube ich, sicher nicht bei einem Besuch im Ferienlager. Er ist ein ganz anderer Typ als Chucks Pa. Der ist ein Phantast, ein übrig gebliebener Hippie. Der lebt noch immer in den Marihuanawolken der Sechziger. Seine neueste Freundin ist blutjung und schwanger. Sie hat eine Kneipe in der Trapstraat, ich komme dran vorbei, wenn ich nach Hause gehe. »Der Vollmond« heißt sie.

Es wird schon einiges nicht stimmen mit Chucks Pa, denn Rod – das ist Chucks älterer Bruder – wurde vom Jugendrichter eine Zeit lang in einer Pflegefamilie untergebracht und Chuck wohnt bei seinen Großeltern. Bei seiner Ma und ihrem Sponsor darf er auch nur zu Besuch kommen, und das nicht zu oft. Er passt nicht in das Märchen von der Putzfrau, die die Treppe hinaufgefallen ist ins warme Nest ihres Arbeitgebers. Es könnte einer der Kitschromane von Evelien sein, doch dann sollte es gut ausgehen – und das sehe ich noch nicht so konkret. Chuck und Rod sind lästige Fliegen über dem Nest. Sie werden verjagt, wenn auch nicht mit Gewalt. Doch vielleicht wäre es besser, dann könnten sie aufhören zu wünschen und zu hoffen und so. In der Auster Chuck sind so viele unmögliche Träume – auf einmal sehe ich das. Aber er würde mir lieber auf die Augen hauen, als es mich sagen lassen.

Shit, mir steht der Kopf nicht nach Formeln. Ich stecke mein Matheheft wieder in die Tasche und nehme ein Blatt, um meinen Aufsatz ins Reine zu schreiben.

»Zeige mehr, dass du sie brauchst«, sagt Lukas, während er seine Brille abnimmt und seine Augen ins Unendliche blicken.

Es dauert einen Moment, bis ich begreife, dass er meine Mutter meint.

Die restliche Kerbelsuppe von gestern. Salzkartoffeln mit Rotkohl und Wurst. Jogurt mit Obstsalat.
Dave zermanscht Kartoffeln und Gemüse und häuft einen Berg in der Mitte seines Tellers auf. In die Flanken zieht er mit der Gabel Rinnen, und im Zentrum gräbt er einen Krater, den er bis zum Rand mit Fleischsoße füllt. Kari beobachtet Margreet mit Argusaugen, ob sie wohl auch von der Wurst nimmt. Zwei Zentimeter. Eine halbe Kartoffel. Keine Soße. Und eine Portion Rotkohl, die kaum für einen Spatzenmagen ausreichen würde.
»Gemüse macht nicht dick«, sagt Maya.
»Es ist zu süß; da ist zu viel Zucker drin.«
»Hast du schon probiert?«
»Du wirst nie groß werden und 'nen Busen kriegen«, spottet Dave.
»Na und?« – Herausfordernd hebt sie das Kinn, ich kenne das inzwischen.
»Und dann kriegst du nie einen Mann.«
»Macho. Iss noch von der Wurst!«
Innerlich grinse ich mir eins und frage in die Runde, wer noch Wasser möchte. Aber Dave ist ein bisschen schneller. Er schnappt mir die Kanne weg und versenkt sein Glas darin; es dümpelt klimpernd gegen den Rand. Vermutlich hätte er lieber seinen feuerroten Kopf reingesteckt.
»Na hör mal!«, sagt Maya.

»Das ist Kunst. Kanne mit Kind.«

»Knallkopf«, lacht sie. »Los, gebt mir die Teller, dann hol ich den Nachtisch. Da ist kein Zucker drin, Margreet, nur Obst, und den Saft hat Dominik ausgetrunken.«

Am anderen Tisch geht es hoch her. Aber je mehr die Männer (Chuck, Dominik, Lukas) lachen, desto empörter klingt die Stimme von Evelien. Das ist normal. Evelien nimmt ein ausgelaufenes Spiegelei ebenso ernst wie einen gerissenen Schnürsenkel bei den Sprintweltmeisterschaften. Sie kann die Mücken von den Elefanten nicht unterscheiden. Irgendso was wird es wohl wieder sein. Inzwischen liegt Chuck offensichtlich fast unter dem Tisch vor Lachen. Ich löffele schnell mein Jogurt weg. Alle sind fertig – bis auf Margreet, die an ihrem Löffel nippt, als wollte man sie vergiften. Sie soll sich beeilen, damit wir aufstehen dürfen; ich will da drüben mitlachen. Auch Dave trommelt schon mit den Fingern auf der Tischplatte und Kari will an ihrem Weihnachtsschmuck weiterbasteln. Morgen Mittag stellen wir den Baum auf.

»Ich hab genug.« Margreet schiebt endlich ihren Becher in die Mitte des Tisches. Er ist sicher noch halb voll. Maya schaut und nickt und sagt nichts, aber dieses Nicht-Essen von Margreet wird bestimmt auf eine IB hinauslaufen – also eine »Individuelle Betreuung«. Ich frage mich, wen sie bekommen wird, Maya oder Lukas. Ich habe Maya als feste Betreuerin.

Ich quetsche mich zwischen Lukas und Chuck an den anderen Tisch, aber selbst mitten im Geschehen kann ich ihren Scherzen nicht folgen.

»Worüber lacht ihr eigentlich?«, will ich wissen.

Chuck gluckst, er wisse es selbst nicht, und Lukas wischt sich eine Träne aus dem Augenwinkel. »Über nichts und wieder nichts«, sagt er, »einfach so . . .« – und das ist es, was Evelien zur Raserei bringt. Sie fühlt sich wie im Kindergarten.

»Und du bist eine Rhabarberstange«, sagt Dominik. »So was von sauer! Du würdest nicht mal lachen, wenn man dich unter den Armen kitzeln würde.«

Natürlich heizt er so die Stimmung an, natürlich gießt Chuck Öl ins Feuer, indem er diesen Gedanken sofort in die Tat umsetzt. Dominik ist ihm dabei behilflich.

Evelien tritt und schlägt und kratzt und beißt. Auch den Jungen vergeht das Lachen bald. Es wird eine böse Keilerei. Um ein Haar kippt der Tisch um, mit allem, was darauf steht. Lukas packt Chuck und Dominik im Nacken, Maya zerrt Evelien zur Seite.

»Das reicht jetzt aber«, meint sie.

»Die sollen mir mit den Pfoten vom Leib bleiben«, faucht Evelien und zupft ihren Pullover zurecht.

»Jetzt tu bloß nicht so, als ob wir dich vergewaltigen wollen«, höhnt Chuck.
Sie dreht sich um und verschwindet in der Sitzecke. Nun wird sie sich verbarrikadieren mit *Die heimliche Liebe der Priscilla S.* oder etwas Ähnlichem. Chuck und Dominik werden in die Küche geschickt, sie haben Spüldienst. Kari kriegt den Schlüssel zum Bastelschrank. Auf einmal vermisse ich Dave und Margreet, die sind verschwunden, aber von oben ertönt dröhnende Musik. Als ich nachschaue, finde ich nur Dave. Er wendet mir das Gesicht zu, mit geschlossenen Augen, und stampft lauter als die Bässe. Der Holzboden ächzt, aber zum Glück sind solide Stützbalken darunter, das hat Lukas zumindest mal behauptet. Dave tanzt, als ob die Musik seine zweite Haut wäre, und seine Finger greifen Akkorde auf einer unsichtbaren Gitarre. Er liefert ein Solo ab, dass es mir eiskalt den Rücken runterläuft. Auf Zehenspitzen schleiche ich rückwärts aus dem Zimmer und die Treppe hinunter.
Margreet ist unauffindbar; auch auf dem Klo ist sie nicht. Jetzt bleibt als letzte Möglichkeit nur noch der Garten: ein schwarzes Loch hinter dem Fenster, nur vorne ist der Schnee etwas aufgehellt. Ich finde sie ganz hinten an der Mauer, die sie mit Schneebällen bewirft, einen nach dem anderen. Sie knetet sie mit den Händen, bis sie knallhart sind, dann wirft sie. Im-

mer, wenn einer zerplatzt, klappt ihr Mund zu wie eine Guillotine. Ihr Gesicht ist tränenüberströmt.
Zögernd rufe ich ihren Namen. Sie muss mich gehört haben, ignoriert mich aber und schmeißt verbissen weiter. Ich weiß nicht, was ich tun soll. Zittere. Bleibe wie angefroren stehen.
Ich habe keinen Mantel an. Es ist Dezember.
Sie geht in die Hocke und schaufelt energisch noch mehr Schnee zusammen. Schnieft ein paar Mal Rotz und Tränen weg. Mit einem Mal hocke ich neben ihr. Ich kratze Schnee, knete ihn für sie so hart ich kann und dann reiche ich ihr wortlos die Schneebälle. Sie ist aufgestanden und nimmt sie schweigend entgegen. Und schmeißt und schmeißt und schmeißt.
Plötzlich hört sie auf, streicht sich mit dem Arm über die Stirn, fröstelt.
»Ich versteh dich nicht, Jasper«, sagt sie rau und schaut mich an.
Was soll ich darauf sagen? Oft verstehe ich mich selber nicht, wie jetzt zum Beispiel, also lache ich nur ein bisschen und strecke meine Hand nach ihr aus. Sie zieht mich auf die Füße. Für einen Moment bin ich ihr so nahe, dass ich ihren Atem an meinem Gesicht spüre, aber dann dreht sie sich um und geht, die Arme um sich geschlungen, hinein und lässt mich verwirrt zurück.
Ich klaube ein wenig losen Schnee auf und lasse ihn

durch meine Finger gleiten. Dann folge ich ihr, setze meine Füße in ihre Spur. Meine Schuhe sind größer. Als ich mich noch einmal umdrehe, sind ihre Fußstapfen verschwunden – und vor mir, jenseits der Schwelle, hinter der Fußmatte, hören sie auch auf.
Sie sitzt am runden Tisch und bastelt mit Kari und Dominik. Sie sieht nicht auf, als ich hereinkomme und mich dazusetze. Sie faltet Origami-Sterne aus buntem Papier. Ich nehme mir ein Blatt, aber meine Hände sind abgestorben von der Kälte. Aus den Augenwinkeln sehe ich, dass Lukas mich forschend anschaut und dann einen Blick mit Maya wechselt. In Plansjee wirst du immer beobachtet, alle Beobachtungen werden in Berichten festgehalten. Ich reibe und knete meine Hände, bis sie wieder ein wenig warm sind, lege die Bastelanleitung neben mich und versuche einen Stern zu falten. Kari verschwindet zur Bushaltestelle und Stille breitet sich aus wie eine Schneedecke.
Ich will Margreets Spur wieder finden.
»Wie geht das hier weiter?«, frage ich sie. »Was bedeutet diese gestrichelte Linie?«
Noch immer zittern meine Finger.
Sie nimmt mir das Papier aus der Hand und macht mir vor, wie ich die Ecke legen soll: Ich glaube, sie weiß, dass ich weiß, wie man einen Stern faltet, aber nicht, wie ich mit ihr reden kann. Ich betrachte ihre

Augen, während sie faltet. Im Schein der Lampe ist der blaue Fleck etwas weniger blau. Sie gibt mir den Stern zurück. Ich würde jetzt gerne fragen, was sie vorhin so böse gemacht hat, und sie will wohl reden, glaube ich, vielleicht auch darüber, aber wir warten so lange und Evelien setzt sich zu uns. Sie macht ein Eselsohr in den Stapel Origamiblätter. Offensichtlich hat sie etwas auf dem Herzen, weiß aber nicht, wie sie es loswerden soll. Hin und wieder sieht Margreet sie kurz an, dann faltet sie weiter, langsam und bedächtig. Ihre Finger unterhalten sich flüsternd mit dem Papier, bedanken sich, dass es ein Stern werden will.
Evelien versucht die Eselsohren wieder glatt zu streichen. Sie liegt halb über dem Tisch, auf den Ellbogen. Sie stützt den Kopf in die Hände und dreht mir den Rücken zu.
»Das hier ist eine Jungenclique«, sagt sie zu Margreet, als wäre ich nicht anwesend. »Wir dürfen uns von denen nicht rumkriegen lassen.«
Na bitte, nun ist sie ihr Ei doch noch losgeworden, aber der Hahn im Korb fühlt sich auf den Schwanz getreten. Ich renne im Gegensatz zu Chuck nicht allen Hühnern hinterher, Evelien schon gar nicht. Aber vorläufig schweige ich, denn ich bin auf Margreets Reaktion gespannt. Ihr Gesicht sehe ich nicht. Ihre Stimme klingt flach und ausdruckslos.
»Danke für die Warnung«, sagt sie.

»Ach, ich finde eben, wir müssen solidarisch sein ...«
Darauf antwortet Margreet nicht mehr. Sie hält den zuletzt gefalteten Stern ins Lampenlicht. Der Ärmel ihres Pullovers rutscht dabei ein wenig nach unten und enthüllt ein schmales, weißes Handgelenk. Ein intimer Anblick, finde ich, mein ungeschütztes Auge streichelt ihre Haut. Als sie den Arm wieder auf den Tisch legt und er im Tunnel des Ärmels verschwindet, ist ihr Pullover nicht mehr so durch und durch schwarz.
Manchmal sehe ich Dinge, die ich sehen möchte.

Im Laufe des Tages hat es zu frieren begonnen. Der platt getretene Schnee ist spiegelglatt. Sie hat auf mich gewartet – es ist nicht ausgemacht und doch scheint es schon ganz normal zu sein: Ich schiebe mein Rad, eine Hand am Lenker, die andere auf dem Sattel. Margreets Stofftasche klemmt auf meinem Gepäckträger. Sie geht auf der anderen Seite des Fahrrads, eng an den Häusern entlang. Manchmal, wenn sie ausrutscht, greift sie nach der Lenkstange. Nach einer Weile lässt sie ihre Hand darauf liegen.
Unsere Schritte haben sich automatisch einander angepasst.
Der Himmel über uns hat die Farbe von Entengrütze auf einem Tümpel. Der Vollmond treibt darin wie der Schwimmer einer Angel. Am Giebel vom Super-

markt de Colruyt flimmert das Ypsilon der Neonreklame. Es ist ein verwirrendes Licht, hart und schneidend wie Glas. Zwischen die Straßenlaternen und den Mond ist die Linie der Dächer getuscht, in ihrem Winterschlaf mit einem einzigen scharfen fehlerlosen Strich skizziert. Nur der Rauch, der hier und da aus einem Schornstein quillt, liefert besänftigende Schatten. In diesen Häusern kann man wohnen. Sie gehören zu einer Zeit der Bilderbücher mit Nikolaus- und Weihnachtsmanngeschichten und zu der von meines Vaters Knie, das damals noch nicht zitterte, wenn ich mich darauf setzte. Hinter einer Tür bellt ein Hund. Margreet erschrickt. Durch den Ruck am Lenker schlingert mein Fahrrad. Ich kann es gerade noch halten, aber eine Pedale hat sie am Schienbein erwischt. Sie verzieht kurz das Gesicht zu einer schmerzhaften Grimasse. Aus dem Tritt gebracht, hinkt sie drei oder vier Schritte weiter.

»Weh getan?«, frage ich.

»Ach . . . das sind nur Kratzer . . .«

»Nicht schlimm genug, um mein Rad mit Schneebällen zu bewerfen?«

Das ist gepokert. Sie seufzt und bleibt stehen, bückt sich und massiert ihren Knöchel. »Ich schmeiße mit Schneebällen und du schreibst zynische Aufsätze. Ich frag dich doch auch nicht, worum es da geht?«

Ich erzähle es ihr, sage aber gleich dazu, dass es nicht

um das geht, was da steht, sondern um das, was da nicht steht.

»Klar, Jasper, es ist nichts anderes als eine Geheimschrift.«

Sie sagt nicht, dass sie sie entziffern will. Aber will ich das denn? Und warum muss diese Geheimschrift sein?

Als Kind habe ich mich beim Versteckspiel einmal so gut verborgen, dass niemand mich finden konnte. Nach einer Weile gaben die anderen die Suche auf, aber das wusste ich nicht. Ich wartete und wartete, bis alle anderen längst nach Hause gegangen waren und die Sonne unterging und der Wald ganz anders aussah als tagsüber.

Wenn man nicht gefunden wird, von niemandem, ist das Verstecken nicht mehr lustig.

»Weißt du, was ich jetzt gerne machen würde?«, frage ich.

Sie schüttelt den Kopf.

»Das hier«, sage ich und betätige die Fahrradklingel, mindestens zehn Mal.

Einen Moment glaube ich, dass sie mich für völlig übergeschnappt hält und deshalb wegrennt, aber sie nimmt nur einen Anlauf, um über den Eisschnee zu schlittern. Das macht sie dann den ganzen weiten Weg bis zu ihrer Straße, ohne sich umzusehen, ob ich mitkomme. An der Ecke hält sie mit einer Pirouette. Ihre Augen glänzen.

»Bis morgen«, sagt sie, als sie ihre Stofftasche an sich nimmt.
Ich warte noch kurz. Vielleicht wird sie überfallen und schreit.
Ich zähle bis hundert.
Dann klingele ich dreimal.

4

Sie ist nicht gekommen – Mittwoch nicht und Donnerstag und heute, Freitag, auch nicht.
»Sie wird krank sein«, sagt Maya, die die Pflanzen im Hinterzimmer gießt.
Sie sagt nicht: »Margreet ist krank.« Daran merke ich, dass sie lügt, denn selbstverständlich hat man ihre Eltern angerufen.
Sie hat mich auch nicht angeschaut, als sie es sagte. Ihr Blick sickert, zusammen mit dem Wasser, in die Erde. Sie ertränkte den Asparagus fast, nur gut, dass Chuck das nicht gesehen hat.
Nicht nur wir, auch die Betreuer sprechen manchmal eine Geheimsprache – um *unsere* Geheimnisse zu schützen. So erklären sie uns das. Die sind bescheuert. Wissen sie den nicht, dass, je mehr sie uns im Ungewissen lassen, desto heftiger unsere Phantasie mit uns durchgeht?
Es ist Margreets Veilchen, das mich quält. Daran kön-

nen so viele Storys hängen, dass ich inzwischen dreißig verschiedene Thrillerszenarios habe, mit ihr in der Fast-tot-Hauptrolle. Ich halte es nicht mehr aus.
»Ich geh jetzt einkaufen«, sage ich.
Ich bin dran mit Kochen. Sellerie und Hackbällchen in Tomatensoße. Welche Suppe ich mache, weiß ich noch nicht. Lernen werde ich dann zu Hause, am Wochenende. Ich werde wohl müssen: Montag fangen die Klausuren an. Maya gibt mir Geld mit.
»Fahr vorsichtig«, sagt sie, »es ist glatt.«

Die Straße, in der Margreet wohnt, ist ein ganzes Stück weiter als die Geschäfte, in denen ich einkaufen muss. Ich werde schnell fahren, und wer will mir widersprechen, wenn ich nachher sage, dass beim Metzger eine Quasseltante vor mir an der Reihe war? Brauchst du einen guten Zuhörer? Kauf hundert Gramm Fleischwurst und du kriegst eine halbe Stunde IB gratis ...
Ich habe Pech, der Laden ist gerammelt voll, bestimmt fünf oder sechs Leute. Ich werde eine ganze Reihe von Quasseltanten erfinden müssen, oder soll ich gleich gröbere Mittel anwenden? Eigentlich habe ich schon immer davon geträumt, Schauspieler zu werden ...
Hm, offensichtlich sind es alles Frauen mittleren Alters. Man sagt, die haben Schwierigkeiten mit dem

leeren Nest und so und sie müssen bemuttern können. Also eigentlich missbrauche ich die Situation noch nicht mal, sondern erweise ihnen sogar einen Dienst.
Ich stelle mein Rad ab, ziehe eine leidende Grimasse und hinke auf einem Fuß in den Laden.
Sofort großes Mitleid und was ist passiert und tut's weh?
»Gestürzt«, stöhne ich, die Zähne zusammengebissen – damit ich nicht zu lachen anfange. Ich schaffe es sogar, ein unterdrücktes Schniefen in meine Stimme zu legen.
Natürlich darf ich vorgehen, sie bieten es von sich aus an. Die guten Ratschläge muss ich in Kauf nehmen. Wenn man sie so hört, haben sie alle eine medizinische Karriere verpasst, aber sie können ihre Tipps noch immer ans Radio schicken. *Der goldene Rat von Tante Kaat* – das hört meine Mutter auch immer. Ich schmiere ihnen Honig ums Maul: Sie sollten das unbedingt machen, es wäre eine soziale Tat. Sie halten mich für einen lieben, höflichen und vernünftigen jungen Mann und ich bekomme fast wirklich einen Kloß im Hals. Als ich mit meinem Kilo Hackfleisch hinaushumple, streiten sie sich fast darum, wer die Tür für mich aufhalten darf.
Einmal ihrem Blickfeld entschwunden, fange ich an zu sprinten und rutsche prompt auf einer vereisten

Stelle aus. Ich hebe mein Fahrrad hoch und biege das Schutzblech wieder mehr oder weniger gerade. Beim Fallen bin ich mit dem Ellbogen genau auf dem Hackfleisch gelandet. Es ist aus der Verpackung gespritzt und hat die Unterseite meiner Plastiktasche versaut. Ein Glück, dass keine Eier dabei waren – die waren noch ausreichend vorhanden im Kühlschrank in Plansjee.
Bei Colruyt kaufe ich tiefgekühlte Porreeringe, zwei Büchsen Sellerie, Tomatenpüree und ein Netz Apfelsinen zum Nachtisch.

Es ist das erste Mal, dass ich durch ihre Straße fahre. Die Straße ist noch länger, als ich dachte, sodass ich die Idee fallen lasse, auf die Klingelschilder zu schauen – da wäre ich morgen noch unterwegs. Und außerdem kenne ich ihren Familiennamen nicht mal.
Wo Licht hinter einem Fenster brennt, schaue ich kurz hinein, doch die meisten Übergardinen sind geschlossen. Da und dort sind sogar schon die Rollläden heruntergelassen. Es ist noch nicht halb fünf und schon dunkel wie die Nacht. Bei einem der Häuser hängen – von den Häkelgardinen und inmitten eines Pflanzendschungels – Plakate von den Ärzten ohne Grenzen, Greenpeace und auch noch eins vom Frauentag, der schon längst vorbei ist. Ich könnte mir vorstellen, dass Margreet hier wohnt. Gerade als ich ab-

steigen will, um einen Blick auf den Briefkasten zu werfen, kommt eine Frau heraus. Es könnte eine ältere Schwester von ihr sein. Genauso dünn, enge Jeans, weiter Pulli, doch sie hat etwas längere Haare, punkig und schwarz. Sie nimmt den Weihnachtskranz von der Tür ab, wahrscheinlich hat sie Angst, dass er über Nacht geklaut wird. Ich manövriere mein Rad zu ihr, sage »Hei« und halte mich mit einem Fuß auf der Bordsteinkante im Gleichgewicht. Sie kreuzt die Arme vor der Brust, vielleicht wegen der Kälte. Ich frage, ob sie Margreet kennt: immer in Schwarz, kahl geschorener Schädel, der Kupferschimmer und so weiter ... Sie schüttelt den Kopf.

»Sorry«, sagt sie.

Im Haus beginnt ein Baby zu weinen, sie hat es eilig, wieder hineinzugehen.

Etwas weiter in der Straße, ungefähr auf der Hälfte, ist eine Apotheke. Da frage ich noch mal. Ein glatzköpfiger Mann steht hinter der Theke, mit einem Bauch, der fast seinen weißen Kittel sprengt. Er habe sie, sagt er stirnrunzelnd, schon mal gesehen, doch er wisse nicht, wo sie wohne. Ich habe den Eindruck, er würde sie lieber nicht kennen, aber vielleicht täusche ich mich, denn als ich schon die Türklinke in der Hand habe, rät er mir, es doch in der Frittenbude zu versuchen – da würden viele junge Leute verkehren.

»Drüben, gut hundert Meter weiter. Du kannst sie nicht verfehlen.«
Ich nicke, auch wenn ich glaube, dass man sie in einer Frittenbude nicht kennen wird. Margreet und Fritten scheint mir eine unmögliche Kombination.
Doch was tut man nicht alles, wenn man jemanden verzweifelt sucht?
»Was willst du von meiner Tochter?«, fragt die Frau, die mit einer Schaumkelle träge in den Fritten rührt und mit der anderen Hand eine fettige Haarsträhne aus der Stirn streicht.
Ich flüchte hinaus, aufs Rad.
Hundertvierzig Kilo in einem schmuddeligen rosa Nylonkittel schauen mir nach.

Ich überlege: Man sollte die Eltern abschütteln können wie einen Alptraum.

Ich hätte Margreet nie suchen dürfen. Sie wird mich verachten. Und dann laufe ich auch schon davon – feige obendrein.
Ich würde am liebsten mit den Hackfleischbällchen schmeißen, so wie sie mit dem Schnee am Dienstag, wenn Tinne mir nicht auf die Finger schauen würde. Bis jetzt hat sie nichts gesagt, nur die Stirn gerunzelt. Kochen muss man mit Liebe – oder die Töpfe rächen sich mit Anbrennen. Das ist eines ih-

rer geflügelten Worte, seit sie mit diesem New Ager geht.
Ich drehe das Gas unter dem Wasser etwas herunter – es blubbert über den Rand – und werfe Salz hinein.
Tinne hat zum Glück nicht gefragt, wo ich so lange war, irgendetwas darf auch mal einfach sein.
Mein Gott, ich war doch nur besorgt um Margreet! Aber da hast du es wieder – ich meine es gut und es geht daneben. Gerecht ist das alles nicht.
Und dann das Gemecker von Tinne, als ich ankam, über den vorgeschnittenen Porree statt dem billigeren frischen! Ich habe verglichen: Es waren dünne, ins Kraut geschossene Stängel. Außerdem kommen mir beim Porreeschneiden die Tränen und Evelien posaunt schon wieder herum, ich hätte Liebeskummer. Man darf hier nicht einfach mal um jemanden besorgt sein.
Ich werfe die Hackbällchen ins Wasser. Tropfen spitzen auf meine Hand. Shit! Ich beiße auf die Zunge, um nicht laut zu fluchen, doch Tinne hat gesehen, wie ich zurückgezuckt bin. Sie sieht, hört und riecht alles. Sie dreht den Kaltwasserhahn für mich auf.
»Hand drunter«, befiehlt sie, »dann gibt es vielleicht keine Blasen.«
Als ich klein war, gab meine Mutter ein wenig Spucke drauf – sie berührte mit ihren Fingerspitzen ihre Zunge und rieb dann sanft mit dem nassen Finger.

Und ich bekam etwas Süßes obendrein. Wenn man älter wird, bringen einem Schmerzen nichts mehr – nur einen Strahl kaltes Wasser. Warum ich dann auch noch abrutsche, als ich die Büchse Sellerie zu öffnen versuche, weiß ich auch nicht. Wahrscheinlich einfach, weil der Büchsenöffner so stumpf ist. Mein Daumen blutet bestimmt zehn Minuten und drei Pflaster lang, doch dem Kartoffelschälen entkomme ich nicht.

»Wenn du später verheiratet bist, kannst du auch nicht bei jeder kleinen Schnittwunde jammern«, wischt Tinne meinen Protest beiseite.

»Wenn ich später verheiratet bin, lass ich meine Frau Kartoffeln schälen.«

Sie lacht. »Versuchen kannst du es.«

Natürlich erinnert es mich an Margreet; die kann bestimmt schon jetzt keine Kartoffeln mehr sehen. Aber das macht nichts: Wir können Reis oder Nudeln essen.

Es gibt noch altes Brot vom Mittwoch, das schneide ich in Streifen, die ich in der Pfanne rösten kann für die Suppe. Mein Handrücken ist rot und schmerzt und in meinem Daumen, unter der Schnittwunde, pocht das Blut. Ich stelle die Pfanne auf das Feuer, mit einem anständigen Stück Butter, und tue das Brot hinein.

»Jasper, Telefon für dich!«, ruft Lukas.

Shit, doch nicht wieder meine Mutter!

»Wer?«, flüstere ich, während er mir den Hörer gibt.
»Das wollte sie nicht sagen.«
Aber an seinem Gesicht sehe ich, dass er es weiß.
»hi, Jasper«, sagt sie, »ich bin's, Margreet . . .«
Bevor ich mich von der Überraschung erholt habe, hat sie wieder aufgehängt.
Morgen. Dort und dann.
Aber sie wollte nicht sagen, warum.
Als ich vom Klo komme, wo meine Zitterbeine sich wieder beruhigt haben, qualmt es aus der Küche.

Also essen wir Suppe ohne Brotstreifen, denn anderes Brot gibt es nicht. Besonders Dominik und Kari hören nicht auf darüber zu meckern. Und als sich kurz darauf auch noch herausstellt, dass die Kartoffeln so salzig sind wie Meerwasser, habe ich es mir auch mit den anderen verscherzt. Niemand will sie essen und Maya weigert sich sie im Mülleimer verschwinden zu lassen; sie ist es leid, Geld zum Fenster rauszuschmeißen.
»Wir können sie in den Garten legen, für die Vögel«, schlug ich vor.»Bei all dem Schnee finden die doch kaum . . .«
»Und wir?«, fragt Chuck. »Ich habe auch Hunger, Mann!«
»Es gibt doch Sellerie und Hackfleisch. Und Apfelsinen.«

»Und davon soll ich satt werden?!«
Jetzt fallen sie alle über mich her, Chuck ist sogar der Meinung, ich müsse zum Bäcker gehen und von meinem eigenen Geld für ein anständiges Dessert sorgen.
»Ja, wer kocht, ist dafür verantwortlich«, findet auch Evelien.
Maya und Lukas – Tinne ist schon weg mit ihrem Freund – hören zu, greifen bisher aber nicht ein.
»Ich hab nur fünfzig Francs«, sage ich unwillig.
»Dann eben auf Kredit«, meint Dave.
»Ich will Reiskuchen«, sagt Kari.
»Nein, Apfel«, sagt Chuck. »Es war meine Idee.«
Kari klappt den Mund zu, ihr Herr und Meister hat gesprochen, aber Arno, der heute auch mal wieder da ist, lässt das nicht gelten.
Früher hatte er Angst vor Chuck, der sicher einen ganzen Kopf größer ist als er, aber seit Arno nur noch einmal pro Woche nach Plansjee kommt, kann Chuck ihm seiner Meinung nach den Buckel runterrutschen.
»Du bist nicht immer der Boss«, sagt er. »Ich bin für Reiskuchen, Kari auch. Also sind wir schon zwei.«
»Apfel ist gut für mich . . .« Kari hat sich näher an Chuck herangeschoben, ihre Hand in seiner, und schaut mit ängstlichen Augen zu ihm auf.
»Was bist du, eine Maus oder was?!«
»Lass sie, Arno«, sage ich. »Ich gehe sowieso nicht

zum Bäcker. Ihr alle habt hier mit der Nase in der Pfanne gehangen. Hätte ja jemand das Feuer unter den Brotstreifen runterdrehen können.«

»Warum? Du hattest doch Küchendienst!«, wehrt Chuck ab.

»Das heißt noch lange nicht, dass du das Feuer nicht runterdrehen kannst. So geht nämlich die Welt vor die Hunde . . . wenn einer dem anderen nicht hilft.«

»Oder seine Pflicht nicht tut«, schlägt Evelien zurück.

»Oh nein, Jasper, du brauchst dich gar nicht rauszureden.« Auf einmal sind alle völlig harmonisch einer Meinung.

»Ich leih dir was«, bietet Arno an. »Zehn Prozent Zinsen.«

Da zeigt sich wieder, dass er in der Schule kaufmännisches Rechnen hat; er ist immer auf ein Geschäft aus.

»Jetzt beeil dich, sonst macht der Bäcker zu«, sagt er.

Allgemeine Zustimmung. Hilfe suchend sehe ich zu Lukas und Maya hinüber, aber deren Gesten bedeuten: »Problem selber lösen.« Die anderen zanken sich noch immer über das Thema Reis- oder Apfelkuchen oder demokratische Abstimmung. Arno wedelt mir mit zwei Geldscheinen vor der Nase herum – »Fünf Prozent«, so sein neues Angebot –, aber ich schiebe seine Hand beiseite.

»Das könnt ihr vergessen! Ihr wollt mich nur zu gerne zum Bäcker schicken. Wer sagt mir, dass ihr das nicht selbst ausgeheckt und hinter meinem Rücken die Kartoffeln versalzen habt?« Entrüstung rundum, als ob sie das niemals zu tun wagten. Und auch Lukas und Maya sind der Meinung, dass ich das nicht beweisen kann und mich zu billig herauslavieren will. Aber Geldgeschäfte und Kuchen holen – daraus wird nichts.

»Ihr wisst, dass es auf höheren Befehl verboten ist, euch mit einer Geldbuße zu bestrafen«, sagt Maya.

»Aber wenn sie erfahren, dass wir hier nichts Anständiges zu essen kriegen, seid ihr auch dran«, gibt Chuck zurück.

»So ist es. Also müsst ihr eine andere Lösung finden.«

»Ich koche neue Kartoffeln«, schlage ich vor.

»Das scheint mir eine gute Idee«, meint Maya.

»Vergiss es, dann müssen wir ja noch eine halbe Stunde aufs Essen warten!«, meint Dominik. »Mir ist jetzt schon ganz schlecht vor Hunger!«

»Gut, dann hol ich Brot vom Bäcker ... Gibst du mir Geld, Maya?«

»Bah, aber doch nicht Brot!« Evelien verzieht das Gesicht. »Kochbeutelreis kannst du machen. Oder Makkaroni.«

»Klöße!«, ruft Dave aus dem Hinterhalt.

»Spagetti gehen am schnellsten«, sagt Evelien.

»Also gut, dann Spagetti«, beende ich die Diskussion.

Dave muss noch ein bisschen meckern wegen seiner Klöße und Chuck wegen seines Apfelkuchens, aber ich bin der Koch und ich entscheide heute.
Arno steckt seinen Geldbeutel wieder in die Hosentasche, aber bevor ich in der Küche verschwinde, sehe ich ihn gerade noch mit Kari tuscheln. Wahrscheinlich schlägt er ihr wieder ein Geschäft vor. Wir anderen gehen ihm nicht mehr auf den Leim, aber Kari kriegt immer große Augen, wenn er mit seinen Schätzen zu ihr kommt. Arno »findet« immer wieder Kugelschreiber oder Bleistifte in der Schule, manchmal mit Motiven aus bekannten Zeichentrickfilmen, und die verscherbelt er dann. Wenn das Team dahinter kommt, muss er versuchen die Angelegenheit wieder in Ordnung zu bringen, und entweder die Ware oder das Geld dem rechtmäßigen Eigentümer zukommen lassen. Aber das alles ist mir heute egal, ich habe andere Probleme am Hals.
Ich nehme den Topf mit dem Sellerie vom Feuer, bevor alles zerkocht oder anbrennt, und dann setze ich Wasser auf für die Spagetti, diesmal nur mit einer kleinen Prise Salz.
Der Schnitt in meinen Finger war ein Wink des Schicksals – ich hätte überhaupt gar nicht erst Kartoffeln schälen sollen, überlege ich jetzt.
Die Frittenbude war schon ein erstes Zeichen gewesen.

Meine Gedanken gehen zurück zu Margreet und dem Telefongespräch. Was mag sie morgen von mir wollen? Hoffentlich ist sie nicht sauer.
Ein ungeduldiger Dominik bewahrt mich davor, dass ich die Spagetti verkochen lasse. Das Gemüse wärme ich kurz auf. Am Tisch wird noch ein wenig gestichelt.
»Geizkragen«, wirft Chuck mir an den Kopf, weil ich keinen Kuchen holen wollte.
Plötzlich habe ich die Nase voll von dem ewigen Gequatsche über Geld – wenn nicht zu Hause, dann hier. Mir platzt der Kragen.
»Was willst du denn? Ich hab keine Mutter, die einen reichen Sack plündert!«
Er springt mich an, aber Maya zerrt uns auseinander.
»Mir reicht's jetzt«, sagt sie. »Was ist denn hier los in den letzten Tagen?«
Ich hole die Apfelsinen. Dominik köpft eine und lutscht sie mit einem Zuckerwürfel aus. Kari murkst herum; sie ekelt sich vor den weißen Häutchen. Evelien jammert, dass ihre sauer sei, und knibbelt an dem Fieberbläschen auf ihrer Lippe herum. Eins weiß ich sicher: Beim nächsten Mal kaufe ich Äpfel; erst recht, als Chuck mit seinem Feuerzeug die Apfelsinenschale anzündet und sich ein bestialischer Gestank verbreitet. Maya öffnet die Gartentür und dreht den Ofen aus.

»Wasch du nur in der Kälte ab«, sagt sie zu Chuck.

»Dann macht er das aber allein«, protestiert Arno. »Ich will mir hier nicht den Arsch abfrieren.«

»Komisch, dass du damit kein Problem hast, wenn du morgens eine halbe Stunde mit deiner Freundin herumknutscht. Weiß deine Mutter das eigentlich?«

»So ein Quark!«

»An der Tiense Poort. Mit 'ner Rothaarigen.«

Arno nimmt sich ein Küchenhandtuch, Maya und Lukas setzen sich ins Wohnzimmer. Wir dürfen nur hinein, wenn wir die Klappe halten und die Doppeltür hinter uns schließen.

Den Rest des Abends verschanzen wir uns hinter Comics; das ist hier üblich, wenn es Zoff gegeben hat. Die Lichter des Weihnachtsbaumes verbreiten einen friedlichen Schein.

5

Auffallend viele Spatzen gibt es hier und freche Stare und natürlich Tauben, aber die benehmen sich ohnehin so, als gehöre der Bahnhofsvorplatz ihnen. Vor allem die Umgebung der Frittenbude ist ihr unantastbares Hoheitsgebiet. Hier hängt derselbe Fettgeruch wie bei Margreet zu Hause, verdünnt zwar, aber doch scharf und durch die Kälte noch intensiver, besonders wenn der Wind in meine Richtung dreht.
Es friert noch immer. Der Schnee ist hart wie Glas. Es dauert einen Moment, bevor ich sie erkenne, denn ich muss genau in die Sonne blicken.
Sie steht etwas abseits, unten an den Treppen, und ihr Schädel glänzt heller als je zuvor. Sie hat eine Sonnenbrille auf, kein Wunder bei diesem glasklaren Wetter; aber das ruft bei mir sofort wieder Horrorvorstellungen in Erinnerung, denn ich kenne jemanden mit einem Glasauge und das ist ganz schön grausig. Die indische Stofftasche hängt selbstverständlich über ihrer

Schulter, die Glitzerdinger wirken wie ein einziger Wasserfall reflektierten Lichts. Langer schwarzer Mantel, Springerstiefel. Als ich sie das erste Mal so sah, füllte sie die Türöffnung aus. Jetzt, unten an den Treppen und die weiße Fassade des Bahnhofs im Rücken, scheint sie viel kleiner zu sein, viel schmaler.
Ich kann nicht erkennen, ob sie mich auch schon entdeckt hat oder nicht. Jedenfalls macht sie keinerlei Anstalten, mir entgegenzukommen oder auch nur zu lächeln. Wahrscheinlich ist sie doch sauer, obwohl sie davon gestern am Telefon nichts gesagt hat. Nur ein kurzer Satz: »Samstag um zehn am Bahnhof?« Im Grunde genommen war es keine Frage, sondern sie ging davon aus, dass ich dort sein würde, auch wenn ich unterwegs den Mount Everest hätte erklimmen müssen. Soll ich ihr sagen, dass es fast noch schwieriger ist, meine Mutter umzustimmen?
Vor dem Bahnhofseingang stoppt ein Taxi. Afrikaner steigen aus: Zwei Männer mit einer Conga; der ältere hat kurzes, der jüngere langes, abstehendes Kraushaar, noch krauser als Chuck. Und eine Frau, die ihr Becken schwenkt, als sei sie mit einem Hula-Hoop-Reifen unterwegs. Von ihrem Kopf stehen straff geflochtene, mit bunten Perlen verzierte Zöpfchen nach allen Seiten ab. Mit ihren bunten Kleidern und ihrem lauten Geschnatter erinnern sie mich an riesige, aus dem Dschungel herbeigebeamte Vögel.

Die Schwarzen machen oft einen so freien, ungezwungenen Eindruck, dass ich neidisch werden könnte.
Auch Margreet hat den Kopf in dieselbe Richtung gewandt und sieht ihnen nach, bis sie im Bahnhof verschwunden sind. Erst als ich neben ihr stehe, begrüßt sie mich.
»Ich habe dich nicht mehr erwartet«, sagt sie, »es ist zehn nach.« Ihre Stimme klingt belegt.
»Sorry, meine Mutter hat sich wieder jede Menge Hindernisse ausgedacht, um mich zu Hause zu halten.«
»Dann hau doch einfach ab!«
»Klar, warum auch nicht! Aber irgendwann musst du eben doch wieder zurück . . .«
»Nicht immer, einmal ist's das letzte Mal. Aber das muss man üben.« Sie klingt nach wie vor heiser; aber sie hat vielleicht Halzschmerzen?
»Wir können reingehen und einen Kaffee trinken«, schlage ich vor. »Ich bringe nur schnell mein Rad weg.«
Sie begleitet mich zum Fahrradstandplatz. Während ich mein Rad ankette, erkläre ich ihr, dass ich gleich, jedenfalls vor zwölf Uhr, noch zum Gemüsemarkt muss.
»Angst, dass sie dich sonst nicht mehr reinlässt?« Sie lacht, aber es klingt irgendwie scharf.

»So schlimm ist's nun auch wieder nicht.« Ich will nicht, dass sie allzu schlecht über meine Mutter denkt. Nebeneinander, das erste Mal ohne Fahrrad, aber dafür mit einem halben Meter Eis zwischen uns, gehen wir zurück und dann die Treppe hinauf und durch die Glastür in die Bahnhofskneipe. Sofort klebt uns der Zigarettenmief im Gesicht, ich hasse es, und ich hasse auch die vielen Menschen, aber heute hält es sich in Grenzen. Eine Hand voll Studenten, die, nach ihren bleichen Gesichtern zu schließen, heute Nacht ziemlich versackt sind. Mit dem Zug fahren wir für den Rest des Wochenendes nach Hause, um frische Wäsche zu holen und neue Rationen von Tiefkühlfrikassee und Rotkohl, damit sie die nächste Woche in ihrer Bude überstehen. Ich muss plötzlich wieder an Lukas denken: So sorgen sie dafür, dass ihre Mütter Mütter bleiben. *Sie mehr brauchen* . . . Schon möglich, aber ich musste sie den Drillingen überlassen . . . Und dann dem Vater und nun auch noch dem Großvater. Mein Blick fällt auf eine Frau mit einem Kleinkind auf dem Schoß. Neben ihr steht ein kleiner grauer Reisekoffer. Mutter und Kind schauen sich gemeinsam ein Bilderbuch an. Das Kind kräht »Pferd« und »Hund« und »Katze« mit einer Stimme, als ob es große Entdeckungen verkünden muss. Ich warte auf das »Psst, nicht so laut« von der Mutter, aber die liest unbeirrt weiter und wird noch nicht mal rot.

Margreet ist weitergelaufen, ohne sich umzudrehen, ob ich ihr folge, und der Taubenzüchterverein, der am runden Tisch in der Ecke gelandet ist, starrt ihr nach – Taubenzüchter oder sonst was; Männer jenseits der sechzig jedenfalls mit roten Hamsterbacken und karierten Mützen, ein Stück Honigkuchen in der Faust und einer Selbstgedrehten, die ihnen an der Lippe klebt. Als Margreet aus ihrem Blickfeld verschwunden ist, nehmen sie ihre lautstarke Unterhaltung über die Hormonmafia wieder auf.

Sie hat sich in der Nichtraucherzone niedergelassen, zwei Tische hinter einer Frau mit einem roten Hut. Ich schätze die Frau auf knappe dreißig, der Hut ist klein und aus Filz, mit einem schwarzen geriffelten Band. Mit dem Rücken zum Fenster sitzt sie bei einer Tasse Kaffee. Vor ihr auf dem Tisch liegt ein Buch, aber sie liest nicht. Sie hat die Hände in den Schoß gelegt.

Ich setze mich Margreet gegenüber. Erst jetzt tauscht sie die Sonnenbrille gegen ihre normalen Gläser aus. Ihr blaues Auge hat sich weiter verfärbt und sieht nun gelblich aus.

»Kennst du Hopper?«, fragt sie mich.

»Nur grashopper – so heißt die Heuschrecke auf Englisch.« Ich weiß natürlich, dass sie das nicht meint, aber einfach »Nein« sagen finde ich dumm.

»Edward Hopper«, sagt sie. »Die Frau da mit dem Hut . . . die erinnert mich an ein Gemälde von ihm.«

Darauf kann ich nicht antworten; mit Gemälden kenne ich mich nicht besonders gut aus.
»Neulich gab es eine Ausstellung von ihm. Wenn ich's zu Hause nicht aushalte und das Wetter zu schlecht ist, gehe ich ins Museum. Ich schaue mir gerne Farben an!«
»Und dabei trägst du immer Schwarz!«
Darauf antwortet sie nicht. Sie bestellt Kaffee. Eigentlich habe ich Appetit auf eine heiße Schokolade, aber dann würde ich mir neben ihr erst recht ziemlich trottelig vorkommen. Also zweimal Kaffee. Den dazugehörenden Spekulatius schiebt Margreet sofort in meine Richtung. Ich stecke ihn zusammen mit meinem eigenen in meine Manteltasche.
»Für Dries«, erkläre ich. »Das ist mein kleiner Bruder.« Ich glaube, das ist ihr völlig egal, solange sie den Keks nur nicht selber essen muss. Ich kriege das dumme Gefühl, dass ich hier überflüssig bin. Sie hat nur Augen für die Frau mit dem roten Hut.
»Lernen, mit dem Warten aufzuhören, ist auch ein Weggehen«, sagt sie dann, während sie achtlos rührt und rührt, obwohl sie weder Zucker noch Milch in ihrem Kaffee hat. Sie sagt es nicht zu mir, sondern in die Luft, mehr zu sich selbst – anders als das »Pferd, Hund, Katze« von dem Kleinen. Es reicht offenbar, wenn sie weiß, was gemeint ist.
Doch es klingt traurig, vor allem wie sie es sagt. Ein-

sam. Aber solche Dinge kann ich nur denken – eigentlich denke ich dauernd so was –, aussprechen kann ich sie nicht. Ich habe auch das Gefühl, dass sie zwar anwesend ist, aber irgendwie nur mit einem Bein. Sie weiß wohl wieder nicht, ob sie dableiben will oder nicht. Sie hat noch nicht einmal ihren Mantel aufgeknöpft. Jede Sekunde, die ich schweige, treibt sie weiter davon auf ihrer Eisscholle aus Stille. Ich muss sie zurückholen.

»Manchmal will ich auch weglaufen«, sage ich, »aber Lukas meint . . .«

»Ich rede nicht vom Abhauen, Jasper, sondern davon, sich selbst nicht länger zu betrügen.«

Ich weiß nicht, was sie meint – und wage auch nicht zu fragen. Sie steht abrupt auf – »ich muss mal« –, nimmt ihre Stofftasche mit und lässt mich völlig verwirrt zurück. Mit diesem Gespräch kann ich nichts anfangen. Ich weiß nicht, was sie von mir will. Und ob *ich* wohl noch etwas von ihr will. Ehrlich gesagt macht sie mir Angst. Und eigentlich bin ich auch ziemlich sauer; sie soll nicht so mürrisch tun.

Ich starre das Stillleben von diesem Edward Hopper an oder wie auch immer das heißt, als läge dort die Antwort, die mir fehlt. Ich verstehe noch immer nichts. Aber mein Blick scheint die Frau aus einem hundertjährigen Schlaf zu wecken. Für einen Moment denke ich, dass sie lächelt. Sie schlägt ihr Buch zu. Dann nimmt sie ihre Handschuhe, schwarze Handschuhe, die neben ihr auf der Bank liegen, und zieht sie langsam an. So langsam, dass das Zusehen Schmerzen bereitet; und dies ist für meine Begriffe ein seltsamer Gedanke – als käme er von einem anderen, den ich aus einiger Entfernung beobachte. Mir ist das unheimlich, denn es gehört zu diesen Zuständen des An-den-Mauern-entlang-Schleichens und Alles-zählen-Müssens und so. Damals hatte ich das auch, oft sogar.

Ich schlucke; meine Gedanken ordnen sich wieder an ihrem Platz ein, hinter den Augen, die der Frau nachsehen, wie sie an mir vorbei zum Ausgang geht. Mir fallen ihre zierlichen, schmalen Knöchel auf und die rührend kleinen Füße in grauen Nylons und schwarzen Lackschühchen, in denen sie draußen schrecklich frieren muss.

Margreet kommt wieder rein. Sie wirft einen Blick auf den nun leeren Platz, sagt aber nichts. Sie trinkt ihren Kaffee, die Tasse in beiden Händen wie immer. Über den Rand hinweg lächelt sie mich vage an. Ich hoffe, die Dame mit Hut verschwindet nun endlich aus unserer Welt. Aus dem Radio ist irgendeine englischsprachige Gruppe zu hören, die ich nicht identifizieren kann. Der Kaffee ist bitter. Jetzt tut es mir Leid, dass ich keine heiße Schokolade bestellt habe.

Ich möchte sie fragen, warum sie mich angerufen hat;

warum sie die letzten Tage nicht in Plansjee war; ob sie weiß, dass ich das war, gestern in der Frittenbude, falls ihre Mutter davon erzählt hat. Aber es ist mal wieder typisch für mich: Ich frage nichts, weil ich Angst habe, eine falsche Antwort zu bekommen, eine Antwort, die ich lieber nicht hören will. Margreet sagt auch nichts und zupft an einem Bierdeckel herum. Halb elf vorbei. Ich trinke meinen Kaffee aus. Er ist kalt geworden, ich kriege beim Schlucken ein wenig von dem ekelhaften Bodensatz mit.
So schweigsam können wir nicht bleiben.
Wieder schlucke ich – meine Hände sind klamm.
Ich wünschte, ich fände Worte, von denen ihr die Luft wegbliebe – so wie von ihrem Edward Hopper. Ich will nicht, dass sie denkt, ich sei banal. Ich will nicht sein wie die anderen. Aber in diesem Augenblick fällt mir nur der Weihnachtsbaum ein. Ich erzähle, dass wir ihn Mittwochnachmittag aufgestellt haben und dass das ganz nett war; ich erzähle nicht, was ich eigentlich sagen will: dass ich sie vermisst habe, dass sie hätte dabei sein müssen.
Sie antwortet nicht, aber sie hört auf an dem Bierdeckel herumzuzupfen – vielmehr an dem, was von ihm übrig ist – und schaut mich zum ersten Mal voll an; also denke ich, dass sie diese Geschichte hören will. Je mehr ich erzähle und sie interessiert zu sein scheint, desto mehr fange ich an mich wohl zu fühlen. Ich bin

fast sicher, dass erzählen nichts anderes ist als laut zu schreiben. Ich beobachte die Lichter in ihren Augen.

»Der Baum stand im Garten, wir mussten erst den Schnee herunterschütteln«, sage ich, »und du kannst dir vorstellen, dass das auf eine Balgerei hinauslief und dann auf Geflenne von Kari, weil Dominik mit einem Schneeball hinter ihr her war. Das konnte Chuck nicht leiden und darum war er dann hinter Dominik her. Im Handumdrehen rollten die beiden durch den Garten und in null Komma nichts waren sie von oben bis unten voller Schnee. Maya und Lukas ließen sie austoben, aber sie waren natürlich klatschnass und mussten anschließend vor dem Feuer sitzen bleiben, bis sie trocken waren.«

»Wo habt ihr den Baum hingestellt?«, fragt Margreet.

»In die Sitzecke, vors Fenster. Links, wenn du Richtung Straße schaust. Wir haben das Sofa auf die andere Seite geschoben. Der Baum ging nur ganz knapp durch die Tür, und als er endlich in seinem Eimer stand, war nur noch ein Zentimeter Platz zwischen ihm und der Zimmerecke. Also passte die Spitze nicht mehr drauf und Kari behauptete steif und fest, ein Baum ohne Spitze sei kein echter Weihnachtsbaum. Sie war echt lästig. Dave wollte die Sache lösen und den Stamm ein bisschen kappen, aber da hätte Chuck ihn beinahe skalpiert. Wir haben den Baum bei seinen Großeltern gekauft, weißt du, die sind Gärtner. Chuck wohnt bei ihnen. Er hatte extra einen ausgesucht mit großen Wurzeln und einem Ballen Erde dran. Wenn wir die Spitze abschnitten, sagte er, würde der Baum eingehen und wir könnten ihn später nicht mehr in den Garten pflanzen.«

Wenn Chuck mit Menschen so umginge wie mit Blumen und Bäumen, wäre es schön, denke ich. Kari zählt nicht, die ist zu klein. Aber jetzt reicht's mit Chuck, sonst kommt Margreet noch auf die Idee, der sei interessant.

»Was wurde dann aus der Spitze?«, will sie wissen.

»Ich sagte, wir würden sie mit Bindfaden am Stamm festbinden. Kari war einverstanden, aber du kannst mir glauben, das war leichter gesagt als getan. Die Äste stehen zu sehr ab und du kommst von der Leiter aus nicht dran. ›Noch ein bisschen‹, meinte Kari immer wieder, ›stell dich auf die Zehenspitzen!‹ Und dann wäre ich um ein Haar zum lebenden Christbaumschmuck geworden. Ich hab mir bestimmt eine Viertelstunde lang die Nadeln aus der Haut gezogen . . .«

Wenn ich in Fahrt komme, neige ich zu Übertreibungen, aber Margreet hat ein feines Gespür für solche Sachen.

»Dann ist der Baum ja jetzt wohl kahl«, spottet sie.

Ich wünschte mir einen Moment, sie wäre ein Junge,

dann würde ich ihr jetzt einen Schubs gegen die Schulter verpassen und wir könnten ein bisschen herumbalgen.

»Lach mich nur aus«, schmolle ich. »Genauso gut hätte ich mir den Hals brechen können.«

»Und – sitzt die Spitze jetzt?«

Wenn ich jetzt lüge, merkt sie es sicher sofort.

»Nein. Die hab ich fallen lassen. Ist in tausend Scherben«, gebe ich also zu. »Kari machte mir die Hölle heiß, als hätte ich einen Mord begangen. Sie gab erst Ruhe, als Maya versprochen hatte eine neue zu kaufen. Lukas hat sie inzwischen befestigt. Er brauchte sich dabei kaum zu strecken – und mich lässt er einen Tag zuvor ewig lang herummurksen!«

»Gibt's auch Engelshaar in dem Baum?«

»Nein.«

»Schade.«

»Wenn ich Engelshaar reinhänge – kommst du dann zurück?«

Ich bilde mir das nicht ein: Ihre Augen werden feucht und ihre Hand klammert sich etwas fester um die Tischkante. Die Knöchel sind weiß geworden.

»Du warst das gestern in der Frittenbude, stimmt's?«

Ihr Themenwechsel kommt plötzlich und trifft mich völlig unvorbereitet.

Ich nicke.

»Wie gefällt dir meine Mutter?«

»Vielleicht ist sie anders, als sie aussieht«, sage ich lahm.
Margreet wirft den Kopf in den Nacken und sieht mich scharf an. »Wie du sie *findest!*«
Ihre Stimme ist schneidend – wüsste ich's nicht besser, ich würde es nicht für möglich halten, dass dieselbe Stimme vorher belegt geklungen hat.
Ich denke an meinen Vater. Und an Dries.
»Vielleicht kann sie nicht wirklich was dafür«, sage ich zögernd, nur um sie zu trösten. Mit meinem Vater und mit Dries werde ich auch besser fertig, wenn ich mir klarmache, dass sie nichts dafür können. Aber wieder einmal kommen meine Worte anders an, als sie gemeint waren.
»Warum musstest du dann so schnell wegrennen?«, fährt sie mich an. Unter ihrem Blick zerbrösele ich, und bevor ich antworten kann, schiebt sie ihren Stuhl, der über den Boden quietscht, zurück und lässt noch schnell fünfzig Francs auf die Tischplatte fallen.
»Für den Kaffee.«
»Margreet, warte!«
Und dann erzähle ich ihr die wahre Version von *A terrifying night* und ein zweiter Bierdeckel muss dran glauben, diesmal unter meinen Händen.
Als ich fertig bin mit meiner Geschichte und sie wieder ansehe, es endlich sage, denn es blieb so lange still, ist sie mit ihrem Stuhl wieder dichter an den

Tisch gerückt. Eine Träne läuft über ihre Wange; ihr rechter Zeigefinger streichelt den Kopf einer weißen Ratte, die in der Mulde ihrer anderen Hand liegt. Weiß der Geier, wo die auf einmal herkommt!
»Brauchst keine Angst zu haben«, sagt sie. »Das ist Fido.«

Ich schaue mich um und merke erst jetzt, dass rings um uns mehr los ist. Ein Blick auf die Uhr über der Theke lässt mich zusammenzucken: Es ist genau Viertel vor zwölf. Jetzt muss ich mich beeilen, wenn ich noch zum Markt will. Verdammt, und ich habe noch nichts über Margreet erfahren. Nur, dass Fido ihr Vertrauter ist, seit sie keine Puppen mehr hat. Und dass Tagebuchschreiben so lästig ist ...
»Aber eine Ratte?«, frage ich noch. »Warum nicht einen Hund oder eine Katze?«
»Die kann man doch nicht überall verstecken!«
Fido hat eine dünne Kette um den Hals. Als sie meinen Blick zur Uhr sah, hatte sie ihn zurück in die Manteltasche gesteckt.
»Du musst los, wenn du noch zum Markt willst«, sagt sie. »Einverstanden, dass ich mitkomme?«
Der heiße Kaffee hat ihre Stimme geschmiert, denke ich, sie ist nicht mehr belegt oder scharf.
Ich lege fünfzig Francs zu den ihren und gebe dem Kellner einen Wink.

Draußen holen wir mein Fahrrad und laufen dann Richtung Markt. Diesmal gehen wir nebeneinander, das Rad außen. Als sie ausrutscht, greife ich nach ihrer Hand. Nach dem dritten Mal lasse ich sie nicht mehr los. Sie tut, als bemerke sie es nicht, und sie zieht die ihre nicht zurück – auf einmal ist das ganz selbstverständlich. Sogar das Lenken mit einer Hand funktioniert, als hätte ich es nie anders gemacht. Und wenn ich jetzt so darüber nachdenke: Von da an rutscht sie auch nicht mehr so oft aus.

In der Innenstadt tobt der Weihnachtsrummel. Mich macht das einigermaßen sauer, aber sichtlich bin ich nur neidisch, weil ich hier schon wieder am Rand entlangschieben muss. Ich darf nur schauen, mit zusammengebissenen Zähnen. Zu Hause auf dem Schrank liegt seit einer Woche eine Mahnung für die letzte Stromrechnung.

Margreet sagt unterwegs nicht mehr viel. Auch versteckt sie sich wieder hinter ihrer Sonnenbrille. Ab und zu bemerke ich, wie die Leute sie von Kopf bis Fuß mustern, aber ich glühe vor Stolz. Nur würde ich gerne etwas von dem Rot-Grün-Gold um mich herum einsammeln und wie einen Schal um ihre schwarzen Schultern drapieren.

Auf dem Markt wird es schwieriger, das Rad zu manövrieren und zugleich ihre Hand zu halten. Der gro-

ße Kaufrausch ist hier schon vorbei; es wird aufgeräumt und immer wieder wird der Weg versperrt von Pappkartons, Holzkisten, Abfall.
»Gib mir ruhig das Rad«, bietet Margreet an.
Ich gehe immer zu demselben Stand. Hier ist alles am billigsten und die Qualität ist okay, das habe ich längst herausgefunden. Außerdem kennt der Verkäufer seine Stammkunden. Aber ich passe trotzdem auf, dass man mir keinen runzeligen Apfel oder eine angestochene Apfelsine unterjubelt. Ich rede ja nicht von Absicht – aber wenn ich ein Kilo bezahle, will ich auch ein Kilo nach Hause bringen. Das hat mir meine Mutter nicht zweimal sagen müssen.
Suppengemüse brauche ich – das ist teuer bei diesem Frostwetter –, Rotkohl, Wirsing und ein Pfund Möhren. Rosenkohl, auch ein Pfund, und Zwiebeln. Fünf Kilo Apfelsinen zum Pressen, drei Kilo Äpfel – von den billigen –, Bananen, noch grün und nicht zu groß. Ich bekomme ein halbes Dutzend überreife, braun gesprenkelte gratis dazu, weil der Markt zu Ende ist. Die hatte ich schon von Anfang an im Auge, aber ich bedanke mich überschwänglich beim Verkäufer für diese so genannte Überraschung. Er werde sie ja doch nicht mehr los, meint er. Dumm, meiner Meinung nach, denn das sind nun gerade die allerbesten. Ich drehe mich halb zu Margreet um und zwinkere ihr zu. Fein, sie zwinkert zurück – sie hat's verstanden.

Ich bezahle alles und zähle das Wechselgeld nach. Als ich anfangs für Plansjee einkaufen ging, habe ich mich hin und wieder übers Ohr hauen lassen, aber das passiert mir nicht noch mal. Margreet hilft mir alles in den Fahrradtaschen zu verstauen. Beim Fischhändler kaufe ich noch einen Brathering für meinen Vater und für mich selbst ein Schälchen Weinbergschnecken. Sie will nicht davon probieren und verzieht das Gesicht, als wollte ich sie vergiften.

»Wie kannst du nur so was essen?« Sie schüttelt sich. »So 'n zähes Zeug!«

»Möchtest du was anderes? Krapfen? Einen Hotdog?«

»Nein, wirklich nicht.«

»Einen Apfel?«

»Bitte lass mich, Jasper . . .«

Ich schaue sie an, doch ihr Mund unter der Sonnenbrille lächelt.

»Ein Säckchen Lavendel aber!«

Vorhin habe ich den alten Mann mit seinem Esel und dem Schäferhund wieder erblickt.

Ich sehe, wie sie zögert.

»Komm!« Ich ziehe sie mit.

»Du brauchst mir nichts zu schenken!«

Ich lache.

Wir kommen bei Hassan vorbei. Er erinnert mich daran, dass ich auch zwei marokkanische Brote mitbringen sollte. Die passen nicht mehr in die Fahrradtaschen; Hassan gibt mir eine Plastiktüte, die ich an den Lenker hänge.

»Siehst du«, sage ich zu Margreet, »das habe ich dir zu verdanken, dass ich die nicht vergessen habe. Wieder einen Minuspunkt weniger bei meiner Mutter.«

Jetzt lacht sie ganz kurz mit nackten Augen, denn sie hat die Brille abgenommen und wischt eine Träne weg, die ihr die Eiseskälte in die Augen getrieben hat. Ich spieße meine letzte Schnecke auf das Holzstäbchen und schlürfe sie genussvoll hinunter. Auch die Soße gieße ich hinterher. Das leere Plastikschälchen werfe ich in einen Pappkarton mit Abfällen.

»Das war fein«, sage ich, »echt!«

»Allein die Vorstellung!«

Erneut schüttelt sie sich, doch sie sieht mir nicht mehr so blass aus, sie errötet sogar ein bisschen. Ich denke, sie sollte öfter glücklich sein. Unwillkürlich fange ich an zu pfeifen.

Der Lavendelverkäufer steht zum Glück noch da. Er ähnelt den Taubenzüchtern in der Bahnhofskneipe, hat aber eine Baskenmütze auf dem Kopf und sieht freundlicher aus. Er strahlt viel Wein und provenzalische Sonne aus. Wenn er lacht, zeigen sich die Lücken in seinem Gebiss. Er lispelt beim Sprechen und quasselt uns die Ohren voll in einer Sprache, die mir völlig unverständlich ist. Es ist bestimmt nicht das Französisch aus unserem Lehrbuch. Ich nicke und sage oui, oui und er lacht, dass die Spucke sprüht. Ich kann mir denken, dass ich auf etwas Ja gesagt habe, für das ich in meinem Alter noch erröten müsste, wenn ich auch nicht weiß, was das noch sein könnte: Ich bin ja fast achtzehn.

»Pourtant on a l'âge«, sage ich also zu ihm.

Jetzt wiehert er los und ich sage wohlweislich nichts mehr.

Margreet streichelt den Esel. Die geblümten Lavendelsäckchen liegen in geflochtenen Weidenkörben an seinen Flanken. Es sieht so aus, als hätte er heute noch nicht viel verkauft, ich tue also mal wieder eine gute Tat. Während ich bezahle, lässt Margreet Fido am Maul des Esels schnuppern; der lässt es gutmütig zu. Aber der Schäferhund kann diesen fremden Geruch in der Nase nicht leiden und springt bellend an ihr hoch. Sie stößt einen Schrei aus und ich erinnere mich an ihre Schreckreaktion irgendwann diese Woche, als unterwegs hinter einer Tür ein Hund bellte. Ich springe zwischen sie und den Schäferhund und lege ihr einen Arm um die Schultern. Durch diese plötzliche Bewegung kippt mein Fahrrad um. Das wird langsam eintönig. Noch ein paar Mal und es ist endgültig reif für den Schrottplatz. Der Lavendelverkäufer zieht seinen Hund zurück und schimpft mit ihm.

Tausend Entschuldigungen reichen nicht. Der arme Fido ist vor Schreck heruntergepurzelt, doch zum Glück hat die Kette den Fall aufgehalten. Er krabbelt schon wieder an Margreets Mantel hoch und verschwindet hastig in der Tasche. Sie selber zittert in meinem Arm, als habe der Schreck schlagartig ihre Knochen entkalkt, wie bei meiner Oma. Ich reibe meine Nase etwas über ihren Kopf. Die Stoppeln kratzen, aber sie duftet gut.

Ein Passant hat mein Fahrrad aufgehoben und steht neugierig und sensationslüstern wartend neben uns.

Ich hoffe, meine Äpfel sind nicht allzu sehr gequetscht worden.

»Es geht schon wieder.« Margreet befreit sich aus meiner Umarmung.

»Wirklich?«

»Ja, echt.«

Schade. Ich fühlte mich gerade so wohl mit meiner Nase an ihren Stoppeln.

Ich bedanke mich bei dem Passanten und übernehme mein Fahrrad von ihm. Der Lavendelverkäufer hat sich mit Hund und Esel etwas zurückgezogen. Als ich meinen Daumen in die Luft strecke, erwidert er die Geste, sichtlich erleichtert. *Voilà,* sein Leben ist wieder *simple comme bonjour.*

Ich überreiche Margreet den Lavendel und fühle mich auf einmal hölzern und weiß nicht, was ich sagen soll. Sie hält sich ihn mit beiden Händen an ihre Nase und atmet tief ein. Danach schaut sie mich an, ihre Augen gerade in meine getaucht – das sehe ich sogar durch die Sonnenbrille hindurch, jetzt, wo sie so dicht neben mir steht. Sie legt ihren rechten Zeigefinger auf meine Lippen.

»Ich komme schon nach Plansjee«, sagt sie leise, »und manchmal werde ich eben wieder weglaufen.«

Ich rieche den Lavendel.

6

Mein Gott, ich habe kaum angefangen und bin es schon leid. Was soll der Mensch mit dem Unterschied zwischen Nackt- und Bedecktsamer? Chuck interessiert das vielleicht, aber mich ... Ich seufze und fahre mit dem Daumen an den Blättern meines Kurses entlang. So ein Stapel, und das für ein Nebenfach wie Biologie! Ich weiß, ich sollte die Ruhe ausnutzen und mich konzentrieren, denn nachher ist die Bude wieder voll. Die anderen haben noch keine Klausuren wie ich. Sie fangen erst Mitte oder Ende der Woche an. Trotzdem habe ich dauernd das Gefühl, als ob Margreet neben mir säße, auf dem leeren Stuhl, träumerisch beschäftigt mit ihren komischen Kritzeleien. Manchmal passiert es, dass sie ruckartig wie unter Zwang ihr Gesicht zum Fenster hinwendet, hinter dem es zu sehr regnet, um wegzulaufen – oder auch gerade nicht. Man wird ausgewischt, denkt sie vielleicht, man wird schnell vergessen werden. Oder:

Niemand wird einem bei diesem Hundewetter hinterherlaufen wollen.
Ich schon – ich würde im Regen nach salzigen Tränen suchen, bis ich sie fände.
Das ist doch nicht verrückter als Zuckerwürfel zählen?
Hinter mir schreibt Lukas an den Berichten. Ab und zu quietscht sein Stuhl. Ansonsten ist es still, von den Windböen abgesehen, die den Regen gegen die Fenster klatschen. Es wirkt eher wie November als beinahe Weihnachtszeit. Gestern hat es plötzlich stark zu tauen angefangen.
Ich glaube, es ist hier zu still zum Lernen. Lukas hielte mich für verrückt, wenn er es hören würde. Doch es ist so – ohne den Stacheldraht der normalen Geräusche können meine Gedanken ungehindert abschweifen. Vielleicht ist das auch eine Art Weglaufen – nur mache ich es im Kopf und Margreet in ihren ausgetretenen Springerstiefeln. Wenn nichts sie mehr festhält, läuft sie weg. Ich kann mir vorstellen, dass sie dann ihren Hut nimmt – zweifellos einen schwarzen und keinen roten wie die Frau im Bahnhof –, ihren Hut und eine Kneifzange, und dass sie dann den Draht durchschneidet und abhaut. Aber wohin? Man muss doch wissen, wohin.
Auf einmal wünsche ich mir, ich hätte als Grund, irgendwo zu bleiben, nicht an Stacheldraht gedacht,

sondern an eine Rosenhecke oder so – Nackt- oder Bedecktsamer, egal.

Natürlich sollte sie in diesem Fall einen Sonnenhut tragen: einen aus Stroh, mit einer ausgefransten Krempe und rundherum drapiert frische Kornblumen, Margeriten, Mohnblumen und lange Bänder, die im Wind flattern.

Wenn sie doch nur kommen würde.

Lukas rutscht auf seinem Stuhl hin und her. Er wird wieder Ärger mit seinem Rücken haben. Ich drehe mich halb zu ihm um.

»Kann ich eine Pause machen?«, frage ich.

Er schaut von seinen Papieren hoch und auf die Uhr, er zögert kurz.

»Wenn du jetzt noch eine halbe Stunde die Zähne zusammenbeißt«, sagt er, »dann sind die anderen auch da.«

»Das ist es gerade. Ich muss noch was machen, bevor sie kommen . . . Eine Überraschung.«

Ich erröte und stolpere über meine Worte.

Die Brille geht in die Hemdtasche, seine Hand um Kinn und Wange. Den Blick kenne ich: Er überlegt, was dahinter stecken könnte. Ich spüre, wie es mich verletzt, dass er uns nicht spontan vertraut. Ich weigere mich die Augen niederzuschlagen.

Dann sehe ich seine Augen spöttisch aufblitzen. Lukas schaut mit Infrarotlicht. Er lacht.

»Okay . . . Aber denk dran, dass Maya nachher noch mit dir reden möchte. Deine Mutter hat angerufen.«

»Shit!«

Einfach die Tür hinter sich zuziehen und abhauen. So schwer kann das nicht sein. Man kommt immer irgendwohin, oder?

Er mustert mich, als ob er wüsste, an was ich denke. Seit Samstag ist meine Mutter eisig. Ich grummele etwas, Lukas faltet die Hände hinter dem Kopf. Wenn er nur nicht so breite Schultern hätte!

Ich tauche unter dem Tisch ab, wo ich umständlich in meiner Tasche wühle. Zwischen meinen Knien hindurch sehe ich, wie er den Hals lang macht. Ich hätte nichts sagen sollen von der Überraschung, er wird mich sicher für blöd halten.

Auf, Mann, schreib doch weiter!

Oder wenigstens soll das Telefon läuten – doch das läutet nie, wenn man es braucht.

»Kannst du es nicht finden?«

»Doch.«

»Engelshaar?«

»Ja. Engelshaar«, sage ich mit aufgestellten Stacheln.

»Maya wird sich freuen, sie hat letzte Woche die halbe Stadt danach abgesucht, aber es sei nicht mehr modern, sagte man ihr. Wo hast du es denn noch aufgetrieben?«

»Im russischen Bazar, am Markt.«

Es wird idiotisch aussehen, wenn ich es nicht über die Baumspitze bekomme. Doch das Bitten fällt mir schwer, immer wieder. Vielleicht kommandiert meine Mutter deshalb so viel – was natürlich nicht heißt, dass ich es schlucken muss.
Ich weiß nicht, wie ich mich herausstottere, aber Lukas sagt nichts und darüber bin ich froh. Er macht einfach, was er machen soll.
»Jetzt kann ich es alleine«, sage ich zu ihm. »Danke.«
Wir tauschen den Platz und er hält die Leiter. Meine Knie zittern und ich versuche nicht daran zu denken, dass er es merken könnte.
Ich wollte, mein Vater wäre noch der bärenstarke Kerl, der er früher war.

Einer nach dem anderen kommen sie herein, nur Margreet nicht. Keiner schaut nach dem Baum, nicht einmal Kari. Aber ich verstehe ja auch nicht, warum wir ihn ins Wohnzimmer gestellt haben, wo wir uns abgesehen von einem Gruppen- oder persönlichen Gespräch nie aufhalten. Was die anderen finden, interessiert mich nicht die Bohne, doch wenn Margreet nicht bald kommt, kriegen sie trotzdem Ärger mit mir, fürchte ich. Meine Hände jucken von dem blöden Engelshaar – schon wieder blöd gewesen. Gut, dass Maya es nicht hört, denn neulich drohte sie, ich müsste sie auf eine *dame blanche* einladen, wenn ich

mich selber ständig so heruntermache. Aber das darf sie gar nicht, das ist gegen die Vorschriften.
Ich tue, als ob ich nicht merken würde, dass Lukas ab und zu einen Blick in meine Richtung wirft. Doch als ich Maya anraunze, weil die auch noch von meiner IB und meiner Mutter anfängt, stellt er etwas zu laut seine Tasse auf die Untertasse. Davon lasse ich mich reinlegen. Jetzt schaue ich ihm doch in die Augen; ich würde am liebsten seine Schultern zu Brei schlagen und heulen. Es gibt kleine Rosinenkuchen zum Tee – die teuren in den weißen gewellten Papierschälchen. Womit haben wir das verdient? Dominik kratzt seines mit einem Löffel sauber. Danach faltet er es, immer kleiner und kleiner, bis es so klein ist wie ein Hagelhorn. Ich beobachte ihn und warte darauf, dass er es wegschnippen wird – zu Kari oder Evelien. Er meint, er markiere damit den tollen Typen – und Chuck und Dave nähmen ihn dadurch für voll. Ich grinse ihn an und er streckt mir die Zunge raus, klar, ich bin nur der naive Hirnwichser.
Fast zehn nach vier.
Ich nehme meinen Kaffeebecher zwischen die Hände – ihre Geste, ich tue es absichtlich – und trinke in langen, bedächtigen Zügen. Dominik muss selber wissen, was er tut. Ich tippe auf Kari als Zielscheibe, aber er schießt sich doch wieder auf Evelien ein. In der nächsten Sekunde bricht das Chaos aus: Sie wirft ihm einen übrig

gebliebenen Kuchen an den Kopf. Er bückt sich, sonst wäre es ein Volltreffer gewesen. Der Kuchen klatscht gegen den Schrank, ein Stück bricht ab, Krümel fallen auf den Boden.

»Idiot!«, keift Evelien. »Wann wirst du endlich mal erwachsen?«

»Werd es erst mal selber!«

Ich stibitze noch einen extra Zuckerwürfel – in diesem Tumult interessiert das doch niemanden –, tunke ihn in meinen Kaffee und fange an daran zu lutschen. Maya schickt Evelien in die Küche, um Kehrschaufel und Feger zu holen, und Dominik darf das Papierchen suchen.

Chuck und Dave gehen zum Rauchen unter das Vordach und Kari kommt wieder hinter Tinne her. In der Türöffnung steht plötzlich Margreet – fast ein *Déjà-vu-Erlebnis.*

Sie trägt einen knöchellangen Rock, mit dunklen Flecken am Saum, vom Regen durchnässt. Auch die Spitzen ihrer Springerstiefel sind nass. Der aufgeraute, dicke Cardigan geht ihr bis über die Hüften. Die Bambusknöpfe sind nicht zu, man sieht das enge T-Shirt oder wie das Ding heißt, das sie darunter trägt, einen Body mit V-Ausschnitt. Alles in Schwarz natürlich. Sie hat zarte Schlüsselbeine, über die sich die Haut spannt. Auch jetzt wieder fällt mir ihr langer, schlanker Hals auf. Ich sehe, wie sie schluckt. Um den

Hals trägt sie ein geknüpftes, ebenfalls schwarzes Lederbändchen. An den Enden hängt jeweils eine braune Perle. Der Stoffbeutel baumelt am rechten Mittelfinger über ihre Schulter.

Meine Hände sind klebrig vom Zucker. Ich wische sie unter dem Tisch an meiner Hose ab. Mein Herz klopft wie verrückt.

Kari hat sich mit dem Rücken gegen den Schrank verzogen und Evelien kickt das Kehrblech gegen meine Schienbeine.

»Trampel!«, zische ich ihr ins Ohr.

»Dann heb doch die Füße hoch!«

»Die Krümel sind aber *dorthin* geflogen!«

»Du versperrst ihm die Sicht«, spottet Dominik, der das gefundene Papierchen auf seiner Hand tanzen lässt.

»Ach, die!«, sagt sie, ohne sich umzudrehen.

Sie ist nicht *die,* denke ich heftig, sie heißt Margreet.

Der Flaum klebt dunkel an ihrem Schädel und ihr Gesicht glänzt noch vom Regen. Durch die Spritzer auf ihrer Brille sehe ich die Augen nicht; ob sie lächelt, mich anschaut. Sie sieht abwesend aus, in Gedanken, die sie nicht loslassen. Der Stoffbeutel gleitet vom Finger in die Hand. Sie zögert kurz, lässt ihn dann auf dem Stuhl neben mir zurück und geht weiter ins Wohnzimmer, ohne etwas zu sagen. Ich lege meine ausgestreckte Hand wieder in den Schoß.

Ich will hinterher. Ihr sagen, dass *ich* ihre Origami-Sterne in den Baum gehängt habe. Sehen, wie sie guckt, wenn sie das Engelshaar sieht. Doch Eveliens Blick nagelt mich an meinem Stuhl fest. Sie kaut an einer Haarspitze. Eveliens Mund ist eine Nacktschnecke, denke ich. Sie lebt zu viel zwischen den Seiten ihrer Romanheftchen und hält sie für das wahre Leben. Ihr bleiben nur die Löcher, die sie selber genagt hat. Ich schlage die Augen nieder. Plötzlich habe ich Mitleid mit ihr, ich weiß nicht, warum.

Der Regen prasselt gegen das Fenster, aus der Küche klingt das Gerassel von Tinnes Töpfen. Zwiebelsuppe, Endivien, Kartoffelpüree, Hamburger.

»Maya?«, sage ich und stehe schon auf.

Sie schaut von ihrem Gespräch mit Lukas auf.

»Ich bin vorne . . . Wenn du gleich mal Zeit hast . . . für das Gespräch . . . dann kann ich danach noch ein bisschen lernen, bevor wir essen.«

»Okay, ich komme sofort.«

»Gib uns noch zwei Minuten«, sagt Lukas und zwinkert mir zu.

Margreet dreht sich nicht um, als ich hereinkomme, aber sie scheint doch zu wissen, dass ich es bin. Sie sagt, es sei wegen Fido, dass sie hier sei, denn eigentlich wollte sie nicht kommen. »›Geh nur‹, hat Fido gesagt, ›du wirst schon sehen . . .‹«

»Fido ist eine weise Ratte.«

»Klar.«

»Hast du ihn dabei?«

»Idiot! Sie vergiften ihn in der Schule . . .«

»Und zu Hause?«

Ich will nicht fragen: Was sagt deine Mutter dazu, dass du eine Ratte hast? Du müsstest meine mal hören . . .

»Er ist mit seiner Kette an meinem Bettpfosten angebunden und mein Zimmer ist abgeschlossen.«

»Ist er in einem Pappkarton?«

»Ach wo, den würde er doch auffressen.«

Und sein Kot? Ich frage mich, wie es damit ist. Aber es ist wahrscheinlich lächerlich, daraus ein Problem zu machen. Ich meine, wenn man eine Ratte so sehr braucht wie ich mein Tagebuch.

Ich habe mich neben sie gestellt. Linse zur Seite, wie sie den Baum anschaut, an dem sie die Lichter angezündet hat, und wie sie eine Strähne Engelshaar um den Finger wickelt. Außer den Lichtern und dem Leuchten ihres Schädels ist es dunkel im Zimmer.

»Hat deine Mutter hysterisch reagiert, am Samstag?«, fragt sie. »Als du so spät nach Hause kamst?«

»Ach . . . Sie hat sich wieder beschwert, weißt du. Maya soll mich nachher zur Ordnung rufen . . .«, sage ich lässig.

»So sind sie. Wenn sie es alleine nicht können, holen

sie sich jemanden zu Hilfe . . . Ich sehe, meine Sterne hängen auch im Baum?«

»Ja, ich dachte . . .«

Sie drehte sich um. Ihr Ärmel berührt dabei einen Zweig, und als sie ihre Arme vor der Brust kreuzt, haftet etwas Engelshaar an ihrer Achsel. Sie beißt sich auf die Lippen. Das sollte sie nicht tun, die sind schon kaputt genug, trocken und voller Risse von der Kälte und dem Wind. Ich nehme das Engelshaar zwischen Daumen und Zeigefinger von ihrer Jacke und puste es wie Löwenzahnsamen wieder in den Baum. Das Lämpchen dahinter ist wie in einem Spinnennetz gefangen. Ach, vielleicht träume ich alles nur – so wie man sich eine Sternschnuppe herbeisehnt, damit man sich etwas wünschen kann, etwas Unerreichbares, das Wirklichkeit wird. Margreet lächelt. In diesem Lächeln ist fast keine Dunkelheit mehr und für einen Moment auch keine einzige Widerrede.

Ich schlucke.

»Maya wird jetzt wohl bald kommen«, stammele ich.

Doof, saudoof.

Margreet geht und Maya schließt die Doppeltür, das ist üblich bei einer IB. Sie schaut sich überrascht den Baum an – Lukas hat offenbar nichts verraten.

»Weißt du, wer das Engelshaar . . .«

»Ich.«

»Ich habe mich totgesucht danach. Glaubst du, sie haben noch mehr, für mich zu Hause?«
»Ich kann es dir holen, wenn du willst. Es ist ganz in der Nähe.«
»Das ist lieb, aber gib mir lieber die Adresse, du hast schon genug zu tun mit deinen Klausuren.«
Wir setzen uns, sie sitzt mir gegenüber, im Schneidersitz im Sofa und ich in einem der Klubsessel, die Arme um die hochgezogenen Knie verschränkt. Meine Schuhe liegen irgendwo auf dem Boden verstreut. Ich habe ordentlich die Schnürsenkel aufgemacht, bevor ich sie auszog, auch wenn Maya nicht so einen keifenden Zeigefinger hat wie meine Mutter. Vielleicht mache ich es gerade deshalb. Je weniger ich gehorchen soll, desto lieber mache ich jemandem eine Freude.
»Möchtest du das Licht einschalten?«, fragt sie. »Das große meine ich.«
»Nein, nur der Christbaum ist okay. Prima sogar.«
»Finde ich auch.«
Sie legt ihre Beine rechts von sich auf das Sofa und kuschelt sich gemütlich mit einem Kissen in die Ecke aus Rücken- und Armlehne.
Der Gasofen springt an und erst jetzt bemerke ich, dass mir eigentlich kalt war. Die Flammen lecken am Ofenfenster. In meinen Augenwinkeln sitzt Maya.
»Ich habe den Eindruck, Margreet und du, ihr kommt gut miteinander aus?«, fragt sie.

»Geht so.«
Außer dem Schnurren des Feuers und dem Ticken vom Metall gibt es nur weit entfernte, undeutliche Geräusche. Die anderen sind wahrscheinlich beim Lernen.
Die Stille duftet nach Tannenharz. Die Spinnennetze aus Lämpchen und Engelshaar machen mich federleicht im Kopf.
Ich könnte vergessen, warum ich hier bin – ich bin zu verwundert, um noch länger auf der Hut zu sein.
Plötzlich macht es mir Angst. Es ist, als ob wir uns hier in diesem Zimmer in einem schwarzleinernen Einband eines sehr alten Märchenbuches befänden.
»Es war einmal . . .«, würde ich anfangen, und meine Phantasie würde mich bald verraten, durchsichtiger, als wenn ich die knallharte Wahrheit erzählen würde.
Ich springe auf und mache lieber doch die Lampe an, setze mich wieder hin – in der gleichen verbarrikadierten Haltung wie vorher.
»Ja, vielleicht ist es doch besser so«, sagt Maya ausdruckslos, ohne eine Miene zu verziehen. »So sehen wir uns wenigstens.«
Sie irrt sich. Im selben Augenblick, in dem ich das Licht anklickte, habe ich meine Schwachstellen und blauen Flecken weggepackt in die übliche Tarnung aus Ausreden, Lügen und Schweigen. Nur die Dunkelheit kennt mich, nachts in meinem Bett. Die Dun-

kelheit und die kleine Taschenlampe über meinem Tagebuch.

Sie sollte jetzt mal bald anfangen.

Auf der anderen Straßenseite nimmt die Bäckerin Brot aus dem Regal. Dann verschwindet sie aus meinem Gesichtsfeld. Wahrscheinlich steht sie jetzt bei der Schneidemaschine und erzählt ihrem Kunden etwas über das plötzliche Tauwetter und den Regen. Die Kanalisation kann das ganze Wasser nicht mehr aufnehmen . . .

Ich lege die Hand auf meinen Hals. Plötzlich ist da ein Kloß.

Maya hat es natürlich gesehen.

»Erzähl doch mal!«

Ich zucke die Schultern.

»Das wird meine Mutter wohl schon gemacht haben, oder? Die ganze Geschichte, von A bis Z.«

Sie lächelt.

»Erzähl mir doch, worum es geht.«

Aber das kann ich nicht – gerade das nicht. Auch wenn *sie* hundert Mal sagen, dass man kann, wenn man will. Was wissen *sie* schon darüber. *Sie* haben nie Angst. Und um zu können und zu wollen, muss man glücklich sein.

Sogar ihre Geduld nervt mich und nachher kommt auch noch das GGS. Wann kann ich meine Biologie weiterlernen?

Der Ofen regelt sich von selbst wieder herunter. Ich trommele auf die Holzlehne des Klubsessels. Margreet schweigt weiter – damit haben sie hier mehr Macht als meine Mutter mit ihrem ewigen Zeigefinger. Okay – aber über Margreet und mich kein Wort.
Ich schlage die Augen nieder. Ich möchte sie nicht anschauen, wenn ich sie anlüge.
»Die übliche Geschichte – ich sollte zum Markt«, beginne ich bockig, »und da hab ich einen Freund getroffen, du weißt, wie das geht: etwas trinken, quatschen, viel zu lang hängen bleiben ... Einfach die Zeit vergessen! Passiert dir das nie? Und kann ich vielleicht riechen, dass zu Hause alles zusammenbricht? Aber auch wirklich alles?! ...«
»Ich habe davon gehört«, sagt Maya trocken.
Lacht sie mich jetzt aus, oder was? Manchmal blicke ich nicht durch, dann sind ihre Augen glatt und glänzend wie ein Wasserspiegel.
Stijn war auf der Straße auf einer Schlitterbahn gestürzt. Später gab er damit an, dass er im Nu einen Fuß wie ein Elefant hatte, doch in diesem Moment schrie er wohl wie am Spieß. Meine Mutter fuhr Hals über Kopf mit ihm ins Krankenhaus. Katrien heulte und schimpfte ununterbrochen, weil meine Mutter sie zu Els bringen sollte zum Schwimmen – und daraus wurde natürlich nichts mehr. Und weil ich noch nicht zurück war und mein Pa sich wieder in den

Kopf gesetzt hatte, er müsste Arbeit suchen, musste sie Dries auch noch ins Auto stopfen. Zu viert sind sie ins Krankenhaus: Warten auf die Röntgenaufnahmen, warten auf den Gips. Katrien blieb wütend und fing an Dries zu piesacken, bis er weinte. Er sagte nicht, dass er zum Klo musste, und machte in die Hose. Die Leute gafften sie an, ohne zu helfen. Man konnte sie fast laut denken hören: wieder so eine asoziale Familie, erst recht, als meine Mutter zu allem Überfluss auch nicht genug Geld dabeihatte; keine Schecks, keine Kreditkarte, keine Scheckkarte von der Krankenkasse, nichts. Den ganzen Mist warf meine Ma mir an den Kopf, als sie endlich um halb vier nach Hause kamen. Sie war groggy, ihr Haar war strähnig und sie trug noch das Kleid, auf das Dries morgens gespuckt hatte. Der Geruch seiner voll gekackten Hose wehte um sie herum. Sie hatte auch nichts mehr gegessen seit heute Morgen, nicht mal eine Tasse Kaffee getrunken. Und ich hätte doch wenigstens schon mal Suppe machen können und Opa und Oma eine Portion bringen – die würden sicher schon warten und sich Sorgen machen. Und wo denn Pa wäre? Als ob ich den hätte festbinden können! Und außerdem hatte ich die Zitrone für den Brathering vergessen. Könnte ich denn nie etwas richtig machen? Dächte ich immer nur an mich? Ich sagte nichts darauf. Das machte ich schon lange nicht mehr: Ihre

Schultern können das alles schon jetzt nicht mehr tragen. Ich wollte sie berühren, einen Arm um sie legen, aber ich konnte es nicht. Ich bin zwar länger als sie, aber sie soll meine Mutter bleiben, sonst verliere ich die Orientierung.

Da hab ich eben Dries gebadet. Die Kacke klebte ihm am Po. Katrien stampfte in ihr Zimmer und drohte wegzulaufen – sie auch schon! –, denn Ma sei eine Scheißmutter. Und ihr Bruder und ihr Pa wären verrückt, Stijn ein Kotzbrocken, der ihr Geld aus der Sparbüchse klaue, und ich blöd und langweilig und würde immer den Boss spielen. Stijn lag gottgleich auf dem Sofa. Er ließ meine Mutter hin- und herrennen. Erst zwei Stunden später tauchte mein Pa wieder auf, mit einer geschwollenen Lippe und einer geplatzten Augenbraue. Die Polizei brachte ihn nach Hause. Er war in einem Musikladen Amok gelaufen, nachdem er sich als Arbeitskraft den ganzen Nachmittag in einem Geschäft nach dem anderen angeboten hatte. Nirgends wurde ein Verkäufer gebraucht – oder auf jeden Fall brauchte man nicht ihn. Also wieder eine Rechnung auf dem Schrank dazu: dieses Mal für etwa zwanzig CDs, mit denen er um sich geworfen hatte, bevor sie ihn mit vier Mann festhalten konnten . . . Ich sagte meiner Mutter, sie solle seinen Psychiater anrufen, aber sie sagte: »Mach du es! Sag, ich bin nicht da, wenn er etwas fragt!« Vielleicht

machte dieser Psychoheini es genauso. »Dr. Witkam ist nicht im Haus«, sagte der diensthabende Assistent. »Ruf am Montag wieder an!«
»Und das ist also alles meine Schuld, sogar dieser Fuß von Stijn, weil ich nicht rechtzeitig vom Markt zurück war . . .«
Ich schüttele den Kopf, muss trotz allem lachen.
»Was für eine Seifenoper!« Ich wische mir schnell über die Augen. »Mein Gott . . . Weißt du, Maya, es geht nicht darum, dass ich diese Sachen tun muss. Wenn sie nur mal verstehen wollte, dass ich auch etwas Zeit für mich selber will. Ich sehe meine Freunde fast nicht mehr . . . Wenn die Klasse etwas organisiert so wie neulich, als wir Schlittschuh laufen wollten, fragen sie mich, ob ich nicht erst die Wäsche machen muss oder so. Sie nennen mich *Meister Proper.* Manchmal lache ich darüber, aber es ist nicht zum Lachen.«
»Nein, das glaube ich dir.«
»Manche nennen mich sogar *Schwuli.*«
»Das hört sich an, als ob du sie vermöbeln willst . . .«
»Ach, es gibt Schlimmeres.«
»Da hast du Recht, es lohnt sich nicht, sich darüber aufzuregen.« Ich schweige – sie sagt das natürlich absichtlich, um mich aus der Reserve zu locken. Ich schließe die Augen.
»Müde? Oder keine Lust mehr, Jasper?«

»Beides, okay?! Sie tut, als ob ich ihr Mann wäre und der Vater der Drillinge.«
»Und das bist du nicht.«
»Mach ihr das mal klar! Außerdem, was nützt es? Sie kann es nicht alleine.«
»Und du?«
»Was meinst du?«
»Das weißt du genau. Du schließt dich in letzter Zeit wieder mehr von der Gruppe aus, genau wie damals, als du erst kurz hier warst.«
»Ach, jetzt bin *ich* es! Ich werde einfach zum Außenseiter gemacht, oder? Hier bin ich der Hirnwichser, Meister Proper in der Schule. Und immer muss ich Nein sagen, denn ich hab kein Geld oder ich hab keine Zeit, meistens beides nicht. Glaubst du, die fragen mich noch wegen irgendwas? Und warum kann es zu Hause nicht einfach normal sein? Es sind nicht nur Pa und Dries. Meine Mutter ist hysterisch, Stijn ist acht und macht noch ins Bett und Katrien blufft jeden Morgen, dass sie eine Blinddarmentzündung hat, nur um nicht zur Schule gehen zu müssen . . .«
Das Angenehme bei Maya ist, dass sie schweigt, wenn es keine Antwort gibt. Ich ertrage lieber ihr Schweigen, auch wenn es an mir frisst, als irgendein flaues Gefasel, dass es irgendwann besser werden wird.
Ich kämpfe mit den Tränen und drücke die Nägel in die Handballen.

»Wenn sie doch mal zeigen würde, dass ich es richtig mache«, sage ich, »oder dass sie sich freut ...«
»Sie sagt, dass sie wirklich dankbar ist, aber es nicht zeigen kann.«
»Dann soll sie es mal lernen. Das sagt sie doch auch zu mir, wenn ich erzähle, dass ich keine Mathematik kann!«
Maya sitzt wieder im Schneidersitz, die Ellbogen auf den Knien und die Hände gegeneinander, die Spitzen der beiden Mittelfinger an ihrem Mund. Das macht sie, wenn sie sich ihre Worte zurechtlegt. Sobald sie weiß, was sie sagen will, legt sie die Hände wieder in den Schoß.
»Sie will daran arbeiten, sagt sie.«
»Das hat sie schon so oft versprochen. Es geht zwei Tage gut und dann ... sie hält das doch nie durch.«
»Das wissen wir nicht. Vielleicht nicht, aber vielleicht doch.«
»Maya! Ich kenne sie beinahe achtzehn Jahre! Ich glaube ihr nicht mehr!«
»Das verlangt sie gar nicht. Sie fragt, ob sie es noch mal versuchen darf. Gib ihr eine Chance und warte ab, was draus wird!«
Ich bin wieder nur enttäuscht, doch ich weiß, dass ich es wieder riskieren und träumen und hoffen werde und dass ich jetzt schon dabei bin, tausend Entschuldigungen für übermorgen für sie zu finden.

»Was will sie denn machen?«
»Einen Anfang machen, reden. Sie, du und ich.«
»Ihr habt sicher schon ausgemacht, wann.«
»Morgen, nach deiner Prüfung. Statt gleich hierher zu kommen, gehst du zuerst nach Hause. Ich bin um halb eins dort.«
Ich seufze, fahre mit den Fingern durch meine Haare.
»Kannst du es nicht bis nach den Klausuren hinausschieben? Morgen muss ich Niederländisch lernen.«
»Ist das nicht eines deiner besten Fächer?«
»Das schon, aber es ist tierisch viel. Ich schaff das nie.«
Sie seufzt, die Füße jetzt auf dem Boden – Wird sie ungeduldig?
»Hast du mit Lukas keinen Plan gemacht? Jedes Mal, wenn du Klausuren hast, höre ich das Gleiche . . .«
»*Ich* hab einen Plan . . . aber ich sagte es doch schon: Meine Mutter nimmt darauf keine Rücksicht.«
»Ich werde sehen, was ich morgen machen kann . . . Und wir halten es kurz – höchstens eine halbe Stunde.« Sie schaut auf die Uhr. »Es ist Essenszeit, ich glaube, ich höre schon Geschirrklappern.«
»Schon so spät! Und danach Gruppengespräch? Muss ich da wirklich mitmachen?«
»Du kennst die Regeln.«
»GGS ist heilig.«
»Genau.«

Sie ignoriert den spöttischen Ton, aber ich muss noch kurz weitermeckern.

»Die anderen haben es einfach. Was müssen die schon lernen?«

»Jedem das Seine!«

Ich hebe einen Schuh auf und beginne ihn anzuziehen, binde ihn zu, nehme den zweiten.

»Was machen wir nachher?«

»Lukas und ich finden, es ist lange her, dass wir *Sexofon* gespielt haben . . . Schau mich nicht so an«, sagt sie lachend, »wir haben wirklich keine Hintergedanken.«

Nein, bestimmt nicht, wenn sie das so sagt. Ich würde sogar wetten, dass ich weiß, was dahinter steckt. Oder besser gesagt: wer. Mia lässt, seit sie hier erschienen ist, niemanden unberührt. *The most sexy girl in town.*

Maya steht auf und streckt sich.

»Himmel, hab ich einen Hunger«, sagt sie. »Denkst du noch an die Adresse für das Engelshaar?«

Ha! Ich sitze endlich mal wieder im Hinterzimmer und sogar in einer reinen Männergruppe. Die Mädchen kichern zusammen im Durchgangszimmer. Wenn da nicht mit dem Auslosen geschummelt wurde?! Als ich danach frage, ziehen sie aber alle Gesichter wie Heiligenbilder in einer Kirche und ich habe wieder das Gefühl, ich stehe am Rand, darf nur zugucken.

»Los«, beharre ich, »gebt's doch zu.«

»Einfach Gerechtigkeit, Kleiner«, sagt Evelien hochnäsig.

Sie versucht mit den Hüften zu wackeln. Genau das meine ich, wenn ich behaupte, sie sei eifersüchtig auf Margreet. Aber ein Sattelschlepper ist nun mal kein Sportwagen. Letzteres sage nicht ich, sondern Chuck, er ist der Mechanikspezialist. Zum Dank kriegt er ihren Stinkefinger.

»Steck ihn dir in die Nase«, raunzt sie ihn an.

Sie macht das Radio an, doch das muss wieder rückgängig gemacht werden. Tinne ist da unerbittlich. Noch eine von diesen stupiden Regeln. Beim Essen isst man, und wenn dein Mund leer ist, kannst du reden, aber Radio gibt's nicht.

»Ist jetzt geschummelt worden oder nicht?« Ich gebe nicht auf.

Dominik wedelt vage mit der Hand, was so viel heißt wie »Ja und Nein«.

»Was jetzt?!«

»Also, zuerst saß Lukas bei ihnen und Maya hier ... Aber wir haben ihn ein bisschen bearbeitet, stimmt's, Lukas?«

»Ja, ich habe mich geopfert«, grinst der.

»Ach wo! Du bist ja froh, dass wir dich gerettet haben.«

»Was, ist das so offenkundig? Einen oder zwei Löffel Suppe, Dave?«

»Drei. Brauch ich dann nachher keinen Endiviensalat zu essen? Das ist Kuhfraß.«

»Du willst doch einen tierischen Hit machen mit den Black Stars?«, sagt Chuck.

»Haha, witzig. Warte nur, der Tag wird schon noch kommen, an dem du in der Schlange für einen Auftritt von uns stehst.«

»Lass mich raten ... An einem 30. Februar?«

Allgemeines Grinsen, nur Dave denkt angestrengt nach hinter seinen Stirnfalten.

»Februar hat nur achtundzwanzig Tage, du Idiot!«, sagt Dominik, mit einem schnellen Blick zu Chuck.

»Bravo – aber ich dachte eher an einen neuen Song ... *I'll always love you* ... bis der Februar dreißig Tage hat und in den Sommer fällt ...«

»Iiiii!« Chuck schüttelt sich. »Was für ein süßlicher Mist!«

»Es muss natürlich auf Englisch sein«, sagt Dave. »Und auf Februar reimt sich kaum was ...«

»Her name was Mary«, singt Chuck theatralisch, *»and I'll kiss her on the ferry ...«*

»Und wir essen Huhn mit Curry.« Intelligenter Beitrag von Dominik.

Der passende Moment, Dave zu sagen, dass ich seine Musik gut finde, ist vorbei. Außerdem hat er die Fin-

ger in den Ohren, um sich selber über ihr Gelächter hinaus noch hören zu können.
»Ich denke, du kannst es wenigstens versuchen«, sagt Lukas rätselhaft. Meint er den Song zu schreiben oder jemanden so lange gerne zu haben?
Er balanciert die Suppenkelle über meinem Teller und schaut mich fragend an.
»Beides«, errät er meine Gedanken. »Wie viele Löffel?«
»Zwei . . . Danke«, und zu den anderen: »Weiß jemand, wann ich diese Woche Spüldienst habe?«
»Morgen Abend, mit mir«, sagt Dominik.
»Das darf nicht wahr sein!«
»Was ist? Bin ich dir nicht gut genug?«
»Blödmann! Ich muss morgen einfach wahnsinnig viel machen.«
»Das stimmt, unser Professor hat schon Klausuren . . . Wie ging's denn heute?«, fragt Chuck.
Meine Handbewegung bedeutet »so lala«.
»Was hattest du?«
»Mathe . . . Aber ich glaub, ich hab's geschafft.«
Man kann mich doch nicht zwei Jahre hintereinander durchfallen lassen?
»Klar doch, Hirnwichser«, sagt Chuck und gibt meinem Arm einen Schubs.
Der Löffel flattert in meiner Hand und die Zwiebelsuppe fliegt mir um die Ohren. Ich beiße die Zähne zusammen. Es wird schon trocknen.

»Hee, hat jemand gestern Abend den Nachtfilm gesehen?«, fragt Dominik, der begierig die kurze Ruhe nützt, um sich zu Wort zu melden.
»Meinst du dieses Horrorzeug?«, fragt Chuck.
»Ja, den . . .«
»Da ist ein Typ vom Teufel besessen . . . Ich hab mich totgelacht. Immer, wenn er einen Fensterputzer auf einer Leiter sah, verfolgte er ihn, bis er wusste, wo der wohnte. Nachts kam er dann zurück, um ihn kaltzumachen. Die Leichen schleppte er zur Kanalisation, wo er sie dem Teufel opferte. Cool. Einfach wahnsinnig cool.« Chuck grinst ein wenig und leckt sich die Zwiebelsuppe von der Unterlippe.
Ich schaue Dominik an. Sein Gesicht sieht irgendwie zusammengefallen aus.
Lukas hat es auch bemerkt.
»Was fandest du gut daran, Dominik?«, fragt er.
Doch Dominik zuckt die Schultern. Jetzt will er nicht mehr.
»Die Musik war klasse«, sagt Dave. »War ein bisschen so wie unsere neueste Nummer, von der wir in den Weihnachtsferien eine Demokassette machen wollen.« Er imitiert eine elektronische Klangkaskade, wobei er die Augen zukneift und fast von seinem Stuhl abhebt.
»Bloß keine Katzen im Haus«, ruft Evelien vom anderen Tisch herüber, »dagegen bin ich allergisch!«

»Dann musst du aber vor dir selbst davonlaufen!« Klar, das ist Dominik.

Die beiden fressen einander noch mal. Ich verstehe das. Ich verwünsche die Drillinge manchmal auch, aber die sind wenigstens mit mir verwandt.

Ich weiß nicht, was *ich* tun würde, wenn meine Mutter Pa eines Tages vor die Tür setzte und einen anderen Kerl mit einer genauso schnippischen Tochter ins Haus holte. Ich glaube, ich würde zu meinem Vater ziehen. Der würde mit seiner Krankheit wohl niemanden anderen kriegen. Und Dries? Ob jemand meine Mutter haben möchte, mit ihm als Draufgabe?

Maya und Lukas holen das weitere Essen, Margreet und Kari räumen die Suppenteller ab. Ich löffele schnell den Rest auf, aber Margreet wartet nicht, sie ist schon in Richtung Küche unterwegs. Mir wird schlecht, wenn ich an das Telefonspiel nachher denke. Sie werden es mir vom Gesicht ablesen.

7

»Nehmen wir noch mal die Frage von der Mutter, die ein Sexmagazin im Zimmer ihres Sohnes findet?«, fragt Dave.

»Warum möchtest du das?«, fragt Lukas. »Ist das vielleicht aktuell?«

Dave beginnt zu stammeln und wird feuerrot. Man kann hier auch nie einfach so etwas sagen oder spontan herausrutschen lassen.

»Nein, überhaupt nicht! Was soll das?«, verteidigt er sich. »Damals diese Collage, das war einfach gut! Oder ist das auch nicht mehr erlaubt?«

»Schon gut, aber ich hoffe, du hast auch etwas von dem Gespräch mitgenommen . . .«

»Pah! Solche Heftchen sind zum Anschauen, Mann! Wer will schon darüber reden?«

»Mütter vielleicht?«, schlägt Lukas vor, ohne eine Miene zu verziehen, doch seine Augen blitzen.

»Mütter?! Weiß vielleicht jemand, was das hier soll?«

Dave schaut herausfordernd in die Runde, doch außer ihm lacht niemand und es klingt zu schrill, um witzig zu sein.
»Ich häng die Fotos doch einfach an die Wand, Mann, über mein Bett sogar«, prahlt er.
Jeder von uns weiß, dass er blufft. Seine Mutter möchte heiliger sein als ein Andachtsbildchen. Dave braucht sich nur Gel in die Haare zu schmieren und schon schreit sie, er sei wie sein Vater, der hinter den Frauen her ist. Er hat sie mit ihm, Dave, Kim und Daisy sitzen lassen, als sie obendrein im siebten Monat schwanger mit Sien war. Seine Schwestern dürfen alles, bekommen alles, haben immer Recht. Dave prahlt gerne damit, dass er es mit seinen acht Jahren satt hatte zu Hause und dass er deshalb zu seinem Vater gezogen ist, doch der war mehr betrunken als nüchtern und klaute ihm sogar das Geld aus seiner Börse. Er ging also zurück, nach kaum einer Woche. Aber da wollte seine Mutter ihn nicht mehr, denn sie fühlte sich verraten, und die Jugendfürsorge steckte ihn in ein Heim. Er blieb dort etwa fünf Jahre, bis Albert, der neue Freund seiner Ma, ihn da rausgeholt hat. Dave mag Albert nicht – »mit seinem soften sozialen Getue, das ist doch nur *fake*, der mimt den edlen Helden!« Ich bin mir nicht so sicher, ich habe den Typ im Sommerlager gesehen. Er schien mir schon in Ordnung. Das sagt das Team hier auch zu Dave,

wenn er mal wieder über Albert herzieht. Neulich hörte ich sogar, wie Maya sagte, sie hätte den Eindruck, er lege es darauf an, irgendwann auch von seinem Stiefvater fallen gelassen zu werden, damit er sich wieder als Opfer fühlen könne.

Ich muss vor mich hin geträumt haben, denn das Gekicher um mich herum passt nicht zu den Gedanken in meinem Kopf. Offenbar geht es noch immer um die Collage, die wir damals gemacht haben. Bilder aus dem Playboy ausschneiden und so und dann zusammen überlegen, wohin welches Bild passt. In die Rubrik »schön«, »hässlich« oder »erregend« . . . Manchmal waren wir uns einig, doch oft nicht. *Was findest du denn daran?! – Die hat es! – Hat was? – Es.* Am Ende wussten wir noch immer nicht, was es denn genau war, nur dass es für jeden unterschiedlich war. Ich fand es damals gar nicht so dumm, und wenn Margreet nicht wäre . . . Aber mit ihr dabei, nein, lieber nicht. Sie guckt etwas spöttisch durch ihre Brille. Chuck zwinkert ihr zu, als ob er das Getue um die Sexheftchen auch kindisch fände. Erwidert sie das Lachen? Er ist doch gar nicht ihr Typ, sie steht doch nicht auf Machos!

»Au ja, lasst uns das noch mal machen!«, drängt jetzt auch Dominik.

»Dann setz ich mich für eine Stunde aufs Klo«, droht Margreet, die sich bis jetzt nicht eingemischt hat.

Kari spielt mit den Tieren aus der Krippe. Sie sitzt auf dem Teppich, mit heruntergerutschten weißen Socken.

Lukas lässt sich nicht beirren.

»Der Zufall entscheidet«, sagt er unerbittlich. »Wer hat eine unschuldige Hand?«

»Ich!«, sagt Dave schnell. »Wenn ihr nicht hinschaut.«

»Jaja! Margreet, ziehst du bitte eine Karte, du kennst das Spiel noch nicht, nehme ich an . . .«

Sie nimmt die unterste aus dem Stoß der Anruferkarten.

»Welche ist es? Du musst sie vorlesen!« Und als sie es tut: »Bah, so eine blöde . . .«

»Wartet nur erst mal ab«, sagt Lukas. »Wer möchte der Anrufer sein?«

Schlagartig senken sich all unsere Blicke auf die Zehen und jeder scheint vollkommen zufrieden zu sein mit seinem Körper. Das ist morgens vor dem Spiegel ganz anders, bei mir wenigstens. Ich hätte liebend gern etwas mehr Fleisch auf den Knochen. Auf meinen Rippen könnte man grillen. Das hat Kurt mal gesagt. Kurt ist schon lange nicht mehr, hier. Er musste in den Jugendknast in Mol, ich weiß nicht mehr weshalb.

Kari sitzt mit den Händen vor den Augen und peilt zwischen den Fingern hindurch.

»Es braucht nicht speziell um Elefantenohren zu gehen«, meint Lukas, »nur weil es so auf der Karte steht ... Ihr könnt auch wegen etwas anderem anrufen. Weil du meinst, du hast eine Knollennase oder Himmelfahrtszehen, um einige Beispiele zu nennen ... Oder wegen jemand anderem, den du kennst und der ausgelacht wird ...«

Doch schließlich, wie immer, wird gelost.

Evelien ist die Dumme. Die roten Flecken schießen ihr wie Fliegenpilze vom Hals ins Gesicht.

Der nächste Schritt ist, dass für das Spiel ein Sozialarbeiter bestimmt wird, doch dazu haben wir erst recht keine Lust. Das Damoklesschwert trifft Chuck.

»Verdammt noch mal!«, flucht er.

»Als ob ich es mir ausgesucht habe!«, keift Evelien. »Und dann auch noch mit dir!«

Chuck legt die Hand auf sein Herz und spielt die Unschuld in Person. »Ich verspreche dir, ich werde dich nicht zum plastischen Chirurgen schicken«, grinst er dann, womit er sich einen bösen Blick von Margreet und ein Kissen an den Kopf von Evelien einfängt.

Maya guckt wie ein Seismosgraph. Chuck pflückt das Kissen in der Luft und steckt es sich grinsend, doch sonst gelassen, in den Rücken. In aller Ruhe beginnt er in der Spielschachtel zu stöbern, auf der Suche nach der zugehörenden Antwortkarte.

»Mache aus Ton eine Figur eines Mannes und/oder

einer Frau«, liest er vor. »Sag mal, wir sind hier doch nicht im Kindergarten, oder?!«

»Was ist, Chuck? Angst, dass wir draufkommen, dass du mehr Talent hast für ne Schlammschlacht als fürs Modellieren?«, kontert Evelien. Ich weiß wieder, warum ich immer zögere Mitleid mit ihr zu haben.

Chucks Unterlippe sackt herunter, aber Kari ist hinter dem Gitter ihrer Finger hervorgekommen und zieht an seinem Hosenbein. Er beugt sich zu ihr hinunter. Als sie etwas in sein Ohr flüstert, wirft er den Kopf in den Nacken und lacht ein bisschen zu laut. »Prima, Reisfresser, sehr schön!«

Er zieht kurz an ihrem dicken, schwarz glänzenden Zopf, der ihr bis halb über den Rücken herunterhängt.

Ich schaue Margreet an. Sie hat die Knie hochgezogen und umfasst mit blassen Händen ihre beiden Knöchel. Ich sorge dafür, dass ich neben ihr hergehe, als Lukas uns ins Hinterzimmer schickt, um mit dem Ton zu arbeiten.

Tinne ist bereits im Begriff, zu gehen.

»Machst du morgen Schokoladenpudding?«, fragt Chuck sie.

»Nur unter der Bedingung, dass ihr die Schuhe abstreift, bevor ihr reinkommt.«

»Für deinen Schokoladenpudding gehe ich sogar auf den Händen.«

»Spinner.«
»Es gibt auch welche, die fahren einen Lada.«
»Er wartet schon«, sagt Dave. »Und seine Scheinwerfer sind noch an.«
Inzwischen hat Maya eine Mülltüte aufgeschnitten und auf dem Tisch ausgebreitet. Lukas ist in den Keller gegangen, um Ton zu holen.
»Ich werd euch erklären, was wir vorhaben«, sagt er, als er wieder da ist. »Ihr bekommt alle ein geheimes Zettelchen mit dem Namen eines Körperteils. Diesen Körperteil müsst ihr modellieren, aber ohne die anderen zu beobachten. Macht es mal mit den Händen unter dem Tisch.«
Maya teilt den Ton aus und Lukas die Zettel, die jeder für sich liest. Ich ziehe »einen Arm und eine Hand«. Was soll das? Müssen wir sie so lächerlich, so hässlich oder so schön wie möglich machen?
»Anfangen«, wehrt Lukas alle Fragen ab. »Ihr habt zehn Minuten.«
Alle halten ihre Tonklumpen unter dem Tisch.
»Sollen wir nun eine Frau oder einen Mann machen?«, fragt Kari.
»Eine Frau natürlich«, sagt Dave. »Evelien muss doch gleich das *Sexofon* anrufen.«
»Halt!«, mischt Lukas sich ein. »Das hat hiermit nichts zu tun. Ihr macht eine Figur – nicht Evelien. Und quatscht nicht so viel, ihr habt noch fünf Minuten.«

Ich sehe Margreets Handgelenk wieder vor mir, wie es beim Sternefalten aus ihrem Pulloverärmel glitt, ihre Hände, die sich wie in Wasser bewegten.
Ich kriege es nicht hin, nicht wie ich es sehe, nicht wie es ist.
Es wirkt eher wie die kleine Arthritiskralle meiner Urgroßmutter. Lukas schaut auf die Uhr.
»Noch eine halbe Minute und . . . ihr könnt aufhören«, sagt er. »Doch behaltet das, was ihr gemacht habt, unter dem Tisch, bis ich es sage. Wer hat den Rumpf?«
»Ich.«
»Okay, Margreet, zeig ihn uns mal!«
Dave macht eine erwartungsvolle Geste von großen Brüsten, aber ihm fällt schon bald die Kinnlade herunter.
Wie hat sie den Ton in so kurzer Zeit so glatt bekommen?
Er ist zu schön für dieses Spiel. Sie werden ein Monstrum daraus machen, die anderen; ich selber mit meiner Kralle auf jeden Fall.
»Du willst natürlich wieder die Beste sein!«, sagt Evelien mit einer Mischung aus Bewunderung und Neid. Sie wendet den Torso um und um. Man sieht sogar die einzelnen Wirbel des Rückgrats. Und an der Vorderseite das Brustbein, das sich unter den Armen sanft auf und ab bewegen könnte, wenn man

die kleinen Brustwarzen streichelte. Ein weicher Bauch unter einem vollkommenen, runden Nabel. Die Ansätze von Hals, Armen, Oberschenkeln, als ob sie im Voraus wüsste, dass wir die vergessen würden.

»Das ist wirklich schön, Margreet«, sagt Maya.

»Ich hatte zu wenig Zeit.«

Sie schaut Maya intensiv an.

Lukas scheint einen Moment zu zögern.

»Wer hat den Kopf?«, fragt er dann.

Kari.

Er ist so groß wie der Rumpf. Ein Wasserkopf, wie bei Dries. Mit Schlitzaugen und einer breiten, flachen Nase.

»Hee, Reisfresser, du hast keinen Mund gemacht«, sagt Chuck und zieht sie leicht am Zopf. Sie presst die Lippen noch fester zusammen.

Chuck befestigt den Kopf an dem Stück Hals, der auf einmal gedrungen aussieht – wie bei einem Buckligen. Ich schaue Margreet an. Ihr Gesicht verrät nichts.

Lukas räuspert sich.

»Jetzt die Ohren«, sagt er.

Chuck hat sich eindeutig von *Star Trek* inspirieren lassen. Ein spitzes Ohr wie bei Mister Spock; das andere ähnelt, wie bei diesen hinterhältigen kleinen Monstern mit ihren spitzen Zähnen, einer Plastik-

Kehrschaufel, die zu nahe am Feuer gelegen hat und geschmolzen und krumm gezogen ist.
Kari guckt schief, als er die schrecklichen Ohren an ihrem Tonkopf befestigt, doch ihre Lippen bleiben zusammengepresst.
»Du guckst so komisch . . . Findest du es nicht witzig, Reisfresser?«, fragt er sie.
Sie lächelt tapfer.
Dann ist mein Arm mit dem Tennisellbogen und die Kralle dran. Dave hat eine dünne, lange Wurst aus dem Ton gerollt und darauf einen dicken, hochgebogenen Finger gemacht. Er klebt den Arm an der rechten Schulter fest und lässt ihn nach vorne zeigen, den Mittelfinger hochgereckt.
Er blickt triumphierend in die Runde. Chuck spielt mit der Zunge an der Unterlippe, diesmal schmunzelt er. Dominik und Kari kichern. Sogar Evelien guckt nicht mehr so eisig.
Ich selber würde auch gerne lachen, andererseits würde ich auch gerne alles wieder von diesem Rumpf herunterhauen.
Sie hätte es doch wissen können?
Dominik und Evelien haben je ein Bein und einen Fuß gemacht.
»Evelien muss mal wieder ein Bein stellen«, spottet Chuck.
»Das kommt davon, weil sie nicht mit beiden Beinen

auf dem Boden steht.« Dominik tritt wie immer hinterher.
»Und dein Bein ist eine Banane«, höhnt Evelien. »Wie möchtest du an den Rumpf? X oder O? Und wo ist dein Fuß?«
Dominik zuckt die Schultern.
»Amputiert«, sagt er nonchalant. »Der Ton hat nicht gereicht.«
»Nein, du hast einfach keine Füße. Du benutzt immer Chuck oder Dave als Krücke.«
»Na und? Wenn ich keine Füße hab, kannst du mir wenigstens nicht dauernd auf die Zehen treten.«
»So, jetzt reicht's«, sagt Lukas. »Das hier ist ein Gruppengespräch und kein Duell. Ich will weitermachen mit der Übung. Und das geht nur, wenn jeder jeden respektiert.«
Mayas Blick ruht auf Margreet, deren Mund ein trauriger Gedankenstrich ist.

Wir bekommen noch ein paar Minuten Zeit, um unser Kunstwerk anzuschauen, dann müssen wir die Hände waschen und zurück ins Wohnzimmer, für das Gespräch. Unterwegs wird noch über die Figur gewitzelt, aber unsere Worte stehen unter Strom, es knistert zwischen ihnen.
Margreet sitzt im Klubsessel, in dem ich soeben noch für meine IB saß. Jemand hat die Lichter des Baums

angezündet. Jetzt sehen die anderen es auch, das Engelshaar, doch niemand fragt, wer das besorgt hat. Margreet lächelt kurz, die Zähne in der Unterlippe vergraben. Auch die große Lampe leuchtet. Ich weiß nicht, wie es für die anderen ist, aber ich fühle mich zu sichtbar. Ich setze mich auf den Boden, schräg vor den Baum, mit dem Rücken gegen die Lehne des Zweiersofas. Ich möchte jetzt keinen in meiner Nähe haben, keinen Körperkontakt – auch nicht Margreet, aber ich will sie sehen können.

Lukas hat sich in den anderen Klubsessel gesetzt und schaut in die Runde. Sein untersuchender Blick ruht kurz auf jedem von uns. Mit einem Mal ist es beängstigend still.

Mein Herz klopft. Manchmal spürt man das plötzlich.

»Schön«, sagt Lukas und reibt sich das Kinn. »Wie fandet ihr diese Übung?«

Wir warten wieder, jeder auf den anderen, der den Anfang machen könnte. Margreet schaut über meinen Kopf hinweg nach draußen, vielleicht auf den Regen. Ich höre die Tropfen hinter mir gegen das Fenster ticken.

Ich versuche sie mir in Ton vorzustellen.

Immer, wenn die Stille zu lange dauert und unheimlich wird, fange ich an zu träumen.

»Mist«, platzt Dominik heraus, »das hier macht mich so nervös wie einen Floh.«

»Dann fang doch einfach an. Was hindert dich?«
»Ja, aber, Lukas!«
»Du bist doch schon dabei, mach einfach weiter.«
Dominik wischt mit dem Unterarm an der Nase entlang.
»Ich fand es schon nett«, sagt er zögernd, »nur . . . irgendwas stimmt nicht, oder? Ich weiß nicht, was. Etwas . . .«, und er lacht schon wieder. »Aber solange ich nicht wie diese Figur aussehe, brauche ich den Hammer noch nicht in den Badezimmerspiegel zu werfen, oder?«
Darüber müssen alle lachen, doch Lukas hat eine Fährte und lässt nicht locker.
»Aber irgendwas stimmt nicht . . .«, wiederholt er mit Nachdruck.
»Baaaah«, macht Dominik.
»Wer hat das auch so gefühlt?«
Alle heben die Hand; Kari erst, nachdem sie Chuck angeschaut hat.
»Was meinst du, Kari?«, fragt Lukas.
Sie starrt auf den Boden, aber Chuck ermutigt sie.
»Zu Anfang war sie schön und dann haben wir sie hässlich gemacht«, sagt sie unwillig.
Lukas schaut erneut in die Runde. Wir nicken zustimmend. So ist es.
Er lässt uns noch etwas Zeit, darüber nachzudenken. Die Ellbogen sind auf die Knie gestützt, die Hände

unter dem Kinn gefaltet, sein Kopf federt leicht vor und zurück.

»Und wie habt ihr das gemacht?«, fragt er. »Wie habt ihr, was schön war, hässlich gemacht?«

Margreet kaut an den Nägeln, sagt aber nichts. Sie schaut noch immer auf den Regen oder irgendetwas anderes dort draußen.

»Wir haben eine Witzfigur daraus gemacht«, sage ich.

Kari schaut mich wütend an, ganz kurz, aber ich habe es gesehen und Lukas ebenso.

»Sag Jasper ruhig, was dich böse macht«, fordert er sie auf. »Ich sehe dir an, dass du böse bist.«

»Nichts.«

»Komm, Reisfresser! Sag ihm, dass er deinen Tonteil nicht lächerlich nennen darf.«

»Das habe ich gar nicht gesagt, Chuck! Es ist nicht so schön wie das von Margreet, aber das finde ich von meinem Arm mit der Hand auch. Nur, Kari und ich haben sie nicht absichtlich hässlich gemacht, wie du und Dave. Dadurch wurde sie lächerlich.«

»Dann hätte Lukas von Anfang einfach deutlicher sein sollen«, wirft Dave ein. »Mein Gott, Mann, wann darf man deiner Meinung nach auch mal einen Scherz machen?«

Ich zucke die Schultern und versichere Kari, dass es nicht meine Absicht war, sie auszulachen. Sie guckt aber weiter unversöhnlich ihre weißen Socken an. Chuck schaut mich mit seinem Fuchslächeln noch mal an, während er sich gleichzeitig mit der Hand auf das Hinterteil klopft.

»Komm zu mir, Reisfresser, komm zu Chuck . . .«, sagt er – ich glaube nur, um mich zu ärgern.

Ich versuche den Blick nicht abzuwenden, aber die Luft ist zum Schneiden.

Kari schiebt sich über den Teppich, bis sie zwischen Chucks Knien sitzt.

»Wir sind Freunde, was, Reisfresser?«

Der Schweiß steht mir auf der Oberlippe, meine Hände sind nass. Ich schlucke.

»Verdammt noch mal, nenn sie doch nicht immer so, Chuck!«, platzt es aus Margreet.

»Kari findet das okay, oder, Reisfresser? Ich darf das.«

Sie nickt, mit niedergeschlagenen Augen.

Sie hat Angst vor ihm, das verstehe ich auf einmal. Deshalb sucht sie seinen Schutz. Weil sie weiß, dass sie ihm nicht gewachsen ist und ihm nicht entfliehen kann, gibt sie ihm die Macht, die er will. Dann ist er ruhig.

»Du machst mit Kari genau das, was du mit der Figur gemacht hast«, beharrt Margreet. »Du machst sie lächerlich und dadurch hässlich, wenn du sie Reisfresser nennst.«

Kari verbirgt ihr Gesicht hinter ihren Händen und schüttelt heftig den Kopf.
»Ich ärgere sie doch nur ein bisschen . . . Hee, Kari, Reisfresser . . .« Als er versucht ihre Hände wegzuziehen, reißt sie sich los und läuft davon, hinaus aus dem Zimmer, durch die Doppeltür. Maya folgt ihr. Chuck schweigt und drückt die Zunge gegen die Unterlippe. Ich sehe, wie er den Blick von Margreet zu mir wechselt. Seine Augen sind hart.

Und dann sagt Lukas uns, wir sollen, jeder für sich, überlegen, was wir schön und weniger schön an uns selber finden. Und wofür wir uns vielleicht sogar schämen. Und was wir machen, um besser auszusehen, und warum das so wichtig ist.
»Wenn man schön ist, hat man mehr Freunde«, sagt Evelien. Sie wird prompt rot. »Dann ist es auch nicht so schwierig, Selbstvertrauen zu haben. Wer schön ist, hat es leicht . . . wie . . . wie Margreet.«
»Ich?«
»Ja. Tu doch nicht so scheinheilig.«
»Aber ich finde mich selber überhaupt nicht schön«, antwortet Margreet leise.
Wie kann sie das bloß sagen? Das kann sie wohl nicht ernst meinen!
Sie zittert wieder, so wie am ersten Tag, als sie Kaffee trank und ihre Zähne gegen den Becher klapperten.

Evelien merkt nichts, sie macht immer weiter.
»Das sagst du nur, um noch mehr Komplimente zu bekommen.«
»Wenn du meinst.«
In diesem Moment kommt Maya zurück, mit Kari an der Hand. Kari hat rote Augen vom Weinen und vermeidet es Chuck anzuschauen, der leise auf sein Hinterteil klopft. Sie kuschelt sich an Mayas Knie, legt den Kopf auf ihre eigenen und steckt den Daumen in den Mund.
»Hee . . . hee, Kari«, schmeichelt Chuck und es wäre falsch, sich einzubilden, er hätte jetzt feuchte Augen. Er ist einfach bloß in seinem Stolz verletzt, mehr nicht.
Kari lutscht an ihrem Daumen.
Margreet wischt eine Träne von ihrer Brille.
Ich habe einen Kloß im Hals.
»Findest du dich selber denn wirklich nicht schön?«, fragt Evelien.
»Nein.«
»Das begreif ich nicht. Das kann doch nicht sein!«
»Es ist aber so.«
Und dann reden wir alle durcheinander: Dominik über Pickel, Dave über Haarwirbel, ich über meine Rippen . . . Chuck wischt sogar sein Haar aus der Stirn, um eine Narbe zu zeigen, von der er nicht sagen will, woher sie stammt.

»Bist wohl wieder zu tief geflogen mit einem deiner Mopeds, was?«, provoziert ihn Dave.

»Hornochse.«

»Die ist von einem Holzschuh.« Kari schaut von ihren Knien auf. »Einem Holzschuh seiner Mutter.«

Es ist beängstigend still, bis Chuck selber aufspringt und fragt: »Machen wir dieses Telefonspiel jetzt noch oder nicht?«

Evelien verzieht das Gesicht. Sie hat sicher gehofft, der Kelch würde an ihr vorübergehen, denn sehr viel Zeit ist nicht mehr übrig.

Wir ziehen um: Evelien und Chuck setzten sich in einen Klubsessel, die anderen verteilen sich auf die übrigen Sitzmöbel und den Teppich. Während Maya die alten Telefone aus dem Schrank nimmt – die machen es realistischer –, wiederholt Lukas noch mal, dass die Frage auf der Karte nur eine allgemeine Aufgabe ist.

Es braucht also nicht speziell um Elefantenohren zu gehen.

»Mach etwas über dich selbst draus, Evelien«, fügt er noch hinzu. »Und stell die Frage so, wie du es in Wirklichkeit auch machen würdest. Kennst du die Nummer vom Jugendtelefon noch?«

»Nicht auswendig. Aber ich weiß, wo ich sie im Telefonbuch finden kann.«

»Schön. Und du, Chuck, versuchst zu antworten, wie

du es selber von einem Sozialarbeiter erwarten würdest. Okay? Nehmt euch jetzt noch ein wenig Zeit, um euch in eure Rollen hineinzufühlen. Wenn ihr so weit seid, fangt einfach an.«

Evelien nimmt den Hörer und wählt die Nummer. Sie zittert wirklich. Während sie wartet, bis abgenommen wird, nagt sie am linken Zeigefinger.
»Hallo, hier ist das *Sexofon*. Du sprichst mit Chuck.«
»Hallo, Tag ... ich äh ... ich bin ... kannst mich Charlotte nennen.«
»Okay, Charlotte. Wie alt bist du?«
»Sechzehn. Ich ... äh ... ich weiß nicht, wie ich anfangen soll.«
»Das geht mir manchmal auch so und dann platz ich einfach damit raus. Dann ist der Schmerz kurz. Bist du als Kind mal hingefallen und hattest ein Pflaster auf dem Knie?«
»Ja ...«
»Und dann musste das wieder runter.«
»Ja, aber ...«
»Ruck, zuck, dann ist es vorbei, bevor es weh tun kann.«
Evelien beißt sich auf die Lippen.
An ihrer Stelle würde ich denken: Chuck hat leicht reden, bei mir steckt die Angst.
Und wenn es schon schmerzt, bevor das Pflaster run-

tersoll? Dann ist man vielleicht doch lieber etwas vorsichtiger.
Chuck schaut uns abwartend an, plötzlich erheblich weniger forsch. Was jetzt?
»Weiter«, gestikuliert Lukas.
Chuck lockert den Hemdkragen unter seinem Pulli, er schnaubt, räuspert sich.
»Charlotte, bist du noch dran?«, fragt er dann.
»Ja.«
»Es ist schwierig, was?«
»Ja.«
»Vielleicht kann ich dir helfen?«
»Das weiß ich nicht. Männer verstehen das nicht.«
»Ach so, es ist ein typisches Mädchenproblem, das du hast?«
»Ja. Die Jungen quälen mich damit . . .«
»Womit denn, Charlotte?«
»Ich finde es so gemein! Ihren Schwanz kann man nicht messen hinter dem Reißverschluss.«
»Puh!« Chuck schnaubt wiederum und kratzt sich den Kopf. Er fühlt sich schrecklich unbehaglich. »Sie ärgern dich wahrscheinlich mit deinem Busen!«
Das war nicht schwer zu erraten – er kennt Evelien ja –, doch die steckt so in ihrer Rolle, dass es ihr nicht auffällt.
»Sie nennen mich Milchkuh«, sagt sie leise.
»Ja? Und was sagst du dann?«

»Nichts. Manchmal sag ich was. Aber sie sind doch stärker. Vielleicht ist das auch gut so, sonst würde ich sie umbringen.«

»Mein Gott, du bist wirklich wütend!«

»Ja, was glaubst du denn? Ich trau mich kaum noch ein T-Shirt anzuziehen oder tanzen zu gehen. Der Spaß vergeht dir, wenn du so angegafft und abgekanzelt wirst.«

»Du darfst dich halt nicht so anziehen, Charlotte, die Jungs fahren eben darauf ab.«

»Du auch?«, fragt sie, jetzt alarmiert.

Damit hat Chuck offensichtlich nicht gerechnet, er wird unsicher.

Dominik neben mir grinst, aber er bekommt einen Schubs von Margreet.

»Vielleicht haben sie nie so richtig darüber nachgedacht«, weicht Chuck ihrer Frage aus.

»Die haben auch das Hirn im Schwanz!«

»Hee, Charlotte, das ist gemein!«

»Nicht gemeiner als die Jungs, die mich Milchkuh schimpfen! Sie machen es andauernd. Was haben sie davon?«

Chuck kratzt sich wieder am Kopf.

»Ich weiß es nicht. Vielleicht wollen sie euch einschüchtern.«

»Das gelingt ihnen prima. Aber warum? Ich begreife echt nicht, warum.«

Chuck beißt sich auf die Lippen, seine Hand umschließt den Hörer fester. Er schluckt.
Ist er jetzt Chuck oder der Sozialarbeiter?
»Wenn wir . . . wenn Jungs euch verlegen machen, dann brauchen wir . . . brauchen sie nicht so viel Angst vor euch zu haben.«
»Angst? Vor uns?«
»Ja. Sie wissen nicht, wohin mit sich selber und mit ihrem Körper und so.«
»Ärgern sie uns deshalb? Um das zu verdrängen?«
»Ich denke . . .«, sagt Chuck fast unhörbar.
Evelien, am anderen Telefon, seufzt.
»Das ist vielleicht beschissen«, sagt sie dann.
»Jetzt bist du wieder gemein«, sagt Chuck, plötzlich wütend.
Er schmeißt den Hörer auf den Apparat und krallt dann seine Hand um die Lehne des Klubsessels, damit das Zittern aufhört.
Evelien starrt abwechselnd ihn und uns verständnislos an.
Die dumme Kuh, sie begreift es tatsächlich nicht.

»Du weißt wirklich nicht, was schief gelaufen ist, oder, Evelien?«, fragt Maya.
»Ich habe ihm vertraut – zuerst nicht, aber dann schon. Und dann macht er so was, schmeißt einfach den Hörer hin!«

»Aber du hast mich angegriffen, verdammt!«, schnauzt Chuck sie an. »Ich höre dir zu und gebe mir Mühe und du kannst dich auskotzen, ohne dass ich etwas dagegen sagen kann! Ohne mich!«

Evelien lässt den Kopf hängen.

»Entschuldigung. Ich hab mir nichts dabei gedacht.«

»Nein, sie hat keinen Schwanz mit Hirn«, flüstert Dominik Dave hinter vorgehaltener Hand zu. Die beiden grinsen.

»Babys«, zischt Margreet sie an.

»Möchte noch jemand etwas sagen?« Lukas schaut fragend in die Runde.

»Ich fand es sehr aufrichtig«, sagt Margreet. »Vor allem von dir, Chuck.«

Sie schaut ihn an und er schlägt die Augen nicht nieder. Auch wenn sie jetzt Abgründe verraten.

Das ist also auch Chuck, ist mein erster Gedanke.

Warum macht es mich so wütend?

Ich fühlte mich sicherer, als er den Macker mimte. Da war er weniger ein Rivale.

Dann ist es auf einmal höchste Zeit. Normalerweise müsste jetzt noch jemand das richtige Jugendtelefon anrufen, das ist üblich, wenn wir *Sexofon* spielen. Doch es ist schon zwei vor sieben und es gibt noch einen Abwasch zu erledigen. Auch müssen wir die Büchertaschen noch packen . . .

Mehr denn je möchte ich jetzt mit Margreet eine Runde spazieren gehen. Aber ich muss mich noch durch den Biologieberg baggern, und wenn ich wieder zu spät nach Hause komme . . .

Aber ein kleines Stück, bis zum Supermarkt . . .

»Bis morgen«, kommt sie mir zuvor. »Vielen Dank für das Engelshaar.«

Sie ist weg, bevor ich etwas sagen kann.

Ich gehe zum Klo.

Als ich danach noch am Hinterzimmer vorbeigehe – ich will ihre Tonarbeit sehen, alleine, ohne die anderen –, ist der Rumpf aus der Figur verschwunden. Jemand hat ihn vorsichtig daraus gelöst. Die restlichen Stücke liegen grotesk verstreut auf dem Tisch.

Ich habe große Lust, alles mit einem Schwung auf den Boden zu fegen, es zu zertreten.

Stattdessen muss mein Fahrrad herhalten.

Ich trete die Wut aus mir heraus.

Der Regen durchnässt mich, aber ich spüre ihn nicht, bis zu Hause meine Mutter eine Bemerkung macht.

8

Es ist Donnerstag, idiotisch spät. Ich habe noch kein Auge zugemacht. Noch nicht mal wegen meiner Geschichtsklausur morgen, auch wenn das weiß Gott Grund genug wäre – aber das löse ich schon mit einem Spickzettel in meinem Socken, wie die letzten Tage auch. Ich habe Hausarrest bis Sonntag, nur Plansjee und die Schule sind ausgenommen. Von dem guten Willen meiner Mutter, den sie am Dienstag während des Hausbesuchs von Maya markierte, ist nichts übrig. Sie hat überhaupt nicht zuhören wollen, als ich vorhin völlig außer mir aus der Tagesgruppe nach Hause kam.

Du immer mit deinen Geschichten . . . Das sagte sie, sonst nichts. Manchmal beneide ich sie darum, dass sie mich so von sich abprallen lassen kann. Dann möchte ich sein wie sie, möchte meine Augen und Ohren verschließen, wenn mir danach ist. Aber das kann ich nicht. Ich bin wie ein Schwamm, ich sauge alle auf, und wenn ich von den ganzen Geschichten so gesättigt bin, dass ich selber fast darin ertrinke, wohin soll ich dann? Nicht zu meiner Mutter – ihr Fass läuft schon über durch Pa und Dries und Opa, dem es täglich schlechter geht – wegen uns allen, auch wegen mir. *Du als Ältester könntest doch wenigstens wissen* – das haut sie mir am Tag mindestens zehnmal um die Ohren. Du musst mir nicht auch noch zur Last fallen . . .

Zur Last fallen. So denkt meine Mutter darüber, wenn es Menschen, die einem nahe stehen, schlecht geht. Das ist der Unterschied zwischen ihr und mir: Ich mische mich ein. So hat es auch mit Margreet und mir angefangen. Und jetzt kann ich sie am Wochenende nicht sehen, gerade jetzt, wo sie mich so braucht.

Meine Mutter wird eher gereizt, wenn Menschen sie brauchen, sie will sich ihretwegen nicht traurig fühlen. Das glaube ich wenigstens.

Als Maya am Dienstag zu diesem Gespräch hier war, sagte sie ihr, Opa würde das neue Jahr vielleicht nicht mehr erleben. Sie könnte Recht haben: Gestern wurde er mit dem Krankenwagen abgeholt. Er hat Wasser in der Lunge. »Das kann sehr schnell gehen«, habe ich sie zur Nachbarin sagen hören. Wenn Opa zu Hause stirbt, hat sie die Last damit. Das sagt sie nicht buchstäblich so, aber sie denkt es.

»Wissen Sie«, sagte sie dann auch noch zu Maya, »es wird mir alles zu viel . . .«
Maya nickte verständnisvoll und ich machte mich auf alles gefasst, denn es sollte doch um mich gehen, mir wurde es doch zu viel. Ich kenne meine Mutter, wenn sie einmal ihr Klagelied anstimmt.
»Es ist wirklich schwer für Sie«, bestätigt Maya.
»Vor allem dass ich alles alleine machen muss . . . Da ist niemand, der mir mal etwas abnimmt . . .«
Ich räusperte mich und schaute Maya an, die mich mit einem Blick ansah, der bedeutete »noch etwas Geduld, lass sie ausreden, ich komme gleich zu dir«.
Meine Mutter fing an zu weinen und nahm ein Taschentuch aus dem Ärmel ihres besten Kleides. Sie hatte sich für das Gespräch aufgedonnert, inklusive Lippenstift, doch der war inzwischen schon halb weggewischt. Ich wusste nicht, was ich tun sollte, und stand auf, um allen noch mal Tee einzuschenken.
Maya bedankte sich laut, damit meine Mutter es hörte, doch die suhlte sich in ihrem eigenen Gejammer.
Wir saßen in der Küche. Aus dem Wohnzimmer klang das Geräusch des Fernsehers zu uns herüber.
Mein Vater schaute ein Video von einem Boxkampf an.
Meine Mutter putzte sich die Nase und ich stellte die Teekanne vor ihr ab, sodass sie sie nicht übersehen konnte, aber noch immer sagte sie nichts. Sie nahm

zwei Zuckerwürfel und entschuldigte sich dafür bei Maya, dass sie eigentlich Diät halten sollte, doch dass ihr jetzt dazu die Kraft fehle, und rührte dann den Zucker in den Tee. Sie rührte fast den Boden aus der Tasse. Im Wohnzimmer stieß mein Vater einen Schrei aus, zusammen mit den Zuschauern des Boxkampfes, um anschließend wieder zurückzufallen in seine übliche Haltung: glotzen und rauchen.

»Ihn kann ich schon seit Jahren vergessen«, sagte meine Mutter bitter mit einer Kopfbewegung in Richtung Tür. »Als es schwieriger wurde, hat er sich verabschiedet.«

Es verletzt mich, wenn sie so über meinen Vater spricht. Er ist krank, er kann nichts dafür.

»Wissen Sie, dass ich manchmal mit ihm tauschen möchte«, sagt sie dann.

Maya erwiderte nichts darauf. Sie schaute meine Mutter an, bis diese den Kopf noch tiefer zwischen die Schultern zog und sagte: »Ich bin so müde, so müde.«

Manchmal fürchte ich, dass sie uns verlässt, sie auch, statt uns Stück für Stück irgendwann abzuschieben. Sie hat erreicht, dass Stijn und Katrien im Januar zu Ali Baba können; das ist die Tagesgruppe für die Kleinen. Dries geht schon in eine Sonderschule. Er wird morgens um Viertel vor acht mit einem Kleinbus abgeholt und um halb vier wieder abgeliefert. Sie will Pa auch wieder für eine Weile in die Psychiatrie aufnehmen lassen. Seit Samstag ist die Hölle los: Plötzlich fängt er an zu schreien und zu toben, dass man nicht weiß, was man mit ihm anfangen soll. Meine Mutter hat dann Angst vor ihm. Am Dienstag hat er alle Blumentöpfe von der Fensterbank gewischt, weil seine Zigaretten alle und der kleine Laden samt Supermarkt über Mittag geschlossen waren. Wenn ich zu Hause bin und er kriegt seinen Anfall, dann packe ich ihn beim Hemd, ziehe sein Gesicht dicht vor meines und drohe ihm: »Mach keinen Ärger, Mann, oder du kriegst was auf die Nase!« Nur so beruhigt er sich ein wenig, aber ich habe danach noch Stunden später einen schlechten Geschmack im Mund. Manchmal schlägt seine Stimme plötzlich um und er beginnt zu weinen. Dann ziehe ich seinen Kopf ganz dicht an meinen heran und wir heulen zusammen.

Über diese Sachen, die ich für sie und meinen Vater tue, spricht meine Mutter nie mit Maya.

Und ihren Kopf kann ich nicht an meine Schulter ziehen, wie ich das bei ihm mache. Ich weiß nicht, warum, ich kann es einfach nicht.

Sie weinte immer noch und ich berührte ihre Hand, bis sie aufschaute. Ich gab ihr mein Taschentuch. Ihres war inzwischen klatschnass. Sie lächelte wässrig und wischte den Rotz weg.

»Wenn die Kleinen in Ali Baba sind und Pa in der Klinik, könnte ich putzen gehen«, sagt sie dann. »Ich kann eine Stelle bekommen in einer Klinik. Wir hätten ein bisschen mehr Geld und dann könnte ich dir mehr Taschengeld geben . . .«

»Aber du bist jetzt schon so müde . . .«

»Ich muss raus. Ich werde verrückt zwischen diesen vier Wänden.«

»Und die Arbeit hier?«

Ich stelle mir schon vor, dass ich dann endgültig der Idiot wäre, der hier alles am Laufen halten muss.

»Wenn ihr alle in der Tagesgruppe esst, Stijn in der Schule und ich in der Klinik, bräuchte ich unter der Woche schon nicht mehr einkaufen und nicht kochen«, fuhr meine Mutter fort. »Und über die Hausarbeit der Kleinen brauche ich mir dann auch den Kopf nicht mehr zu zerbrechen . . . Es wäre hier ruhiger für dich zum Lernen, wenn du in Zukunft nicht mehr so oft in die Tagesgruppe gehst.«

Daran wollte ich vorerst lieber noch nicht denken – dass ich Margreet nicht mehr jeden Tag sehen würde . . . Ich wusste auch nicht, was ich meiner Mutter antworten sollte. Ich hatte fast noch nichts gesagt und bekam es hier einfach auf dem Präsentierteller. Es hörte sich alles zu einfach an.

Mein Pa kam in die Küche. Er reichte Maya die Hand, ohne sie anzuschauen. Wortlos nahm er eine Tasse von der Spüle und schenkte sich den letzten Tee ein. Bevor er wieder zu seinem Fernseher verschwand, nahm er auch noch den Teller mit den Keksen vom Tisch mit, den noch keiner von uns angerührt hatte. Meine Mutter hatte aufgehört zu reden und Maya schaute mich an und meinte, jetzt wäre ich dran. Aber was sollte ich sagen? Sie hatte den Moment verpasst, wo ich meine Wut hätte zeigen dürfen.

»Finden Sie nicht auch, dass Jasper müde aussieht?«, fragte sie dann meine Mutter.

»Ja, er hat es auch nicht leicht. Glauben Sie nur nicht, dass es mir nicht Leid tut, dass ich ihn immer um so viel bitten muss. Was hat er denn von seiner Jugend?«

»Ich find es nicht schlimm, dass ich einiges tun muss«, antworte ich zögernd. »Aber so viel . . . und du freust dich nie.«

»Wie willst du das schon wieder wissen?«

»Du zeigst es mir aber nie . . .«

Sie seufzte und strich sich durch die Haare. Sie müsste zum Friseur, dachte ich, ihre Dauerwelle war schon seit Wochen hinüber.

»Es ist schon schlimm genug, dass ich dich bitten muss. Ich habe auch meinen Stolz.«

Den kenne ich, hätte ich darauf sagen können, doch ich grub die Zähne in die Unterlippe.

»In der Schule verspotten sie Jasper damit«, sagte Maya leise.

Meine Mutter hob ruckartig den Kopf.

»Stimmt das?«

»Sie nennen mich Meister Proper«, gab ich zu – das manche mich »Schwuli« nannten, behielt ich lieber für mich. »Aber das würde mir nicht so viel ausmachen, wenn ich wüsste, dass du dich wenigstens freust über das, was ich mache. Oder wenn du mich ab und zu merken lassen würdest, dass ich es richtig mache. Du scheinst nie zufrieden zu sein.«

Sie schluckte.

»Meistens bin ich wütender auf mich selber als auf dich. Ich schäme mich so oft, dass ich nicht eine bessere Mutter für dich bin.«

Sie versuchte nicht wieder zu weinen, und das fand ich rücksichtsvoll von ihr, denn ich kämpfte selber heftig mit den Tränen. Ich wollte ihr sagen, dass sie sich ja Mühe gab, aber das hörte sich zu besänftigend an; das war genau das, was ich selber immer so hasste. Andererseits vertrug ich die Stille nicht länger. Mit einem Blick bat ich Maya um Unterstützung.

»Eigentlich höre ich aus Ihren Worten heraus, dass Sie es ohne Jasper nicht schaffen würden«, versuchte diese dann stellvertretend für meine Mutter zu sagen, was ich gerne hören wollte.

Meine Mutter wich jedoch in ihrem Sessel zurück und begann an ihrem Zeigefinger zu kauen. Ich saß auf dem Rand meines Stuhles. Die übervolle Teetasse

zitterte in meinen Händen, es bildete sich eine Pfütze auf der Untertasse. Im Fernsehen johlten die Boxkampfzuschauer. Mein Pa blieb ruhig. Er war bestimmt eingeschlafen, knocked-out von den Tabletten. Die Küchenuhr tickte an der Wand und im Wohnzimmer schlug die Kuckucksuhr eins. Meine Mutter schrak auf und antwortete, als ob seit Mayas Frage nicht eine Ewigkeit verstrichen wäre.
»Also«, gab sie zu, »er hilft mir in einigen praktischen Dingen . . . Aber er ist nun mal ein Kind. Die wirklichen Sorgen trage ich alleine.«
»Glaubst du, dass ich die nicht sehe?!« Ich konnte mich nicht länger beherrschen – ich sah ihre hängenden Schultern, die strähnigen Haare, die Ränder unter den Augen, wenn sie die Brille abnahm, um eine Rechnung zu lesen. »Oder dass ich mir keine Sorgen mache?!«
Der Löffel fiel von meiner Untertasse herunter und machte einen dunklen Fleck auf meine Hose. Ich bückte mich, hob ihn auf und legte ihn auf den Tisch, auf den ich zuerst meine Tasse abgestellt hatte. Der Tee ist bestimmt kalt, dachte ich. Nur Maya hatte ihren warm getrunken.
Meine Mutter rieb sich unter ihrer Brille mit zwei Fingern die Augen.
»Ich weiß, du hast es nicht leicht«, sagte sie. »Ich wollte, ich könnte dir helfen, aber du sagst so wenig – wie kann ich dann wissen, wie?«

Da forderte Maya mich auf, mir alles von der Seele zu reden. Es sprudelte nur so aus mir hervor. Ich erschrak darüber, dass es so viel war. Meine Mutter gab mir mein Taschentuch zurück und Maya streckte mir ein Päckchen Papiertaschentücher zu, doch sie nahm mich nicht mal kurz in den Arm.

Als ich mich etwas beruhigt hatte, schlug Maya vor, meine Mutter sollte eine Liste machen von allen Aufgaben, bei denen sie Hilfe bräuchte, und ich sollte eine Aufstellung machen von meinen Wünschen. Dann half sie uns beim Verhandeln. Meine Mutter versprach, sie würde nicht mehr schimpfen, wenn ich mir Zeit für mich selber und meine Freunde nahm – unter der Bedingung, dass ich mich an unsere Absprachen hielte und meine Schularbeiten ordentlich blieben. Damit war ich einverstanden.

»Das heißt . . . wenn Stijn und Katrien künftig auch mithelfen müssen«, forderte ich noch. »Du hältst sie immer nur klein. Als ich acht war, musste ich schon lange selber meine Sachen abräumen und Geschirr abtrocknen. Und zum Bäcker und zum Metzger gehen und da gab es noch nicht mal Ampeln wie heute.«

Sie schaute die Kritzelzeichnung von Dries an, die sie an den Kühlschrank geklebt hatte, und starrte eine Weile schweigend vor sich hin.

»Als du acht warst, wusste ich noch nicht, was Kindern alles passieren kann«, sagte sie dann.

Sie stand auf und bedankte sich bei Maya für das Gespräch und sagte, sie müsse nun gehen, zu Opa.

Auf meinem Wecker ist es fünf nach halb drei. Ich habe die Laken und Decken losgestrampelt. Mein Bett sieht aus wie ein Maulwurfsfeld – doch ich habe keine Lust, aufzustehen und alles wieder festzustecken. Es ist kalt. Vor einer Weile war ich auf der Toilette. Ich ging an den Zimmern der anderen vorbei. Es war totenstill auf dem Treppenabsatz und ich zitterte. Die Stille war breit und dunkel und tief wie das Meer; unüberwindbar. So nahe waren sie und doch nicht da. Ich weiß nicht, ob es etwas Einsameres gibt, als wach zu liegen in einem Haus voller schlafender Menschen, mit einem Kopf voller wirrer Gedanken. Aber was sollte ich ihnen überhaupt sagen, wenn sie aufwachten?

Ich habe immer öfter das Gefühl, ich bin nicht wirklich einer von ihnen. Dass ich irgendwann in der Vergangenheit aus der sicheren Familienpackung geschüttelt wurde und seitdem nirgendwo mehr dazugehöre, dass ich für meine Einzelteile selber einen eigenen Namen finden muss.

Meine Füße sind Eisblöcke. Ich sollte doch besser aufstehen und den Kram feststecken, vielleicht klappt es dann mit dem Schlafen. Mein Gott, ich zittere wie eine Pappel. Der Wetterbericht im Fernsehen sagte Schnee voraus für heute Nacht, aber bis jetzt sehe ich nichts davon. Das Fenster ist beschlagen von meinem Atem. Früher schrieb ich Worte auf das Fenster, aus denen ich dann Männchen machte, die Pfeife rauchten. Ich wusste da noch nichts von Lungenkrebs.

MARGREET – auf einmal stehen diese Buchstaben auf der beschlagenen Glasscheibe.

Und plötzlich fürchte ich wieder, dass ich mir nur *gewünscht* habe, dass wir zusammen sind. Dieser Schreck befällt mich so etwa jede Viertelstunde. Früher konnte ich mich ebenso intensiv davor fürchten, dass unser Haus in Flammen aufgehen könnte und Dries wäre noch drin – manchmal war ich dann davon überzeugt, dass es tatsächlich schon passiert war. Ich sah es vor mir, mit unwahrscheinlich lächerlichen Details, zum Beispiel den Sprung in der Vase auf der Anrichte. Wie ein Videoband, das ich selber aufgenommen und schon hundertmal gesehen hatte. Und deshalb traue ich meinen Erinnerungen nicht, schreibe ich alles, was passiert, sofort auf, bevor es anfangen kann, zu wuchern. Ich muss es tun. Es hat einen festen Platz eingenommen von den anderen Sachen, die ich tun musste: Zuckerwürfel zählen und so und immer mit dem linken Fuß zuerst von der Bordsteinkante gehen.

Ich muss auch im Präsens schreiben. Ich habe das Gefühl, dass ich mich dann nicht selber belügen kann oder dass ich damit meine Phantasie etwas zähme.
Ich sollte nur die Fakten festhalten – also was ich mit eigenen Augen sehe. Alles andere ist Glatteis.
Doch vielleicht habe ich noch viel mehr Angst vor der Tatsache als vor dem Wunsch, dass ich jetzt mit Margreet gehe. Wünsche sind unverbindlich, aber für Tatsachen ist man verantwortlich.

Ich werde noch verrückt, ich tue besser daran, Licht zu machen und mein Tagebuch zu nehmen, alles schwarz auf weiß stehen sehen: So war es, es gibt nichts als die Wahrheit . . .

Du hättest sehen sollen, wie wir uns auf den Vier-Uhr-Tee stürzten – wie Pfeile aus einem Bogen, der straff gespannt ist. Alle müssen inzwischen büffeln. Sogar Dave versucht sich hinter seinen Büchern festzuklemmen und kaut dabei die Nägel ab bis aufs Fleisch.
»Lasst mich doch wenigstens rauchen«, schimpft er, »das macht doch nichts! Diese blöden Regeln! Das ist einfach Machtmissbrauch von euch!«
Doch Lukas und Maya bestehen auf die festgelegte Ration: eine Zigarette nach jeder Mahlzeit.

»Wie willst du denn lernen mit deinem Kopf voller Qualm?«, fragt Maya.

»Wie soll er mit so einem Kopf überhaupt lernen?«, spottet Chuck. Dave hat sich einen Hahnenkamm schneiden lassen – einen roten mit gelben Spitzen: Er lodert hell.

»Er hat endlich entdeckt, dass er besser krähen kann als singen«, stichelt Chuck weiter.

Dave grinst schief, doch es ist nicht der richtige Augenblick, um sich mit Chuck anzulegen. Sie verschwinden zusammen in den Garten: nächste Verhandlungsrunde. Chuck hat mal wieder ein neues Moped gekauft – kein wirklich neues. Er kauft sie immer gebraucht, möbelt sie auf und fährt damit, bis er wieder irgendwo ein besseres findet. Das alte verkauft er dann zu einem gesalzenen Preis. Wenn man seinen Worten glauben kann, macht er jedes Mal traumhafte Gewinne. Chuck hat immer Knete, und nicht wenig. Seine neueste Errungenschaft ist eine rot glänzende Maschine. Ich habe sie vor der Tür stehen sehen, eine Yamaha. Eine Beauty zum Schwachwerden, auch wenn sie kein Motorrad ist. Er zählt schon die Tage bis zu seinem achtzehnten Geburtstag. Dave ist scharf auf Chucks schwarze Vespa, doch sie streiten sich schon seit einer Woche über den Preis. Bis jetzt waren ihre Fäuste noch nicht im Einsatz, doch wenn die diplomatischen Verhandlungen misslingen, hängen garantiert die Boxhandschuhe bereit. Ich hätte die Vespa auch gerne, lieber als dieses Wrack von Fahrrad, aber ich habe noch weniger Geld als Dave. Wenn ich Chuck jemals ein Moped abkaufe, muss es eines sein, auf dem er selber gefahren ist. Nur dann kann ich sicher sein, dass er mir nicht einen überspritzten Schrott andreht. Wovon wird er sonst so reich? Bestimmt nicht vom Jobben im Gartencenter seiner Großeltern.

Wir reden wenig. Jeder ist mit seinen eigenen Sachen beschäftigt.

Margreet trinkt ihren Kaffee mit den Händen um den Becher. Sie ist heute noch stiller als sonst. Wenn ich sie während des Lernens anschaue, ertappe ich sie öfters dabei, dass sie Löcher in die Luft starrt. Dominik jagt dem Rekord bei einem seiner Computerspiele hinterher. Evelien träumt mit feuchten Augen über ihrem Romanheftchen und Kari plaudert mit Maya über das kommende Weihnachtsfest und die Ferien.

Lukas ruft Chuck und Dave wieder herein: »Das war aber eine lange Zigarette!«

Chuck zuckt die Schultern und Dave sagt »Fuck you!«, doch mit einem Grinsen und einem Schulterklopfen, sodass Lukas seine Bemerkung schluckt.

Der Kauf ist offenbar beschlossen worden. Plötzlich habe ich das unwiderstehliche Bedürfnis, ihnen die Zufriedenheit vom Gesicht zu kratzen. Ich schiebe

quietschend meinen Stuhl nach hinten, Kari hält sich die Ohren zu. Ich kann fast sehen, wie es Margreet fröstelt. Sie unterbricht ihren starren Blick für einen Moment, um mich anzuschauen, und zieht fragend die Brauen zusammen. Ich tu so, als sehe ich es nicht, und stampfe davon zum Klo. Darf ich auch mal schlechte Laune haben? Schade, dass wir nicht auf die Wände und Türen schreiben dürfen. Und ich bin so ein Idiot, dass ich immer pariere. Aber *Fuck you! Fuck you! F)uck you!* In dem blöden Spiegel sehe ich meinen Pickelkopf, auf dem der Bart wuchert. Eine Schweinerei, wenn man sich so rasieren muss – jeden dritten Tag. Dann fließt das Blut wie in einem Horrorfilm.
Geld stinkt, sagt man, aber wer kann, bleibt doch bis über beide Ohren drin sitzen. Für die Vespa würde ich schon ein bisschen Gestank ertragen.
Jemand donnert gegen die Klotür. Ich spähe durch eine Ritze und sehe Evelien. Wahrscheinlich wird ihr Buch zu albern und sie will sich ausheulen. Sie rennt auch schon seit ein paar Tagen in Schwarz herum.
»Exakt das zum Leben erweckte Weitwinkelfoto von Margreet«, hatte Chuck gestern gespottet.
Evelien ballerte dieses Mal nicht zurück. Sie presste die Lippen zusammen und mir fiel auf, dass sie auch das schon seit ein paar Tagen ständig wiederholte. Sie macht den Mund nur auf, um etwas Suppe und

Gemüse zu essen und keinen Millimeter Fleisch mehr als Margreet. Plansjee wird noch Haushaltsgeld übrig behalten.
Sie ruft, ob sie mich vielleicht von der Brille zerren soll.
Lieber nicht, denke ich und zippe schnell meine Jeans zu. Ich gebe doch keine Peepshow.
Bis zum Abendessen vergraben sich alle wieder in ihren Büchern. Maya verschwindet mit den Kleinen im ersten Stock und bei uns erklärt Lukas Margreet noch mal *les pronoms personnels*. Chuck kritzelt eifrig Blatt nach Blatt voll mit technischen Skizzen. Dave hat morgen Niederländisch, was eine Katastrophe ist: Er macht genauso viele Fehler wie Stijn und Katrien, und die sind im dritten Schuljahr. Ich nehme mir mal wieder meine Physik vor. Manchmal finde ich es so stupide: All diese Wissenschaftler denken und denken und versuchen die Erde in Gesetze zu fassen – und die Erde interessiert das nicht die Bohne. Die dreht sich einfach weiter, immer weiter. Wir kratzen uns wie verrückt und die Erde juckt das nicht einmal.

Meine Muskeln sind steif vom Lesen im Liegen. Ich drehe mich auf die andere Seite und ziehe die Decke höher gegen die Kälte. Ich will später mal Zentralheizung in allen Zimmern, auch wenn meine Mutter behauptet, das sei nicht gesund. Das ist mir egal. Es

kann nie weniger gesund sein als in einem Zimmer zu schlafen, in dem es unter dem Fenster schimmelt. Bevor ich weiterlese, glätte ich ein paar Eselsohren, doch die sind widerspenstig. Die haben mehr Ausdauer als ich.
In diesem Tagebuch wird gelebt, beschließe ich philosophisch.

Über das Lernen bis zum Abendessen gibt es nicht viel zu berichten. Es wird vom üblichen Gestreite begleitet, nur etwas heftiger, jetzt, wo alle so angespannt sind. Irgendwann geht unten ein Geschrei los. Jemand knallt eine Tür zu und stampft zum Musikzimmer. Eine Flutwelle der Popgruppe *House* schlägt fast Löcher in mein Trommelfell. Einige Sekunden später hört man Mayas »Mach das aus!« und dann »Blöde Kuh!« und »Hau ab!« und eine lange Reihe von Flüchen. Es ist Dominik. Ich höre seine Stimme. Sie kippt und schießt schrill in die Höhe. Ich kann mich noch an früher erinnern, wie idiotisch ich mich dann fühlte. Die Musik hört genauso plötzlich auf, wie sie angefangen hat. Dominik aber schreit unentwegt weiter, ab und zu begleitet von der leiseren, besänftigenden Stimme Mayas. Was sie sagt, kann ich nicht verstehen. Nach einer Weile schlägt das Schreien in Heulen um. »Ich kann das doch nie!« Dominik weint jämmerlich. Zwischen

den Schluchzern fällt ein paar Mal der Name von Evelien mit einem Unterton von abgrundtiefem Hass.
Dominik würde am liebsten Evelien mit sadistischem Vergnügen zu Staub recyclen.
Sieh nur, wie Evelien das macht ... Nimm dir ein Beispiel an Evelien ... Wenn du dir nur halb so viel Mühe geben würdest wie Evelien ...
Ich glaube ihm; es würde mich auch tödlich nerven, wenn meine leibliche Mutter mich für ihr Nest nicht mehr gut genug fände.
Vielleicht ist man noch besser bedient mit einem Vater, der nicht alle Tassen im Schrank hat, als mit einem Stiefvater, der dir die Mutter wegnimmt.
Ich gucke verstohlen zu Evelien hinüber, doch entweder hört sie es wirklich nicht oder sie tut nur so, als ob. Ich nehme an, Letzteres ist richtig. Ihr Gesichtsausdruck ist zu heilig, um aufrichtig zu sein. Sie murmelt mit den Fingern in den Ohren vor sich hin wie die letzte Betschwester. Morgen hat sie Rezeptekunde. Wenn die Liebe eines Mannes wirklich durch den Magen geht, dann möchte ich lieber nichts bei ihr essen. Hoch lebe Tinne!
Auf Bitten der Mehrheit hat sie Siedfleisch mit Fritten gemacht: schön gewürzt mit viel Soße und Bergen von gerösteten Zwiebeln. Der Geruch hängt im Haus und lässt uns schon Stunden vorher das Wasser im

Munde zusammenlaufen. Nur Margreet und Evelien rümpfen wieder einmal die Nase.
Sie essen einen Löffel Tomatensuppe – aber sogar den so gequält, als würden sie gezwungen ihr eigenes Blut zu trinken. Dann passen sie.
»Die haben 'ne Meise«, sagt Dominik und schüttelt den Kopf.
Sie haben nämlich schon verkündet, dass sie nachher keinen Nachtisch möchten, dabei gibt es Vanillepudding mit Löffelbiscuits in Kaffeesoße.
Lukas, der das Essen bringt, macht das ziemlich gereizt. Jeden Tag die gleiche Nerverei. Er ist heute nicht gut drauf.
»Schaut ihr euch eigentlich nie die Nachrichten im Fernsehen an?«, legt er los. »Die vielen Menschen, die Kinder, die verrecken vor Hunger? Ihr könnt vielleicht Kari fragen.«
Außer Margreet wissen alle hier, dass Kari bis zu ihrem siebten Geburtstag in Korea in einem Waisenhaus war. Sie wurde als neugeborenes Baby auf der Straße ausgesetzt, weil sie nur ein Mädchen war. Damit ist für eine Familie dort nicht viel Ansehen verbunden oder Gewinn zu machen. Und jetzt klappt es nicht so gut mit ihren Adoptiveltern.
Was weiter am Tisch passiert, kann ich nicht verfolgen, weil Dave bei uns mal wieder alle übertönt – mit einer Bravourgeschichte, wie er in der Schule bei sei-

ner Klausur gespickt hat. Doch auf einmal kracht drüben ein Stuhl zu Boden und wir sehen, wie Evelien in die Diele läuft und dann nach oben – wütend und heulend. Margreet läuft hinter ihr her. Maya geht zu Lukas hinüber.

»Lass die beiden mal«, sagt sie. »Ich glaube, Margreet kann jetzt besser helfen als ich.«

Gut zehn Minuten später kommen sie zurück. Eveliens Gesicht ist rot und geschwollen vom Weinen, aber sie lacht, und das ist an sich schon ein Wunder. Sie sieht auf einmal viel sanfter aus. Margreets Arm liegt um ihre Schultern.

Ich bin eifersüchtig. Ich fühle Stiche, als zöge man mir das Herz durch den Nabel aus dem Leib.

Dann gehen alle zurück zu ihren Büchern, außer Kari. Sie ist fertig und darf Comics lesen. Margreet und ich haben Putzdienst im Musikzimmer.

Was mache ich bloß mit dem Loch in meinem Bauch?

Ich spüre es schon wieder und schlucke.

Ich schlage die Seiten um – denn ich habe dafür vorhin eine neue Seite angefangen: Ich wusste, es beginnt für mich ein neues Kapitel.

»Was willst du machen?«, frage ich Margreet, während wir nebeneinander die Treppe zum Musikzimmer hinaufgehen. »Saugen oder lieber Staub wischen?«

»Wenn es dir egal ist, lieber Staub wischen.«
»Einverstanden«, sage ich.
Der Hoover und die Putzlappen und all das sind in einem windschiefen Schrank auf dem Treppenabsatz.
Meistens erledige ich diesen Job im Handumdrehen. Heute will ich mir mehr Zeit nehmen, wenn ich mich auch so hölzern fühle wie Pinocchio. Nur um das Loch in meinem Bauch herum bin ich nach wie vor aus Fleisch und Blut.
Keinen Quadratzentimeter Teppichboden lasse ich aus.
Margreet schaut zu mir herüber und lacht. Als sie etwas sagt, das ich nicht verstehe, bringe ich den Hoover mit einem Fußtritt zum Schweigen.
»Das hast du wohl schon öfter gemacht«, wiederholt sie.
Nun werde ich rot und etwas weniger hölzern und murmele irgendwas über den Unsinn von stereotypen Rollenmustern. Eigentlich meine ich: *Schau, ich bin nicht so ein Macho wie die anderen hier, bette nur dein Haupt auf mein Honigkuchenherz.*
Ich bringe den Hoover wieder auf Trab und sauge die Kissen der orangefarbenen Kordsessel. So etwas kann man nur kaufen, denke ich, wenn man farbenblind ist.
Ohne es zu merken, habe ich zu pfeifen begonnen.

Zombie von den *Cranberries.* Den Refrain singe ich. Ich steh auf das Gegröle. Margreet fällt ein, während sie mit ihrem Staubtuch durchs Zimmer wirbelt. An der Art, wie sie das macht, stimmt irgendetwas nicht, aber ich komme nicht sofort drauf, was es ist.
Ihr Haar ist noch immer so kurz. Ich denke, sie rasiert es ab, so zwei- bis dreimal die Woche, wie ich meinen Bart. Sie trägt auch noch immer Schwarz, nichts anderes. Heute ist es ein Sweater mit dem Kopf von Kurt Cobain. Ob er das gehofft haben mag, als er sich umbrachte – dass er ins Nirwana eingehen würde am Busen von Millionen von Frauen? Oder doch wenigstens von tausenden ...
Margreet geht zum Fenster, kriegt es aber nicht auf. Wahrscheinlich verzogen durch die Feuchtigkeit. Aber es klemmt längst nicht so sehr, wie ich erwartet habe. Beim ersten Ruck fliegt es auf und ich stolpere rückwärts. Ist sie so schwach oder tut sie nur so?
»Vielleicht solltest du doch mal hin und wieder etwas Speck essen«, stichele ich.
Eine Welle kalter Luft schwappt herein. Draußen ist es dunkel. Weit und breit kein Auto zu sehen. Der Bäcker gegenüber hat seinen Rollladen schon runtergelassen. Im Haus daneben leuchten die Christbaumlichter und einige Kerzen verbreiten ein vages Geflacker. Es macht einen behaglichen Eindruck. Dort sieht man auch immer Pflanzen und Blumen und so.

Margreet schüttelt das Staubtuch aus und macht das Fenster bis auf einen Spalt wieder zu. Ich schließe es ganz.
Es ist zehn nach sechs und nicht der Mühe wert, sich noch einmal mit den Büchern zu beschäftigen. Meine Schultasche für morgen habe ich übrigens schon vor dem Essen gepackt und Margreet die ihre auch.
»Kannst du Billard spielen?«, frage ich sie.
»Keine Ahnung, noch nie gemacht.«
»Willst du's lernen?«
»Ich dachte immer, das wäre nur etwas für alte Männer in Strickwesten und bei Totenstille«, kichert sie.
Ich nehme einen Queue und lege die Kugeln auf den Tisch. Dann zeige ich ihr, wie man mit der Kreide umgeht und den Queue hält und zielt. Aber ich zittere dermaßen vor Nervosität, dass der Stoß daneben geht.
»So also nicht«, sage ich und lache verlegen. »Jetzt du.«
Ich stelle mich hinter sie. Mit meiner linken Hand lege ich die ihre richtig um den Queue. Mein rechter Arm umfasst ihren Rücken, meine Hand nimmt ihr dünnes Handgelenk und hebt es einige Zentimeter an. Ich fühle ihren warmen Rücken an meinem Bauch. Bestimmt fühlt sie mein Herz klopfen. Ich ziele.
»Jetzt«, sage ich.

Aber in dem Moment, als meine Hand ihre Hand den Queue gegen die Kugel ticken lässt, verzieht sich ihr Gesicht schmerzlich. Ich sehe, wie ihr die Tränen in die Augen schießen. Vor Schreck lasse ich den Queue fallen; er scheppert auf den Boden. Auf einmal weiß ich auch, was nicht stimmt an der Art und Weise, wie sie mit dem Staubtuch durchs Zimmer flatterte. Vorsichtig ziehe ich den rechten Ärmel ihres Sweaters hoch. Sie lässt mich gewähren, wendet aber den Blick ab, zum Fenster.

Sie trägt einen Mullverband um den Arm.

Ich schiebe den Ärmel langsam wieder hinunter, decke die Wunde zu – nicht, um sie zu verstecken, sondern eher so, wie ich Dries manchmal ins Bett stopfe, wenn er untröstlich ist wegen irgendetwas tief in ihm drin, wovon ich nichts weiß. Dann lege ich ihr wieder den Arm um die Schultern. Ihr Parfüm steigt mir in die Nase.

Sie zittert.

»Ich würde sogar Schneebälle kneten für dich«, sage ich.

Darüber muss sie lachen und weinen und noch mehr weinen.

Meine Hand schiebt sich in ihren Nacken. Sanft ziehe ich ihren Kopf an meine Schulter.

»Na komm, wein dich aus . . .«

Ich fühle, wie ihre Tränen mir in den Kragen tropfen

und über meinen Rücken laufen, über die nackte Haut. Ich nehme sie fester in den Arm. Zuerst wehrt sie sich noch etwas, aber dann lässt sie sich fallen und nach einer Weile scheint mir ihr Kummer etwas weniger uferlos zu sein. Mit dem Mittelfinger fahre ich andächtig über ihren Schädel, immer ein wenig höher. Die Stoppeln fühlen sich an wie Aprikosenhaut. Sanft drücke ich ihr einen Kuss aufs Haupt. Sie schaut mich an mit noch feuchten Augen, in denen ein Lächeln aufleuchtet. Sie küsst mich auf den Mund und verschließt meine Lippen mit dem Finger wie am Samstag mit dem Lavendel.
»Das wollte ich zuerst tun«, sagt sie.
Warum zuerst, sagt sie nicht, aber ich glaube es zu erraten. Sie will mir etwas Wichtiges über ihr Leben erzählen, darüber, was sich unter diesem Mullverband verbirgt und noch viel tiefer, was ihr unter die Haut geht und vielleicht in den Knochen steckt. Ich glaube, sie hat Angst, dass danach, wenn ich erst einmal alles weiß, kein einziger Kuss jemals wieder so wunderbar sein wird wie dieser erste.

Wir lassen uns am Rand des Billardtisches nieder. Sie erzählt, stockend. Bruchstücke von Sätzen. Herausgewürgte Worte mit scharfen Kanten, hinter denen Lawinen grollen.
Mein Vater . . .

Er kann seine Finger nicht ...
Weißt du noch, das blaue Auge, aber auch ... verstehst du?
Nicht dass er alles ... Aber er versucht es schon ...
Er sagt: »Ein Mann will auch mal ...«, und: »Deine Mutter ... du siehst aus wie sie, als sie noch nicht so ...«
Du weißt schon, Jasper, so ... noch nicht so ...
Eine beschreibende Geste.
»Ich weiß«, nicke ich.
Aber ich sage es nicht laut, genauso wenig wie Margreet. Nämlich: *fett und fettig von den Fritten in ihrer rosa Nylonschürze.*
Das Gesicht. Immer mürrisch.
Ein Mutterschwein ist nichts dagegen, denke ich.
Und dann erinnere ich mich an einen anderen Satz von Margreet, einen Ausbruch vor ein paar Tagen: Das verzeih ich ihr nie ...
Sie wippt mit den Beinen. Ihre Füße berühren kaum den Boden. Ihre Arme sind über der Brust gekreuzt. Sie ist ihr eigenes lebendes Schutzschild.
»Was hat er ... getan?«, frage ich.
Ich schaue sie nicht an und sie mich nicht. Wir trauen uns nicht, wir sind zu nah an den Augen des anderen. Wir könnten das Gleichgewicht verlieren.
»Ich musste in der Frittenbude stehen«, beginnt sie tonlos. »Meine Mutter war ... sie hatte wieder mal Migräne. Es war Feierabend. Ich ließ den letzten Kunden raus und dann den Rollladen runter. Ich musste

noch aufräumen und machte mir eine Dose Wasser auf, eiskalt, ich hatte einen üblen Geschmack im Mund von dem ganzen Abend im Fettdunst. Plötzlich war er da, direkt hinter mir. Er . . .«

Ich hörte sie schlucken. Als sie weiterspricht, klingt es, als drücke man ihr die Kehle zu.

»Ich hab mich gewehrt. Er schlug mir die Dose aus der Hand. Sie knallte in das Fett, das natürlich noch kochend heiß war. Es spritzte auf . . .«

Stille lodert auf – eine Stille, die ich mit einem Strom leiser Worte abkühlen möchte, aber ich finde keine passenden, die Margreets Schmerz stillen könnten.

»Hast du dich schlimm verbrannt?«, frage ich schließlich.

»Es geht so.«

»Was hat der Arzt gesagt?«

»Da war ich nicht.«

»Wie . . .?!«

»Durfte ich nicht.«

»Aber du kannst doch . . .«

»Nein.«

Ihr Mund zieht einen Schlussstrich. Wie ich unter den ungeschriebenen Aufsatz.

Ende der Sendung.

Gepolter ertönt unten im Flur, es ist wohl Zeit. Was für ein Stimmengewirr, das da zu uns hinaufsteigt! Allein schon das Geschrei von Evelien! Wahrscheinlich fliegt ihre Schultasche wieder mal über alle Köpfe, das ist der neueste Scherz von Dominik, um sie zu ärgern; und Chuck und Dave haben natürlich nichts dagegen. Ich auch nicht, die ersten paar Male – sie ist aber auch eine Schnepfe manchmal! –, doch auf die Dauer geht der Witz verloren.

»Scheißkerl! Gib die Tasche her!«

»Nimm sie dir doch . . .«

»Wenn du kannst . . .«

»Catch!« – Das war wohl ein Angriff von Lukas.

»Superman flies again«, sage ich zu Margreet.

Ich will sie zum Lachen bringen.

»Ihr dürft sie nicht so ärgern«, sagt sie mit einem leichten Vorwurf in der Stimme. »Sonst wagt sie nie zu zeigen, wer sie wirklich ist.«

Ich starre auf meine Schuhspitzen.

Zum Glück zieht Dave in diesem Augenblick unten ein Solo ab, etwas Neues, das ich bisher noch nicht von ihm gehört habe. Es hat was, oh ja, es hat tatsächlich was! Ich schnappe die Worte *february* und *summer* auf. Vielleicht kommt der Schaumschläger mit seinen *Black Stars* ja wirklich noch mal in irgendeine Hitliste. Das wäre der Hammer! Einer von uns. Ich vergesse darüber prompt die Mopedgeschichte, die war ja sowieso nicht sehr realistisch: Dries braucht dringend einen größeren Rollstuhl – und der kostet eine Menge.

Dave ist wirklich gut. Seltsam, dass ich das erst jetzt höre. Bestimmt kommt das durch Margreet; sie verändert hier etwas – nein, sie verändert *mich.* Seit sie da ist, bin ich mehr hier als vorher; richtig hier. Nicht nur äußerlich, sondern durch und durch. Ich gehöre hierher, zu den anderen.

Es ist plötzlich ein gutes Gefühl, sich dagegen nicht länger zu wehren.

Himmelherrgott, was für ein beschissener Stolz, denke ich dann. Gequirlte Hühnerkacke.

Wir stecken alle drin, bis über beide Ohren, dann macht es weiter nichts aus. Scheiße ist Scheiße.

»Komm.« Ich ticke Margreets Ellenbogen an. »Ich bring dich nach Hause.«

»Nett von dir, aber das ist nicht nötig . . . er ist heute nicht da. Er ist in Portugal . . .«

»Umso besser, aber du solltest jetzt nicht allein sein.«

Ihr Vater ist Fernfahrer.

Manchmal ist er eine Woche von zu Hause weg. Das sind die besten. Dann erholt sie sich.

Früher war große Freude angesagt, wenn er heimkam – als sie noch das kleine Mädchen war und er der große Papa, der alles konnte.

Sie erinnert sich, wie sie auf ihn wartete. Seine Stimme schien ihr wie Glockengeläut, zusammen mit der Ladenklingel.

»Prinzessin!«

Und wie seine Arme sie hoch in die Luft hoben und herumschwenkten und wie er »Oh Pferdeschwanz, oh Pferdeschwanz« für sie sang.
Ich schaue auf ihre Haarstoppel und lese ihre Anklage.
Sie möchte die Zeit zurückdrehen können.
Aber kann man auf eine Erinnerung warten?
Kann man warten auf etwas, das niemals wiederkommt, das tot ist für immer?
Stille.
Ich warte noch einen Moment. Ihre Worte müssen sich setzen können – weit weg von ihr, weiter und weiter, fortgeweht durch ein Seufzen.
Ich lächele sie an und sage: »Die Dame mit dem Hut.«

»Hopper?«, fragt meine Mutter. »Wer um alles in der Welt ist Hopper?«
»Edward Hopper. Der Maler.«
Ich habe ihr erzählt, ich hätte jemandem geholfen bei einem Referat über ihn und dass ich deshalb so spät wäre. Es fiel ihr nicht mal auf, dass es während der Klausuren niemals Referate gibt.
Ich beschreibe die Dame mit dem Hut, ganz in Schwarz und mit kupferfarbenen Stoppeln auf dem Schädel und dem traurigen Blick in die Ferne.
Meine Mutter hat keinen blassen Dunst von Malerei.
Sie schüttelt nur den Kopf.

»Du immer mit deinen Geschichten, Jasper ... Denkst du denn niemals an uns?«
Diese Erpressung mit Hilfe ihrer hängenden Schultern macht mich heute stinksauer.
Plötzlich wäre es mir lieber, sie schlüge mich wie der Vater von Margreet. Dann würde ich zurückschlagen. Ich könnte wenigstens etwas *tun.* Aber eine Wehrlose schlägt man nicht.
Ich stampfe nach oben und knalle die Tür hinter mir zu.
Hausarrest.

Ob Margreet schlafen kann?
Ich mache das Licht aus und streichele mit meinen Fingerspitzen über ihren Schädel.

Teil II

9

Der Weihnachtsbaum wird noch stehen bleiben bis zum Mittwochnachmittag, aber wenn man an ihm vorbeigeht, fallen reihenweise die Nadeln ab. Fido würde sicher gerne darin herumwuseln.

Es ist ein seltsames Gefühl, nach fast drei Wochen wieder nach Plansjee zu kommen und zu wissen, dass es von jetzt an immer seltener wird. Vorläufig noch montags, mittwochs und freitags. Ich werde an immer weniger Dingen teilhaben, immer weniger miterleben, immer mehr vermissen. Ich werde immer weniger dazugehören.

Das Gefühl habe ich schon jetzt, obwohl Margreet zuverlässig jeden Tag kurz bei mir vorbeikam – mit den letzten Neuigkeiten und sogar mit einem Stück Weihnachtskuchen . . . Manchmal blieb sie auch länger und hütete mit mir die Drillinge und eines Abends sind wir zusammen ins Kino gegangen, obwohl meine Mutter das unpassend fand. »Opa ist noch nicht unter der Erde!« Er ist Heiligabend gestorben – über eine Woche nach dem Panikanruf in Plansjee, am letzten Freitag vor den Ferien. »Wenn du ihn noch mal sehen willst, musst du dich beeilen!« Zäh war er. Er wolle mit uns den Truthahn essen, versuchte er Mutter und Großmutter zum Lachen zu bringen. Er war federleicht, nur noch Haut und Knochen.

Dies ist das Erste, das ich darüber schreibe, überhaupt das Erste seit Wochen, das ich aufschreibe. Ich habe dauernd das Gefühl, es habe keinen Sinn mehr. Dinge gehen vorbei und Menschen sterben. Worte sind nichts weiter als leere Gräber, selbst wenn man im Präsens schreibt.

Noch ein paar Monate und dann gehe auch ich und kriege eine Collage wie Arno neulich. Er bekam seine zu Weihnachten, das gleichzeitig sein Abschiedsfest war. Ich habe nicht daran mitarbeiten können, ich durfte nicht einmal zum Fest kommen; nicht eine Stunde. Meine Mutter wollte mich zu Hause haben, bei den Drillingen, damit sie so viel wie möglich im Krankenhaus sein und danach alles regeln konnte für die Beerdigung. Sie hat keine Geschwister, die ihr dabei hätten helfen können, und Oma verirrte sich in den Krankenhausgängen und Erinnerungen und Selbstvorwürfen, was sie alles anders oder mehr hätte tun sollen. Den Morgen der Beerdigung erlebte ich

wie einen Film. Ich sah mich selbst und verstand es nicht, denn ich konnte mich nicht an die Aufnahmen erinnern. Meine Großmutter ging vorneweg, dann folgte meine Mutter mit Katrien am Rockzipfel. Normalerweise wäre das mein Platz gewesen, als erster Mann der Familie, aber irgendjemand musste doch auf die Kleinen aufpassen. Vater war nicht da; er hatte einige Tage zuvor, nach dem wer weiß wievielten hysterischen Anfall, schließlich selber darum gebeten, eine Zeit lang wieder ins Krankenhaus zu dürfen. Jetzt ist er friedlich, aber er wird doch ja auch ruhig gespritzt. Ich stand zwischen Stijn und Dries. Mein Schlips würgte mich, aber vielleicht bildete ich mir das auch nur ein; ich hatte nie zuvor einen getragen. Schwarz. Ich trug eine neue schwarze Hose und ein weißes Hemd. Wenn es nach meiner Mutter gegangen wäre, hätte sie mir auch noch ein schwarzes Jackett gekauft, aber ich konnte sie überreden und durfte letztlich meinen dunkelblauen Anorak tragen. Der roch zumindest nach mir. Und Schwarz ist Margreets Farbe, nicht die des Todes. Es war lausig kalt an diesem Tag, mit Raureif und Eisregen.
Der Direktor meiner Schule war, in der ersten Reihe hinter der Familie, an der Ecke vom Mittelschiff, mit grauen Lederhandschuhen mit grauem Dufflecoat. Heuchler. Vor kaum fünf Tagen hat er mir eine Predigt gehalten: Er würde kein Sprungnetz aufspan-

nen, wenn ich weiterhin seiltanzen wollte – ich hab's gepackt, sogar in Mathe, aber immer mit Hängen und Würgen –, und dann, vor Publikum, fängt er an zu labern, seine Tür stünde jederzeit offen! »Ein Direktor muss in erster Linie ein Vater sein«, so versuchte er sich einzuschmeicheln bei meiner Mutter, die mit zusammengebissenen Zähnen lächelte. Er kondolierte sogar Dries, der in seinem Rollstuhl die Kirche zu verspotten schien: Warum kam Christus nicht von seinem Kreuz herab? Unter seinem Mantel trug Dries den neuen Pullover, den Oma noch bis tief in die letzte Nacht zusammengenäht hatte.

Von meiner Klasse waren nur ein paar Leute da, die nicht in Skiurlaub gefahren waren oder so. Plansjee war komplett vertreten bis auf Dominik, der sich die Grippe eingefangen hatte. Jetzt hat Evelien sie erwischt. Margreet erzählte, sie liege schon beinahe eine Woche mit vierzig Grad Fieber im Bett. Seit diesem einen Donnerstag sind die beiden ein Herz und eine Seele. Zuerst ging mir das ziemlich gegen den Strich – eifersüchtig wahrscheinlich. Margreet war auch da, mit roten Augen, eine Hand in der Tasche um Fidos warme geheime Schnauze gelegt.

Außer Margreet und Maya, die vielleicht noch zweimal bei uns zu Hause gewesen ist, habe ich die anderen seit der Beerdigung nicht mehr gesehen. Es hat den Anschein, als wüssten sie nicht, was sie mit mir reden sollen, und sie glotzen mich an, als wäre ich ein gottverdammter Neuer, der in der Türöffnung steht.

»Sieh an, wen haben wir denn da!«, sagt Chuck.

Ich warte auf das vertraute »Hirnwichser«, aber das kommt nicht. Und Dave sagt »hi« – mehr nicht, und er hüstelt und das Tischgespräch, das verebbte, als sie mich sahen, kommt nicht mehr in Gang. Ich muss mich fragen, ob die *Black Stars* sich womöglich aufgelöst haben oder ob Dave sich für den ersten Tag des Trimesters eine Waffenruhe auferlegt oder ob er einfach seine Stimme verloren hat. Bei uns sind viele krank: Katrien ist nicht in der Schule, weil sie diesmal wirklich Durchfall hat, aber vielleicht ist es doch nur der Schreck, weil sie und Stijn nun erstmals zu Ali Baba mussten. Stijn wollte auch nicht gehen, klar, und Mutter war sauer, weil es der erste Arbeitstag in ihrem neuen Job war. Oma ist bei ihnen. Mutter wollte erst, dass ich von der Schule schnurstracks nach Hause käme. Ich sagte *Nein* und damit hatten wir wieder Zoff.

Kari spielt mit ihrem Zopf und belauert mich aus dem Schutz ihrer dunklen Wimpern. Ich schaue Lukas an, der mysteriös in seinem Kaffee herumrührt und den »Lass-sie-nur-machen«-Blick aufgelegt hat. Maya steht mit Rücken und Händen an den Ofen gelehnt und sieht auch schon ziemlich mies aus, hat rote

Augen und eine Schnupfennase. Sie winkt einmal aus der Ferne.

Ich schenke mir einen Becher Kaffee ein und nehme mir ein Stück Kuchen. Es ist der sechste Januar, Dreikönigstag.

»Die Bohne ist schon raus«, sagt Kari, »die hatte ich. Ich bin König heute. Jeder muss machen, was ich will.«

»Und das wäre?«, fragt Lukas.

Kari sieht fragend zu Chuck hinüber, der ihr zuzwinkert.

»Weiß ich noch nicht«, stottert sie. »Alles.«

»Bomben legen in der Schule«, schlägt Dominik vor, ungewöhnlich heftig für seine Begriffe. Für einen Moment sieht er sogar von seinem Computerspiel auf. Er hat die Prüfungen zu Weihnachten nicht bestanden und hat die Schnauze voll. Am liebsten würde er eine Lehre anfangen, aber damit sind sie bei ihm zu Hause nicht einverstanden. »Meine Mutter hätte ich noch rumgekriegt, aber dieser doofe Vater von dieser doofen Evelien . . .«

»*Da* musst du Bomben legen«, schlägt Dave vor. »Neulich hab ich so was in den Nachrichten gesehen . . . ein paar Typen in Amerika . . . Sie sind im Internet rumgesurft – Computer, weißt du?! –, bis sie auf ein Programm gestoßen sind, mit dem sie Schritt für Schritt eine Bombe gebaut haben . . .«

»Und dann?«
»Nix. Man hat sie geschnappt, die Idioten haben die Klappe nicht halten können und ein paar Angsthasen aus der Klasse haben Schiss gekriegt und gepetzt.«
»Bei uns in der Klasse hat heute auch jemand gepetzt«, flüstert Kari.
Ich glaube, ich weiß, um wen es da ging, aber Chuck, Dave und Dominik reden schon über sie hinweg. Lukas versucht wie ein Blauhelm den gewaltlosen Widerstand zu propagieren. Ich atme auf, es ist wieder alles wie früher. Ich sehe, wie Kari die Kiefer verkrampft und die Fingernägel in die Handballen drückt. Lukas hat es nicht bemerkt und Maya niest dreimal hintereinander und schnaubt in ein Taschentuch. Ich wende mich ab. Ich sehe es schon kommen, dass ich den Retter spielen will; und dabei bin ich müde, so hundemüde. Ich trinke meinen Kaffee und suche in dem Kuchen nach der Bohne, die nicht mehr drin sein kann. Als Margreet hereinkommt, fliegt ihr mein Herz entgegen, um sie zu küssen, aber mein Hintern bleibt sitzen. So haben wir es ausgemacht: Hier braucht niemand etwas von uns zu wissen.
Nach dem ersten Schultag des Jahres gibt es nicht viel zu tun. Aber Margreet und ich haben vereinbart – als wir Samstag zusammen zum Markt gingen –, dass ich ihr bei Französisch helfen würde. Nächste Woche hat sie eine Art Wiederholungsprüfung, deren Resul-

tat zwar nicht richtig ins Gewicht fällt, am Jahresende aber den Ausschlag in eine bestimmte Richtung geben kann.

»Die Arbeitswütigen«, höhnt Dave, einen Finger an der Stirn.

»Arbeit?«, echot Chuck. *»Faire l'amour* meinst du wohl.«

Mir fällt ein, wie Margreet schon zur Salzsäule erstarrte, als ich durch ihre Bluse hindurch mit meiner Fingerspitze ihre Brustwarze berührte.

»Zisch ab«, antwortet sie, aber sie lacht dabei.

Chuck grinst kumpelhaft und ich bin stinksauer, weil er davon profitiert hat, dass ich wochenlang nicht da war, und er sie hat einwickeln können.

Nicht böse sein, hat sie gesagt, *du musst Geduld mit mir haben . . .* Und: *Ich will das alles fühlen. Echt fühlen. Dass du das bist, der mich streichelt, und nicht mein Vater. Ich will fühlen, wie das ist, wenn man keine Angst davor hat. Wenn man es nicht abscheulich findet . . . wenn man es später sogar schön findet . . .*

Ich blättere in ihrem Grammatikbuch, als wüsste ich, was ich suche.

Chuck und Dave ziehen die Tür hinter sich zu, einige Sekunden später dröhnt aus dem Musikzimmer *House* in maximaler Lautstärke mitten in unsere Verlegenheit. Ich zögere, schiebe dann meinen Stuhl aber näher an sie heran.

»Wie geht's zu Hause?«, frage ich flüsternd, denn Lukas sitzt hinter uns.
»Es geht so.«
»Wenn du das sagst, weiß ich inzwischen, dass etwas nicht stimmt.«
»Er braucht diese Woche nicht zu arbeiten, es gibt keine Ladung.«
»Hat er dich . . .?«
Ich traue mich nie diese Worte auszusprechen, als ob ich dann auch . . . als ob sie es dann wieder spürt, wie er . . .
»Er wollte wieder ins Bad.«
Ihre Hand hat von alleine angefangen in ihrem Heft zu malen. Ich kann die Kritzeleien nicht deuten, es sind Flächen, die sie endlos durchstreicht.
»Weiß Maya davon?«
Sie schüttelt den Kopf.
»Du musst es ihr sagen.«
»Sie würde es nicht glauben. Meine eigene Mutter sieht es noch nicht mal und es passiert so ziemlich vor ihren Augen.«
»*Ich* glaube dir.«
Sie lächelt, doch wie aus einer unendlichen Entfernung.
»Erklär mir doch jetzt mal den Gebrauch des *subjonctif!*«
Ich schiebe das Buch etwas mehr zu ihr hin, und wäh-

rend ich mit meinem linken Zeigefinger dem Text folge, lege ich meinen rechten Arm über die Lehne um ihren Rücken.

Das *subjonctif* wird gebraucht nach Verben wie hoffen, fürchten, sich danach sehnen, dass . . .

Ich lese die Beispielsätze laut vor, und gerade als ich so weit bin, dass ich mich traue den letzten abzuändern, streckt Maya ihren Kopf durch die Tür und informiert Lukas, dass Tim und seine Eltern im Büro sind, um in Plansjee eingeführt zu werden.

Lukas zieht die Brauen hoch.

»Die sollten doch morgen früh kommen?«

Er legt seine Buchbesprechung, die ich vorsorglich in den Weihnachtsferien gemacht habe, zur Seite und schaut auf die Uhr.

»Lass sie noch mal liegen, Jasper«, sagt er. »Ich bin fast fertig mit Lesen. Sieht gut aus.«

»Das glaube ich! Er hat sich wahnsinnig viel Mühe damit gemacht!« Margreet freut sich für mich. Ich habe noch nie ein so warmes Gefühl gehabt. Auch Lukas strahlt mich über seine Brille hinweg an, bevor er sie in die Hemdtasche steckt.

»Ihr kommt alleine klar?«, fragt er. »Vergesst nicht essen zu kommen.«

»Ich habe noch nicht losen können für den Tischdienst«, sagt Maya. »Kari hatte Probleme in der Schule.«

»Hm . . . dieses Petzen . . . Ich dacht mir schon, dass sie damit lieber zu dir kommen würde. Und was ist das mit den Eltern von Tim? Warum sind sie jetzt schon da? Wir haben auch noch unser Gruppengespräch. Wir werden nicht viel Zeit haben . . .«

»Ich weiß. Sein Schiff fährt unerwartet schon morgen gegen Mittag statt abends. Er muss heute noch an Bord . . .«

»Du siehst miserabel aus . . . Bist du sicher, dass du kein Fieber hast?«

»Ich sehne mich nach meinem Bett . . .«

»Geh nach Hause, Maya. Ich schaff es hier oben schon und Tinne wird heute mitessen, die kann also unten ein Auge draufhalten.«

Er tätschelte ihr kurz die Schulter.

»Wir können den Tisch decken«, bietet Margreet an. Sie schaut mich an und ich nicke, doch als Lukas und Maya draußen sind, frage ich: »Machst du das für Maya oder hast du Angst, mit mir alleine zu sein?«

»Ihr könnt mit uns essen«, schlägt Lukas später vor, als er Tim und seinen Eltern die Küche zeigt. »Ich kann euch währenddessen einiges erklären. Und du kannst dabei alle kennen lernen und bekommst die Atmosphäre besser mit, als wenn ich bloß darüber erzähle . . .«

»Wir möchten euch nicht stören.« Tims Mutter ziert sich.
»Es gibt immer mehr als genug«, beruhigt Tinne sie. »Wir teilen, was wir haben.«
»Es duftet mächtig gut!«
»Danke, Herr Vranckx.« Der kann in Zukunft bei Tinne nichts mehr falsch machen.
Sie nimmt schon zusätzliche Teller aus dem Schrank. »Margreet, nimmst du noch Gläser und Besteck?«
Ich eile herbei, um zu helfen.
»Du gehst mir aus dem Weg«, flüstere ich.
»Ach Quatsch! Ich will einfach nicht an ihn denken, das ist alles. Also hör auf!«
»Wenn ich daran denke, dass er eine ganze Woche zu Hause ist?! . . . Okay, ich habe verstanden . . . aber schau nicht so.«
»Kommst du nachher noch mit? Ich habe eine neue CD ausgeliehen, oder musst du gleich nach Hause?«
»Rate mal.«
»Nach Viertel nach sieben kommst du nicht mehr rein.«
»Falsch. Ich werde sagen, ich musste für die Schule dringend ein Buch aus der Bibliothek holen.«
»Ich habe noch eins zu Hause.«
»Das ist lieb.«
»Über Seidenmalerei.«
»Ach du!«

Niemand schaut; ich packe sie kurz bei ihrem warmen Nacken.
Wir decken inzwischen den Tisch im Durchgangszimmer. Erst jetzt fällt es Lukas auf, dass alle in der Loggia neben der Küche zusammenhocken.
»Ach ja, wir waren nur zu sechst!«
»Du brauchst nicht zu glauben, dass du dem Losen entkommst, Dominik! Gleich nachher, vor dem Gruppengespräch. Ich brauche noch Abwascher. Wer setzt sich zu uns? Margreet? Jasper?«
Er fragt das, denke ich, weil er weiß, dass niemand von alleine Anstalten machen wird.
Tinne bringt die Suppe. Wir haben sie schon gegessen – Kürbissuppe. Außerdem gibt es Buschbohnen, Salzkartoffeln und Hamburger. Als Nachtisch Birnen. Tim bekommt das letzte Stück Dreikönigskuchen.
Er scheint ein stiller Typ zu sein. Braune Haare, zu einem Pferdeschwanz zusammengefasst; runde, dunkelgrüne Brille; Jeans und Jeansjacke, die ihm um den Leib schlabbert wie bei einer Vogelscheuche. Aber er isst wie ein Scheunendrescher. Vielleicht hat er einen Bandwurm. Auf seinem Kinn ringeln sich ein paar Barthaare, die er nicht abrasiert hat. Trotzdem hat er immer noch ein Babyface. Er ist fast sechzehn.
Sein Vater nennt ihn Junior – und ich gehe jede Wette ein, dass ihm dieser Name wie ein selbst klebendes

Etikett auch in Plansjee anhaften wird –, vielleicht, um die Welt von ihrer Blutsverwandtschaft zu überzeugen, denn sie ähneln sich nicht mehr als eine Kokosnuss einer Erdnuss. Senior könnte seinen Sohn mit dem kleinen Finger hochheben. Er ist groß und kräftig und sprengt mit Brustkorb, Schultern, Hals und Armen sein XXL-T-Shirt. Er ist so braun wie Tim blass. Sein Schädel ist kahl wie eine Speckschwarte, doch dafür sind Vollbart und Schnauzer aus Kupferdraht. Dito seine Brusthaare, die aus dem tiefen Hals des T-Shirts herausquillen. Drei schwere Goldkettchen um den Hals und ein goldenes Kreuz im Ohr. Er redet viel, nicht über Plansjee, sondern über sein Baggerschiff. Er ist Maschinist und soll jetzt wieder für einige Wochen in die Biskaya. Es stellt sich heraus, dass die Frau, die ich für Tims Mutter hielt, seine Tante ist – die älteste Schwester seines Vaters. Als seine Mutter beim Fünften im Kindbett starb, hat sie sich um alles gekümmert. Das hat sie auch getan, als diese Tänzerin ihr Tim vor die Tür stellte. Er war fünf Wochen alt. Sie ist handfest, doch man sollte sie mal abstauben.

»Noch ein paar Jahre und dann geht Junior mit mir mit, was Junior!«

»Klar!«

Als ob das ihre Parole ist, stellen Vater und Sohn ihre Ellenbogen auf den Tisch und schlagen die Hände so fest ineinander, dass beiden fast die Tränen in die Augen schießen. Die Tante schlägt die Augen nieder. Was sie wohl sieht? Häfen und leichte Mädchen? Noch ein Kind vor ihrer Tür? Oder ihre vier Wände, in denen sie sterben wird, ohne dass jemand sie vermisst?

Ich schaue Margreet an. Sie hat die ganze Zeit kaum etwas gesagt, doch das hat keiner von uns. Senior quatscht für den ganzen Tisch und vielleicht sogar für die in der Loggia mit. Eine Stimme wie eine Schiffsglocke. Margreet hat ihre Birne in Streifen geschnitten und jeden Streifen schneidet sie nochmals und nochmals – wie die Zeichnungen in ihren Heften. Die Birnenstückchen treiben auf ihrem Teller in einer Saftpfütze. Vielleicht von meinem Blick darauf aufmerksam, sehen es jetzt die anderen auch.

»Margreet…«, sagt Lukas, und dann noch mal, drängender: »Margreet!«

»Margreet!«

Quer über den Tisch legt er seine Hand auf ihre.

Sie erschrickt und schaut auf und guckt in die Runde und von endlos weit her findet sie den Weg zu uns zurück.

»Ist dir kalt?«, frage ich. »Willst du meinen Pulli?« Ich höre ihre Zähne klappern. »Es ist zwar kein schwarzer…«, füge ich hinzu, in der Hoffnung, sie zum Lächeln zu bringen.

»Wenn du mich fragst – du brauchst zuerst einen Punchingball«, sagt Tims Vater zu ihr, während er sie durchdringend anschaut. Er hat riesige blaue Augen.
Margreet beißt sich auf die Lippen. Ihre Knöchel sind weiß. Sie presst die Fäuste so fest zusammen, bis das Messer ihr aus den Händen flutscht; sie schnappt nach Luft und legt dann ihre Augen in die seinen.
»Kämpf mit mir«, sagt sie.
Er blickt kurz zu Lukas hinüber, der nickt und legt dann die beschwichtigende Hand seiner Schwester auf den Tisch zurück. Er lächelt seinem Sohn zu. »Es ist okay.«
Margreet steht auf und gibt mir ihre Brille. Ich streichele mit einem Finger über ihre Knöchel. Sie zittert noch immer. Jetzt ziehe ich doch meinen Pulli aus und hänge ihn ihr um die Schultern. Ich spüre ihre Knochen, zerbrechlich wie Fidos Wirbelsäule.
Lukas und Tim rücken Stühle und den Tisch zur Seite. Neugierig kommen die anderen aus dem Hinterzimmer. Sie johlen, finden es total cool, aber Lukas weist sie zurecht: »Hier gibt es nichts zu lachen.«
Die Tante hat inzwischen angefangen das Geschirr abzuräumen. Tinne sagt etwas zu ihr – wahrscheinlich, dass das unsere Aufgabe ist –, doch sie stößt nur auf zusammengepresste Lippen.
Wir drängen uns am Rand zusammen. Dominik und Dave sitzen auf der Tischkante. Tinne steht in der

Türöffnung zur Loggia, wo Tims Tante fortfährt mit dem Abräumen – zu höflich, denke ich, wie sie das Besteck klirrend auf die leeren Teller wirft. Die Stille raubt uns den Atem. Kari kriecht noch weiter hinter Chuck weg. Tim stellt sich neben mich. Wir lehnen mit dem Rücken an der Doppeltür zur Sitzecke. Margreet und Tims Vater stehen schweigend vor dem Kamin, sie mit abgewandtem Gesicht. Lukas durchquert das Zimmer zu ihnen hin, legt ihnen kurz die Hand auf die Schulter. Keine Worte – ich selber wüsste auch nicht, welche. Margreet gibt ihm meinen Pulli und folgt Tims Vater in die Mitte des Zimmers. Lukas geht in die Hocke und faltet meinen Pulli sorgfältig auf seinen Knien. Auf einmal vermisse ich Maya neben ihm.

Tims Vater wartet breitbeinig und ruhig ab. Er hält Margreets stechenden Blick aus. Sie zittert wie eine Pappel bei Nacht, dunkel in ihren Klamotten.

Es dauert wahrscheinlich nur Sekunden.

Gerade, als ich davon überzeugt bin, dass die Zeit still steht, streckt sie die Hand nach ihm aus. Doch die erstarrt, lange bevor sie die Distanz überbrücken kann. Er nimmt sie und legt sie sich auf die Brust. Dieser Kurzschluss lässt den Kampf explodieren.

Er leistet Widerstand, schlägt aber nicht zurück. Er versucht nur ihre heftigsten Attacken abzufedern oder ihnen auszuweichen.

Das Gewitter ihrer Fäuste.
Der Blitzschlag, als sie »Verräter!« schreit.
Die ersten Tropfen ihrer Tränen.
Als der Kummer sie zerreißt, hält er sie schon in seinen Armen. In der Ecke legt sich Chuck wie eine Decke um das zusammengekauerte Tierchen Kari.
Dominik ist totenblass. Dave hat die Augen geschlossen und tiefe Falten auf der Stirn.
Tinne versucht ihre Schürzenbänder zu entwirren, die sich unerklärlicherweise total verknotet haben.
Und ich ertappe mich selber mit Tränen auf dem Gesicht.
Ich schaue Tim neben mir an. Sein Gesicht ist mir noch zu fremd, um es lesen zu können. Er hat die Hände in den Hosentaschen. Von weit her aus der Küche dringt das Geräusch von fließendem Wasser zu uns durch.
Lukas steht langsam auf, stützt sich an der Wand ab und bringt mir meinen Pulli. Von Mann zu Mann, so schaut er mich dabei an. Ich fühle es erneut – der Abschied hat schon unwiderruflich begonnen. Ich muss auf eigenen Füßen weiter.
Ich nehme meinen Pulli und halte ihn für Margreet bereit.

10

Margreet ist noch stiller als sonst, als ich anschließend mit ihr nach Hause gehe. Auch in Plansjee hat sie fast nichts mehr gesagt. Als sie aufhört zu weinen, hat sie uns – immer noch an der breiten Brust von Tims Vater – einen nach dem anderen angeschaut, scheinbar verwundert uns hier zu sehen. Sie lächelte, als sie in unsere Welt zurückkam. Danach setzte sie sich zu mir, ich legte ihr meinen Pulli um die Schultern. Alle durften es sehen.

Für ein Gruppengespräch war keine Zeit mehr, doch wer wollte, durfte etwas sagen. Es dauerte eine Weile. Wir waren alle ziemlich durcheinander. Schließlich war es Chuck, der anfing.

»So würde ich gern mal mit meiner Mutter kämpfen«, sagte er. »Ich hasse die Alte und gleichzeitig fehlt sie mir. Gerade deshalb hasse ich sie, denke ich. Ich habe dasselbe Gefühl wie Margreet: verraten sein.«

Kari legte ihre Arme um seinen Hals und Chuck rieb seine Nase gegen ihre Wange. Er nennt sie in letzter Zeit nie mehr Reisfresser. Manchmal rutscht es ihm noch heraus, dann beißt er sich auf die Zunge. Sein Kinn zittert.

»Du warst noch kleiner, als du ausgesetzt wurdest«, sagte er. »Ein Baby. Und in einem Waisenhaus. Ich hatte wenigstens noch die Großeltern.«

»Ich wollte, ich wäre wirklich eine Waise. Wenn meine Eltern tot wären, dann . . . Aber nur weil ich ein Mädchen bin . . .«

Sie schaute niemanden an, doch ich habe in Plansjee noch nie eine solche Stille erlebt wie heute. Ich glaube, weil jeder von jedem hören wollte: Ich weiß, was du meinst, bei mir ist es genauso.

»Aber deine Pflegeeltern wollten dich wenigstens«, sagte Dave. Die Bitterkeit in seiner Stimme war nicht gegen Kari gerichtet, sie war nur Ausdruck seiner Traurigkeit.

»Meine Pflegeeltern finden mich dumm. Es tut ihnen schon längst Leid, dass ich da bin. Und sie sagen dauernd, wie viel Geld ich koste. Letzte Woche . . . letzte Woche kam schon wieder der Gerichtsvollzieher, aber es gab nichts mehr zu pfänden. Alles ist schon längst weg. ›Wir haben nur noch Kari‹, sagte mein Vater zu ihm. ›Wissen Sie, dass ihre Adoption mehr gekostet hat als die Schulden, die wir abzahlen müssen? Ohne sie hätten wir noch was übrig.‹ Er lachte dabei. Ich hätte in den Boden versinken können.«

Sie presste die Lippen zusammen und wehrte Chuck ab, der sie trösten wollte. Da fing er an ihren Zopf um seinen Finger zu winden.

Dominik starrte auf den Boden und zog an seinen Fingern, dass die Gelenke krachten. Dave harkte mit der Hand durch seinen Hahnenkamm.

Lukas schaute in die Runde. Sein Blick band uns alle zusammen. Dann fragte Tims Vater seinen Junior, ob der sich auch verraten fühle. Er fragte es leise, doch nicht so, als ob er Tim damit entwaffnen wollte. Er sah nicht so aus, als ob er sich vor der Antwort fürchtete.

»Ich wollte, ich könnte schon mit dir zur See«, antwortete Tim. »Und Mama hätte ich gern noch mal tanzen gesehen. Sie war so schön. Und sie sah so froh aus, wenn sie tanzte. Ich werde nie wissen, woran sie dachte. Ob sie vielleicht an mich dachte. Das hätte ich sie gerne noch fragen wollen . . .«

Er schaute seinen Vater unverwandt an. Der nickte langsam.

»Tim und ich haben ein paar Mal ihre Aufführung besucht«, erklärte er. »Sie wusste nicht, dass wir im Saal waren, aber . . .« Er zog die Schultern hoch, biss sich kurz auf die Lippen. »Ich wollte sie nicht aus dem Konzept bringen. Tanzen war ihr Leben, so wie das Meer es für mich ist, doch ich kann noch zur See fahren, wenn ich siebzig bin. Ich dachte immer: später, die Zeit wird kommen . . . Sie ist vor sechs Jahren gestorben . . . Es stand in der Zeitung, eine kurze Notiz.«

»An Aids. Die Hure bekam, was sie verdiente!«

Der Angriff kam aus der Türöffnung neben der Küche, unerwartet und scharf. Da stand Tims Tante, neben Tinne. Sie war fertig mit dem Abwasch.

Tims Vater wurde blass. Sein Kinn zitterte – vor Wut, dachte ich –, doch er hielt sich zurück.

»Anneke, aber Anneke«, sagte er mitleidig, und das verstand ich nicht. Noch immer nicht.

Tim fiel das Kinn auf die Brust.

In der Stille schmerzten die Worte der Tante weiter wie Kaktusstacheln unter der Haut.

Kari brach auf, zu ihrem Bus. Draußen hupte Tinnes New Ager. Chucks Zunge drückte gegen seine Unterlippe.

Wenn ich jetzt nur etwas sagen könnte, dachte ich. Ich wusste nicht, was.

Tims Vater schaute auf die Uhr und räusperte sich.

»Wir sollten uns auch auf den Weg machen«, sagte er, »sonst ist mein Schiff morgen ohne mich abgefahren. Wir müssen noch nach Antwerpen . . .«

Es wird kalt sein auf dem Kai nachher. Kalt und dunkel.

Margreet geht auf der Bordsteinkante, zwischen uns die halbe Breite des Gehsteigs.

»Du hast gar nichts gesagt«, sagt sie plötzlich. »Du sagst fast nie was über dich selber.«

Es klingt etwas vorwurfsvoll, ich wehre mich schwach: »Wenn Tims Tante nicht ...«

Es ist eine Ausrede; ich beende den Satz nicht.

Sie verliert kurz das Gleichgewicht, doch sie fängt sich mit einer rudernden Armbewegung, ohne dass ihr Fuß die Rinne berührt. Ich begreife nicht, warum sie so sauer ist.

»Manchmal denke ich, du findest es unter deiner Würde, auch mal böse zu werden«, legt sie nun los. »Du stehst da auf deinem Sockel aus *begreifen, verzeihen* ... wie eine Heiligenfigur.«

Sie kann mir genauso gut in den Magen treten.

»Ich wüsste nicht, auf wen ich böse werden sollte«, sage ich heiser. »Oder besser: auf wen ich es werden *darf.* Ich sehe keine Schuldigen. Ich kann doch nicht auf meinen Pa ... oder Dries ... Und Gott, Gott ist nur heiße Luft. Du kannst kein Loch in die Luft hauen, da fällst du nur selbst auf die Schnauze.«

Mir fällt nichts mehr ein, was ich noch sagen könnte. Auch sie schweigt und balanciert weiter auf der Bordsteinkante. Ich bin ein nutzloses Fangnetz.

Es beginnt zu regnen, ein feiner Nieselregen. Meine Hände um den Fahrradlenker prickeln vor Kälte. Ich habe letzte Woche meine Handschuhe verloren. Und der Wind bläst mir durch die Jacke. Trotzdem vermisse ich Margreet mehr als meinen Pulli.

Wir leben alle am Rand, überlege ich.

Am Rand des Nestes, aus dem wir kommen.

Am Rand der Gesellschaft.

Am Rand unserer eigenen Einsamkeit, zwischen *aufgeben wollen* und *weitermachen*.

Und wenn wir jemanden gerne mögen – am Rande eines Herzens.

Irgendwann hat man so viel Angst, zu fallen, dass man nicht mehr zu springen wagt.

»Ich kann nur die Zähne zusammenbeißen«, sage ich, als wir in ihre Straße einbiegen. »Ich kann nicht kämpfen, nicht flüchten, mich nicht beugen.«

Sie geht neben mir und passt ihre Schritte den meinen an.

Ich fühle mich auf einmal so müde. Und gleich erwartet mich wieder das Gezänke meiner Mutter, dass ich zu spät komme, nichts tue und so weiter.

Als wir zur Frittenbude kommen, stelle ich mein Rad an den Ständer und mache die Kette fest. Es geht schlecht mit halb erfrorenen Fingern und ich lasse den Schlüssel fallen. Margreet bückt sich und legt ihn in meine Hand.

»Wer sich nicht beugen kann, wird brechen«, sagt sie leise. »Das hab ich irgendwo gelesen.«

»Ich weiß.«
Ich schaue stur geradeaus durch das Schaufenster auf die runde, rosa Nylonschürze vor den Wannen mit dem Fritierfett und ich weine innerlich.
Eine Hand voll Kunden steht im Laden, wir schleichen uns hinauf in ihr Zimmer. Den Schlüssel bewahrt sie in einer kleinen Ledertasche an einem Band um den Hals auf. Sobald wir drin sind und sie die Schreibtischlampe angemacht hat, verschließt sie die Tür wieder.
»Kannst die Jacke auf den Stuhl werfen«, sagt sie.
Sie legt ihre darauf und kniet sich dann neben Fido, der – aufgeregt und mit kleinen Piepsern – anfängt ihre Hand zu beschnuppern. Sie streichelt ihn und redet mit ihm, während er an ihrem Arm entlang zu ihrem Hals tippelt. Das Ritual dauert bestimmt fünf Minuten. Danach setzt sie ihn mir auf den Arm. Sie möchte, dass ich es genauso mit ihm mache wie sie – das will sie jedes Mal. Ich komme mir dabei ziemlich bescheuert vor, ehrlich gesagt, aber wenn ich ihr damit eine Freude mache ... Es gibt allerdings Grenzen. Über den Ärmel meines Hemdes, okay, aber nicht über die nackte Haut.
Sie zündet ein Räucherstäbchen an. Meine Mutter kann den Geruch nicht ausstehen, er wird nachher in meinen Kleidern hängen. Doch immer noch besser Räucherstäbchen als Patschuli; das ist in meiner

Klasse momentan bei einigen Mädchen sehr beliebt . . .
Ich schaue mich ein bisschen um, die Hände auf dem Rücken: Das Zimmer ist klein und voller Krimskrams, den ich nicht umwerfen oder zerbrechen darf. Ein Setzkasten, ein Spielzeugkinderstuhl mit einer altmodischen Porzellanpuppe. Eine Geige an der Wand, die noch ihrem Großvater gehörte. Auf ihrem Schreibtisch liegt mein Lavendelsäckchen. Dort stehen auch zwei hellblaue Kerzen in einem Vergissmeinnicht-Kranz aus Seide. Und selbstverständlich liegt da auch die große schwarze Mappe mit den verknoteten Bändern, worüber sie schon einige Male so ausweichend oder geheimnisvoll tat, dass ich danach nicht mehr fragen will, auch wenn ich schrecklich neugierig bin.
»Hier, ich mach Platz . . . kannst dich aufs Bett setzen«, sagt sie.
Sie legt den Bücherstapel vom Fußende auf den Boden. Malen auf Seide, lese ich den oberen Titel – davon sprach sie vorhin. Dann legt sie eine CD auf – die Glückliche hat ein eigenes Gerät. Es ist das dritte Mal, dass ich in ihrem Zimmer bin, das dritte Mal auch, dass sie mich eingeladen hat eine CD anzuhören. Sie leiht sie sich aus. Es ist immer ungewöhnliche Musik: isländische Balladen, indianische Gesänge.
»Was hast du dieses Mal?«, frage ich.

»Hör nur.«
Sie lächelt. Als sie die Kerzen angezündet hat, macht sie die Schreibtischlampe aus und setzt sich neben mich. Sofort klettert Fido auf ihren Schoß.
»War er immer so zahm?«, frage ich.
»Zahm nicht, tapfer schon.«
»Ratten denken nicht über ihr Verhalten nach«, sage ich etwas muffig. »Dann kann ich's auch.«
»Dich auf meinen Schoß setzen?«
Sie will mich ärgern, ich sehe es an ihren blitzenden Augen.
Das Frotzeln soll die Nähe zu mir ungefährlich machen.
Wenn ich sie streichle, spüre ich manchmal, dass sie hin- und hergerissen ist zwischen Verlangen und Angst.
Ich suche noch nach einer Antwort, als die Musik sie schon entführt hat, ich weiß nicht, wohin.
Ich schaue sie an. Der Widerschein der Kerzen auf ihrem Kopf. Die Flämmchen, die sich in ihrer Brille brechen.
Der weiße Mond hinter ihrer Ohrmuschel, den ich streicheln würde, wenn ihre geschlossenen Augen nicht signalisieren würden, dass sie ganz woanders ist.
Erst nach einer Weile fragt sie mich, was ich von der Musik halte.

»Sie ist . . . anders«, sage ich zögernd.
»Dir gefällt sie also nicht.«
»Doch, sie gefällt mir schon . . . Aber sie ist auch sehr fremd. Ich weiß nicht.«
»Mach die Augen zu!«
Sie legt sich auf den Rücken und klopft auf die Matratze zum Zeichen, dass ich mich neben sie legen soll. Die Brille hat sie abgenommen und auf ihren Bauch gelegt, auf meinen Pulli, den sie noch immer anhat. Ich spüre ihren Arm an meinem, unsere Hände berühren sich mit dem Handrücken – warm, verglichen mit dem Rest meines Körpers, den eine Gänsehaut überzieht. Der Geruch der Räucherstäbchen ist jetzt stärker als der vom Fritierfett, der immer schwach im Haus hängt, bis hier oben hin. Durch meine Augenlider dringt schwach das Kerzengeflacker.
»Hörst du die Tamburine, Jasper?«
»Ja. Und Holzflöten. Oder vielleicht sind sie aus Schilf . . .«
»Es ist der Wind in der Wüste.«
Sie hat Recht, jetzt höre ich es auch. Heiß und scheuernd.
Ich denke an braune Bauchtänzerinnen hinter durchsichtigen Schleiern und an Männer in weißen Tunikas und mit Krummsäbeln, die in der Sonne glitzern. In der Ferne schnauben Pferde durch große Nüstern. Ich sehe Margreet mit klirrenden goldenen Armrei-

fen – auch um ihre Fußknöchel – und wie ich ihr den Sand sanft von den Zehen blase, als sie außer Atem und mit glitzernden Augen neben mir niederfällt.
»Es sind Karawanenlieder der Berber«, sagt sie. »Nomaden . . . Sie tragen auch immer alles mit sich: Was sie haben, was sie sind . . . außer die Toten, die sie zurücklassen. Ich habe mal irgendwo gelesen, dass es Stämme gibt – aber das war, glaub ich, früher in Südafrika –, die Gruben aushoben, in die sie jeden steckten, der nicht weiterziehen konnte: todkranke Kinder und Alte . . . Nur ihre Köpfe ragten noch aus der Erde. Sie machten das aus Nächstenliebe: In der sengenden Hitze würden sie bald sterben, und weil sie eingegraben waren, konnten die Hyänen und Geier ihre Leichen nicht anfressen.«
Ich fröstele – sogar dort, wo meine Haut die ihre berührte.
»Warum erzählst du mir das?«
»Ich weiß nicht, ich musste plötzlich daran denken. Du kannst weggehen, aber zurücklassen kannst du nichts, nie in deinem ganzen Leben . . . Gestern habe ich versucht die Musik zu malen – warte, ich zeig es dir.«
Sie setzt sich auf, legt ihre Brille neben ihr Kopfkissen und kriecht über meine Füße, um die Mappe von ihrem Schreibtisch zu nehmen. Sie macht das Licht nicht an. Im Kerzengeflacker sind die Farben noch

brennender. Safran, Ocker, Orange, blendendes Weiß. Keine scharf umrissenen Formen, nur eine endlose verschmelzende Bewegung von Mensch und Wüste.

Etwa sieben Aquarelle, die sich von einer anderen Serie in den verschiedensten Blautönen, von Eisgrün bis zu einem Vollmondhimmel wie Tag und Nacht unterscheiden. Manchmal ein Schimmer Perlmutt oder ein durchsichtiger gelber Stich. Das gleiche blendende Weiß.

»Das sind die isländischen Balladen«, sagt Margreet. »Den Rest zeige ich dir später mal.«

Sie verschnürt die Mappe wieder und legt sie zurück auf den Schreibtisch. Dann legt sie sich wieder auf das Bett, ich lege mich neben sie. Als sie die Augen schließt, folge ich ihrem Beispiel, doch der Farbfilm ihrer Zeichnungen spielt weiter auf meiner Netzhaut und vor diesem Hintergrund steht sie wie in der Türöffnung von Plansjee – eine einsame schwarze Silhouette.

Mir bricht der Schweiß aus von der Musik, aber ich friere trotzdem.

»Ich mache mir Sorgen um Evelien«, sagt sie eine Weile später übergangslos. »Sie isst fast nichts mehr. Sie hat schon fast zehn Kilo abgenommen . . .«

»Dann passt du immer noch zweimal in sie rein.«

»Du übertreibst, Jasper. So dick war sie nicht und

jetzt schon gar nicht mehr ... Und außerdem – so schlimm ist sie nicht.«

»Wenn du es sagst.«

»Man muss ihr nur die Chance geben, diese Maske abzulegen ... Lass uns am Samstagabend zu dritt irgendwo hingehen ...«

»Wohin möchtest du?«

»Einfach irgendwo hin.«

Sie nimmt meine Hand und ich verspreche es ihr.

Die Berber und der Weihrauchduft füllen das Zimmer ganz und gar aus.

Wir müssen eingeschlafen sein. Als ich hochschrecke, hat die Musik aufgehört. Es dauert eine Weile, bis mir klar ist, wo ich bin. Von unten dringen die streitenden Stimmen eines Mannes und einer Frau zu mir hoch. Die Kerzen sind heruntergebrannt und lassen die Wangen der Porzellanpuppen im Kinderstuhl glühen. Ihr Schatten auf der Wand. Der Weihrauch lässt meinen Kopf dröhnen. Mein Gott, wie spät es wohl ist? Ich will auf die Uhr schauen, doch Margreet liegt auf meinem Arm. Sie hat sich auf die Seite gedreht und an mich geschmiegt, mit hochgezogenen Knien und ihrem Kopf an meiner Schulter. Sie atmet ruhig, ihren leicht geöffneten Lippen entströmen sanfte warme Atemstöße. Fido schnurrt an ihrer anderen Seite, in der weißen Bucht ihres Halses. Ich zeichne mit meinem Finger die Linie ihrer Ohrmuschel nach.

Unten wird eine Tür zugeschmissen. Schritte poltern die Treppe hoch. Fido raschelt davon und Margreet schlägt die Augen auf, zuerst noch schläfrig, dann hellwach und durchsichtig vor Angst. Sie legt ihre Hand auf meine Brust, auf mein rasend schlagendes Herz.

Er rüttelt am Türgriff – ohne anzuklopfen, dieses Tier.

Margreet befreit sich aus meinem Arm. Als ich auch aufstehen will, gestikuliert sie, ich soll auf dem Bett sitzen bleiben und mich still halten. Sie dreht den Schlüssel um und öffnet die Tür einen Spaltbreit, blockiert sie mit dem Fuß und dem Knie.

»Was soll das? Mit diesem Einschließen ist jetzt Schluss!«

»Ich war eingeschlafen. Ich hatte Kopfschmerzen.«

»Lüg mich nicht an! Wo ist er? Lässt du mich rein, oder soll ich ihn suchen kommen?«

Ich stehe auf und stopfe mein heraushängendes Hemd wieder in die Hose. In diesem Augenblick verpasst er der Tür einen derartigen Schlag, dass Margreet nach hinten fliegt, gegen den alten Kinderstuhl, der umkippt. Sie schreit und kriecht auf den Knien zu der Puppe und nimmt sie in die Arme. Ihr Vater knipst das Licht an. Ich bin zwischen ihn und Margreet gesprungen, doch er schiebt mich zur Seite und bläst die Kerzen aus. Der Qualm weht kalt durch das

Zimmer. Die Arme, die unter seinen aufgekrempelten Ärmeln hervorschauen, sind voller Tätowierungen. Er packt mich mit einer Hand am Hemdkragen.
»Fass meine Tochter nicht an – nicht mal mit einem Finger«, droht er. »Und lass dich hier nie mehr sehen. Wenn du nicht in fünf Minuten verschwunden bist, prügel ich dich raus.«
Er schiebt mich weg. Ein Knopf von meinem Hemd springt tickend über den Boden. Bevor er die Treppe hinunterpoltert, reißt er noch den Schlüssel aus der Tür.
Ich drehe mich zu Margreet um. Sie hockt noch immer auf dem Boden, die Puppe im Arm. Ich knie mich neben sie. Ihre andere Hand ist eine geschlossene Faust. Als ich sie sanft öffne, sehe ich die Schnitte von den Scherben. Dazwischen Klatschmohn aus Blut. Ich nehme ihr die Puppe ab. Die linke Gesichtshälfte fehlt. Ich wollte, ich könnte jetzt weinen.
Ihre Augen gleichen Wüsten.

Den ganzen Weg nach Hause ist es, als ob bei jedem Schritt die Erde bebt.
Ich traue mich nicht Fahrrad zu fahren, drücke mich dicht an den Fassaden entlang.
In meinem Kopf hämmert es wie von tausend Spechten, und als ich nach Hause komme, explodiere ich beim ersten falschen Wort meiner Mutter.

Ich schreie zurück, wüte und tobe. Als sie an meinem Arm zieht, schmeiße ich meine Büchertasche quer durch das Wohnzimmer. Der Beistelltisch kippt um, es ist so ein blödes leichtes Ding auf Chromfüßen mit einer braunen Glasplatte, die schon einen Sprung hatte. Das Telefon fällt klirrend zu Boden.
»Du kannst gleich zu deinem Vater gehen!«, schreit meine Mutter. Sie hebt die Hand, um mir eine Ohrfeige zu verpassen, wie ich es manchmal bei meinem Vater machen muss, um ihn zu besänftigen, aber ich bin nicht verrückt – nur wütend. Endlich wütend, denk ich und lächele kurz, weil es mich an Margreet erinnert. Auf einmal, wie aus dem Nichts, springt meine Großmutter dazwischen.
»Lass ihn mal«, sagt sie zu meiner Mutter und legt ihre dünnen Arme um mich.
In die plötzliche Stille klingt ein anhaltender Piepston aus dem Telefonhörer, bis meine Mutter ihn wieder auf die Gabel zurücklegt. Die Tischplatte ist in Scherben. In der Türöffnung stehen Stijn und Katrien im Schlafanzug, vom ganzen Tumult aufgeweckt.
»Es ist nichts«, sagt meine Großmutter beruhigend, und zu meiner Mutter meint sie: »Bring sie mal zurück ins Bett!«
Mich nimmt sie an der Hand mit zum Sessel, als wäre ich nicht zwei Köpfe größer als sie.
»Jetzt erzähl mal«, sagt sie.

Es macht nichts, dass zuerst nur Tränen kommen.

Später am Abend bringe ich sie nach Hause. Durch dieselben zwei Straßen wie in dieser einen schrecklichen Nacht. Sie hat ihren Arm durch meinen geschoben. An der Haustür warte ich, bis sie ihren Schlüsselbund aus der Tasche geangelt hat. Daran hängt ein ganzes Haus, denke ich auf einmal. Keller, Parterre, erster Stock und Dachboden. Und sie hat so einen schmalen Rücken.

Ich wünsche ihr gute Nacht und verspreche am Samstag nach dem Markt mit Margreet Kaffee trinken zu kommen.

11

Aber sie ist abgehauen, Lukas hat es mir gerade erzählt. Jetzt ist jemand von der Jugendpolizei da, um mich zu verhören, oben im Büro. Weil ich an diesem letzten Abend noch bei ihr gewesen bin, denkt der Mann wohl, ich weiß vielleicht, wo sie sein könnte. Ich wollte, es wäre so, und das sage ich ihm auch offen. Ich sage nicht, dass es ihm nichts nutzen würde, wenn ich es wüsste. Ich würde sie nie verraten, ich nicht, nie. Er will auch wissen, worüber wir gesprochen haben und was wir getan haben und ob irgendetwas Besonderes passiert ist.

»Wir haben Musik gehört«, antworte ich, »und dann hat ihr Vater mich rausgeschmissen. Sie hat Angst vor ihm. Ich glaube, ich würde an ihrer Stelle auch abhauen.«

»Hast du das vielleicht vor? Ihr hinterher?«

»Wenn sie das wollte, hätte sie mich das gefragt.«

»Aber ihr seid doch befreundet?«

»Wir quatschen miteinander und gehen zusammen zum Markt und essen Äpfel.«
Das Letzte stimmt nicht ganz: Sie isst Äpfel und ich Weinbergschnecken.
»Komm schon! Du weißt, was ich meine.«
»Deshalb ist sie nicht weggelaufen.«
»Warum denn wohl?«
»Das sagte ich schon. Sie müssen nicht mich fragen, sondern ihren Vater.«
»Er sagt genau das Gegenteil.«
Ich grinse ein wenig und zucke die Schultern; es wundert mich gar nicht.
Er notiert alles, und das muss ich lesen und unterschreiben. Ich verbessere erst noch einen Rechtschreibfehler. Vielleicht hätte ich das nicht tun sollen. Er kaut auf seinem Schnurrbart, steht auf und sagt, ich werde von ihm hören. Meine ausgestreckte Hand ignoriert er.
»Ich finde schon hinaus«, sagt er gereizt.
Wie in einem Fernsehkrimi dreht er sich an der Tür noch mal um; und ich muss mich zusammenreißen, um nicht zu lachen. Er nimmt eine Karte aus der Brieftasche und legt sie auf die Ecke des Schranks, sehr nachdrücklich.
»Hier ist meine Telefonnummer«, sagt er, »für den Fall, dass du dich doch noch an etwas erinnerst.«
Als er verschwunden ist, zerreiße ich sie und lasse die Schnipsel in den Papierkorb fallen.

Es gibt nichts, an das ich mich *nicht* erinnern würde.

Als ich herunterkomme, erwartet mich ein neues Kreuzverhör.

»Was war denn das, Hirnwichser? Was musstest du denn beichten?«, spottet Chuck. »Wirst du jetzt endlich einer von uns?«

»Ja, erzähl doch mal, Mann, was hast du ausgefressen?« Das ist Dave. »Nein, warte, sag nichts! Ich weiß es! Du hast eine Enzyklopädie geklaut!«

»Bestimmt ein Sexbuch!«

»Hört, hört, unser Kleiner! Auch wenn du mit dem Computer spielen kannst, mein lieber Dominik, heißt das noch nicht, dass du auch bei deiner Freundin Bescheid weißt.«

»Junge, du bist ja ganz grün vor Neid, dass Jasper Margreet gekriegt hat und nicht du.«

»Ich wollte sie nicht geschenkt«, faucht Chuck, und zu mir: »Hast du vielleicht mit ihr rumgemacht und musst jetzt dafür geradestehen?«

»Dumme Sau!«

»Verdammt noch mal, Jasper! Wann wirst du mal einen Spaß verstehen!«

»Vielleicht, wenn du ...«

»Margreet ist abgehauen«, unterbricht Lukas ruhig.

Ich schiebe meinen Stuhl zurück und gehe zum Klo.

Nach einer Weile klopft Chuck an die Tür.

»Stell dich an 'nen Baum im Garten«, raunze ich ihn an.

»Ich muss gar nicht.«
»Dann lass mich in Ruhe!«
»Du bist ein Hornochse, Jasper ... Du hättest uns das doch einfach sagen können.«
Er geht wieder.
Ich schlage meinen Kopf gegen die Wand und heule und pisse über den Rand.

Heute, eine Woche später, ist das schon Schnee von vorgestern, denn Ciel ist zurück; sie hat einen Entzug hinter sich, ist clean und auf ärgerliche Weise weltgewandt. Sie war letztes Jahr rausgeworfen worden, nachdem sie hier einige Male stoned angekommen war und sogar versucht hatte uns Drogen zu verkaufen. Haschisch. Ecstasy. Speed. Manchmal zog sie sich sogar eine Linie rein. Sie gab auch noch damit an, bei den Leuten vom Drogenpräventionsteam, die extra von Lukas und Maya eingeladen worden waren. Wir machen das ein paar Mal im Jahr: Einige Wochen lang wird an einem bestimmten Thema gearbeitet, das in dem Moment in der Gruppe gerade aktuell ist. Alkohol, Hygiene, Rauchen ... Ernährung zum Beispiel ist demnächst an der Reihe. Damals mit Ciel waren es also Drogen, in der Hoffnung, dass es bei ihr »Klick« machen würde, doch sie sabotierte alles. Anfänglich fanden manche das noch cool – so frech war nicht jeder –, aber sie verdarb es einfach für uns alle.

In eine Entziehungsklinik wollte sie nicht. Dafür war erst eine Überdosis nötig. Und jetzt ist sie also zurück. In einem rostfarbenen Lederanzug, Schnürstiefel mit klobigen hohen Absätzen und behängt mit glitzerndem goldenem Modeschmuck. Eine Auslage, die man anschauen, aber nicht anfassen darf.
Chuck und Dominik stolzieren wie die Hähne um sie herum, zumal das goldene Huhn sich ziert. Sie ist knausrig mit ihrer Gunst. Wenn es ihr nicht passt, antwortet sie nicht einmal auf eine Frage. Und wenn sie lächelt, ist es von oben herab. Kari fühlt sich verstoßen. Beim Vier-Uhr-Kaffee hat sie Ciel mit Milch übergossen; ich wette, absichtlich.
»Blöder Reisfresser!«, schimpft Chuck.
Und jetzt hat sie also die Hälfte der Pflanzen kahl gepflückt. Hätte Maya sie nicht ertappt, sie hätte kein Blatt drangelassen. Chuck hat sich gerade noch zusammenreißen können und sie nicht vermöbelt. Seitdem flüchtet Kari zu Tim, der ihr dann half, den Kram aufzuräumen. Jetzt spielen die zwei Domino im Durchgangszimmer.
Tim ist ein stiller Typ. Es kommt vor, dass er eine ganze Weile unauffindbar ist. Wir wissen inzwischen, dass er dann im Garten herumhängt und wir ihn besser in Ruhe lassen, sonst wird er jähzornig. Er sitzt dann bewegungslos auf der Bank und starrt Löcher in die Luft. Ich denke, er bildet sich ein, dort wä-

re das Meer und er suche am Horizont das Schiff seines Vaters. Über seine Tante sagt er nicht viel, aber wir haben sie gesehen, das reicht. Nur über ihren Geiz lässt er manchmal etwas los. Sie bekommt Geld von seinem Vater, um seine Schule zu bezahlen, doch wenn er in der Kantine ein Getränk – Kaffee oder Cola – zum Brot möchte, muss er das von seinem Taschengeld bezahlen; sonst kann er Leitungswasser trinken. So gibt es dutzende von Beispielen ... Doch am schlimmsten ist die Tante, wenn sie über seinen Vater oder die Mutter herzieht. Da hat er mal mit der Faust eine Glastür zertrümmert. Die Jugendfürsorge hat sich dann eingeschaltet und ihn hierher geschickt.
Wir sind fertig mit dem Essen. Tomatensuppe, Rohkost mit hart gekochten Eiern und als Nachtisch Jogurt – Evelien hatte Küchendienst. Zum Glück gab es auch Fritten – Dominik hatte ihr gedroht, sie sonst selber zu frittieren, auch wenn nicht mehr viel an ihr dran wäre. Er hat es eher neckend als böse gesagt, und Evelien hatte ihre spitze Zunge im Zaum gehalten. Ich denke, sie gewöhnen sich langsam aneinander.
Dominik und Chuck haben Abwaschdienst. Ciel ist hinter Dave her ins Musikzimmer. Er wird lachen, er will nichts von ihr wissen – vielleicht läuft sie ihm deshalb nach. Es ist seine wohlverdiente Strafe: Er hätte am Tisch eben nicht so angeben sollen über die

Probeaufnahmen der *Black Stars* mit dieser langsamen Nummer: *Till February falls in summer* . . . Es hat den Anschein, dass irgendein Producer Interesse hat, aber sie müssen selber die Finanzen aufbringen. *Showbusiness is hard business.* Und jetzt will sie also unbedingt diese Band hören, sie schmeichelt und schnurrt um ihn herum. Sie macht Jazztanz, das wäre doch nett für einen Clip und der Mann ihrer Nichte arbeite als freier Journalist. Sie könnte versuchen ihn zu einem Interview zu überreden. So hatte sie am Tisch herumgemotzt.

»Ich entscheide das nicht alleine«, wehrt sich Dave. »Wir sind zu fünft. Und Moniek tanzt.«

Moniek ist die Schwester vom Schlagzeuger und bestimmt schon seit anderthalb Jahren seine feste Freundin. So viel wie er sonst über die anderen quasselt, so wenig lässt er über sie los – weshalb Chuck vor einiger Zeit vermutete, sie wäre so hässlich wie ein Mülleimer. Das Fuchslächeln war noch nicht aus seinen Augen verschwunden, als er schon auf die Spitze von Daves Taschenmesser schielen musste.

Dave ist komisch, man weiß nie, woran man bei ihm ist. Man glaubt ihn zu kennen, viel Show und viel Blabla, doch wenn es um Moniek geht, ist er solide wie ein Panzerschrank.

Alle sind weg oder beschäftigt, nur Evelien und ich sind übrig. Sie ist ebenfalls seit heute zurück – so

bleich und mager, dass sie ihre Maske, selbst wenn sie wollte, nicht aufrechterhalten könnte. Die Kleider schlottern um ihren Körper. Sie trägt auch noch immer Schwarz, alles ist wie bei Margreet. Nur ihre Haare, lang und glatt, sind jetzt flachsweiß gebleicht und hängen ihr vor den Augen – die sie noch nicht ein einziges Mal aufgeschlagen hat. Sie tut, als lese sie. Das Romanheft liegt auf ihrem Schoß, seit einer halben Stunde hat sie nicht umgeblättert.
Ich frage sie, ob sie mitkommt in den Garten.
Wir setzen uns auf die am weitesten entfernte Bank. Es war heute den ganzen Tag ungewöhnlich mildes Wetter. Man könnte meinen, es wäre Frühling, wenn nicht die Bäume so kahl wären. Jetzt, gegen Abend und ohne Sonne, ist es wieder eindeutig Anfang Februar.
Evelien ähnelt so einem dürren, zitternden Baum, überlege ich. Ich weiß weder, wie ich anfangen soll, noch was ich sagen will. Über die Gartenmauer schleicht eine Katze, ein Schatten, aus dem ab und zu gelbgrüne Augen aufblitzen. Sie verschwindet aus unserem Blickfeld, aber kurz darauf hört man Kampfgeräusche und Kreischen aus den Sträuchern und dazwischen ängstliches Gezwitscher. Evelien springt hoch und klatscht in die Hände. Die Katze macht sich aus dem Staub und auch der Vogel ist verschwunden, als wir nach ihm suchen. Wir setzen uns

wieder. Evelien schlägt die Arme übereinander und steckt die Hände in ihre Ärmel.
»Glaubst du, Margreet wird wiederkommen?«, fragt sie dann.
»Ich weiß es nicht . . . Ich hoffe es. Ihre Mutter ruft mich fast jeden Tag an . . . Ob ich schon was gehört hätte . . . Sie hat Klamotten mitgenommen, nicht viel, aber . . . Was sonst noch fehlt, weiß sie nicht. Margreet hat ihr Zimmer immer abgeschlossen, bis er ihr letzte Woche den Schlüssel abgenommen hat.«
Ich sagte immer er, wenn ich von ihm spreche. Ich bekomme das Wort Vater für ihn nicht über die Lippen.
»Und Fido?«
Ich schüttele den Kopf.
»Tot. Er hat ihm das Genick gebrochen, als er ihn fand.«
»Dann kommt sie nie wieder.«
Evelien kann ich nicht belügen, doch sie sitzt dort so zerbrechlich vor Magerkeit und Einsamkeit, dass ich ihr auch nicht jede Hoffnung nehmen möchte.
»Schau«, sage ich, »dort oben . . .«
Sie hebt den Kopf und streicht sich eine Haarsträhne aus dem Gesicht. Ich zeige ihr die Venus.
»Der Abendstern«, sagt sie.
»Oder der Morgenstern, so wird er auch genannt.«
»Aber nur, wenn er vor Sonnenaufgang am Himmel steht.«

»Wirklich? Das wusste ich nicht!«
»Ach komm! Du bist doch der Hirnwichser!«
Mein Mund wird zu einen dünnen Strich.
Siehst du wohl! Sie ist einfach so.
Als ich aufstehen will, hält sie mich zurück.
»Sorry«, stammelt sie, »ich wollte dich nicht . . .«
Ich zucke unwillig mit den Schultern.
»Bitte, Jasper, bitte . . . Ich weiß nicht, warum ich das gesagt hab. Ich finde lernen auch wichtig, ich mache es gerne. Aber hier in Plansjee muss man sich dafür schämen, scheint es. Und in der Klasse auch . . . Eigentlich wäre ich gerne so fit wie du . . .«
»Ach . . .«, winke ich ab. Aber ich freue mich sehr über das Kompliment.
Ehrlichkeitshalber bekenne ich, dass ich wieder eine Vier minus in Mathe hatte.
»Und heute Morgen bei Geografie bin ich rausgeschmissen worden, weil ich nicht aufpasste. Aber ich habe heute Nacht auch kaum geschlafen.«
Evelien schaut mich von der Seite an.
»Ich denke nachts auch oft an sie«, sagt sie.
Ich nicke, wenn ich auch nicht deshalb so müde bin. Es war einfach wieder mal zu Hause komplett chaotisch. Um Mitternacht war ich vom Telefon aufgewacht. Ich wartete noch kurz, doch es klingelte weiter. Da dachte ich, es könnte vielleicht Margreet sein, und ich rannte so hastig die Treppe hinunter, dass ich

auch noch ins Leere trat. Mein Knöchel ist ganz blau. Die Stimme auf der anderen Seite sprach Französisch. Es dauerte eine Weile, bis ich wach genug war, etwas zu verstehen. Der Vizechef vom Bahnhof in Lüttich, verdammt. Ob ich Filip van de Looverbosch kenne? Der sei in seinem Büro. Unmöglich, antwortete ich, mein Vater ist in Kortenberg, in der psychiatrischen Klinik. Ich habe mir schon so etwas gedacht, sagte der Typ in einem Ton, dass ich ihn am liebsten durch den Hörer gezogen hätte. Mein Pa war also abgehauen – frag mich nicht, wie das möglich ist. Hatte den falschen Zug erwischt, keinen Fahrschein, kein Geld. Zum Glück aber seinen Personalausweis. Dann fragte der Typ, ob wir Pa abholen könnten. Nein, sagte ich. Rufen Sie die Klinik an. Er verlangte noch, mit meiner Mutter zu sprechen, doch das habe ich ihm ausgeredet. Meine Mutter kann gar kein Französisch. Außerdem hat sie letzte Woche Schlaftabletten vom Hausarzt bekommen, die sie bis morgens um zehn wie ein Zombie herumlaufen lassen. Dann müsste ich die Verantwortung übernehmen, sagte der Mann. Das ist auch nichts Neues mehr. Im Medizinschrank habe ich Verband für meinen Knöchel gesucht, Salbe war nicht da. Dann habe ich ein Stück Käse aus dem Kühlschrank genommen, danach einen Riegel Schokolade, zwei Schnitten Honigkuchen und noch ein Stück Käse und ein Glas Wasser hinterher. Gerade wollte ich wieder hinaufgehen, als das Telefon erneut läutete. Derselbe Typ. Im Krankenhaus hatte man ihm gesagt, mein Pa solle morgen zurückkommen. »Aber ich kann ihn hier nicht behalten«, sagte er. »Soll ich die Polizei rufen?« – »Machen Sie nur«, sagte ich, »ich übernehme die Verantwortung.« Da drang offensichtlich etwas zu meinem Vater durch, denn er verlangte den Hörer und begann zu sülzen, er wolle nach Hause. Ich versuchte ihn zu beruhigen. Morgen, versprach ich. Aber er wollte jetzt. Er fing an zu betteln und zu weinen und seine Stimme war so nahe, dass ich es nicht ertragen konnte, seinen Kopf nicht an meine Schulter ziehen zu können. Darum log ich ihm vor, die Polizei würde ihn abholen und nach Hause bringen. Ich schämte mich furchtbar, ich kann ihm, glaube ich, nie wieder unter die Augen treten. Ihn belügen war tausendmal schlimmer als ihm ins Gesicht schlagen, er würde mir nie mehr trauen. Und das hielt mich die ganze Nacht wach. Er und Margreet – und der Käse und der Honigkuchen, die ich nach stundenlangem Würgen endlich hatte auskotzen können.

Doch ich mag das alles Evelien gar nicht erzählen.

Sie schaut wieder hoch, zur Venus.

»Weißt du, dass Montagabend ein Komet vorbeikommt?«, frage ich sie. »Man soll ihn mit bloßen Augen erkennen können . . .«

»Hm . . . Was meinst du, Jasper, ob sie unter freiem Himmel schläft?«
»Vielleicht, aber ich glaube nicht, dass sie sich davor fürchtet.«
Ich ertappe mich dabei, wie ich lächele, und mache mir dann klar, dass Evelien das im Dunkeln nicht sehen kann. Ich lege ihr die Hand auf eine Schulter.
»Du zitterst ja«, sage ich. »Komm, wir gehen rein!«
Von den Berberfarben und den isländischen spreche ich nicht. Später vielleicht, aber jetzt noch nicht.
Der freie Himmel ist manchmal sicherer als das eigene Zimmer. Als Evelien aufsteht, schwankt sie kurz und greift nach meinem Arm.
»Was ist? Geht's dir nicht gut?«
»Ein bisschen schwindelig. Das kommt von meinem niedrigen Blutdruck.«
»Margreet sagt, du isst fast nichts mehr. Du wirst auch so mager wie . . .«
»Ach, hör doch auf!«
Sie lässt meinen Arm los und geht schnell hinein.
An der Tür hole ich sie ein und frage, ob sie Lust hat, morgen früh zum Gemüsemarkt mitzugehen.
»Sonst haben Margreet und ich das zusammen gemacht, aber wenn du willst . . .«
Sie zögert.
»Ich will keine Lückenbüßerin sein.«
»So ist es nicht.» Das wäre auch gar nicht möglich.

»Wie denn? Hast du Mitleid?«

Ich höre den alten Ton, ignoriere ihn aber.

»Halte es für reine Neugier«, sage ich. »Ihrer Meinung nach habe ich mich in dir geirrt. Ich will wissen, ob sie Recht hat.«

»Ich fürchte schon.«

Sie taucht unter meinem Arm durch, mit dem ich die Tür aufdrücke, dann geht sie schnurstracks zum Klo und kommt vorläufig nicht mehr zum Vorschein.

Ich habe es versucht. Mein Gott, mehr kann ich auch nicht tun. Ich schließe mich Chuck, Dave und Ciel an, die Karten spielen wollen. Dominik hat keine Lust mehr, er wurde immer angemotzt, weil er seine Trümpfe nie zählte. Jetzt spielt er am anderen Tisch – Cluedo, mit Tim, Kari und Maya, die erst wieder halb gesund ist und hinter vorgehaltener Hand gähnt. Lukas versucht den tropfenden Wasserhahn in der Küche zu reparieren. Tinne ist schon vor dem Abendessen verschwunden, zusammen mit einer Freundin. Sie macht Fitness-Training, weil sie unbedingt vor ihrer Hochzeit ein paar Winterkilos loswerden will.

Ich sortiere meine Karten.

Im Radio jault Flanderns bekanntester Schmalzsänger über Liebeskummer.

Ich hasse es, wenn man sich im eigenen Schmerz suhlt.

Davon kommt sie auch nicht wieder.

Ich hoffe nur, dass sie nicht wirklich unter freiem Himmel schlafen muss. So ganz geheuer ist mir das auf einmal nicht mehr. Es ist ja noch Winter.
Und ohne Fido.
Wenn mir dieses Schwein über den Weg läuft . . .
Nichts werde ich tun.
Er würde Kleinholz aus mir machen.
»Drei Asse«, flötet Ciel in mein Ohr. »Ich wiederhole es noch mal für die Tauben und die Träumer.«
Shit, ich habe das vierte! Ich werde rauskommen müssen. Und weiter keinen Trumpf, die Karten auf der Hand reichen gerade, um keinen Reinfall zu riskieren.
Natürlich verliere ich und ziehe Ciel mit. Sie guckt, als wünschte sie sich die Löwengruben zurück, dann würde sie den Daumen senken.
Ich verliere auch das nächste Spiel und alle folgenden. Mein Großvater sagte früher, wenn ich beim Gänsespiel oder beim Mühlespiel verlor: »Macht nichts, Junge, dann hast du später Glück in der Liebe.« Ich wollte damals eine ganze Weile absichtlich verlieren, doch er hat mich betrogen: Es ist jetzt später; Margreet ist weg und er selber tot. Und ich muss zufrieden sein mit dem Trostpreis. Als ich von Plansjee nach Hause komme, liegt Post auf dem Tisch. Es steht kein Absender drauf, doch ich erkenne die Handschrift.

Es ist ein großer Umschlag, noch größer als A4, mit einer Rückseite aus Pappe. Vorne steht in ihren Druckbuchstaben: »BITTE NICHT KNICKEN«. Ich weiß sofort, dass es Zeitungen sind. Gerade als ich den Umschlag zur Nase führe, um vielleicht etwas von ihrem Parfüm zu riechen, kommt meine Mutter aus der Küche. Sie trocknet sich die Hände an der Schürze und stellt sich neben mich. Ich wette, sie hat die Ohren gespitzt, um meinen Schlüssel im Schloss drehen zu hören.

»Post für dich«, sagt sie, als könne ich nicht lesen.

Ich räuspere mich.

Der Stempel ist verwischt. Schade, sonst hätte ich den Namen der Stadt lesen können. Vielleicht auf dem Brief . . .

Sie streckt die Hand nach dem Umschlag aus.

»Schau dir mal die Rückseite an«, sagt sie. »Da ist eine Ratte drauf. Hier, auf dem Klebstreifen.«

Man braucht zwar ein Vergrößerungsglas, um ihn zu sehen, aber es ist eindeutig Fido.

»Willst du ihn nicht aufmachen?«, fragt sie. »Komm, Jasper, guck nicht so dumm. Ich weiß, er ist von dingens . . . von diesem Mädchen, das aus Plansjee weggelaufen ist.«

»Das Mädchen heißt Margreet, das weißt du genau. Und den Brief lese ich nachher, alleine.«

»Ein Brief von seinem Schaa-hatz! Ein Brief von sei-

nem Schaa-hatz!«, singt Katrien, um mich zu ärgern.
Sie bekommt, was sie verdient. In dieser einen Sekunde der Unaufmerksamkeit erbeutet Stijn die Fernbedienung. Sie hatten sich deswegen schon in den Haaren, als ich hereinkam. Jetzt fliegt Katrien ihm buchstäblich an die Kehle.
»Aufhören oder ihr kriegt beide eine gescheuert!«, droht meine Mutter.
Sie klingt sehr gereizt und die beiden beruhigen sich.
Dries schaukelt, vorwärts – rückwärts, seine kurzen, dicken Arme so eng wie möglich um den Leib geschlungen. Er macht schrille Affengeräusche.
»Die Klinik hat angerufen«, sagt meine Mutter. »Pa ist zurück, aber er hat einen Wutanfall gehabt und liegt jetzt im Isolierzimmer.«
Sie seufzt und setzt sich in den Klubsessel, die Füße in verschlissenen Pantoffeln auf dem Tisch, die Schürze umgebunden. Sie streicht sich die Haare aus der Stirn.
»Mein Rücken ist hin«, jammert sie. »Ich habe den ganzen Tag Flure gewischt. Und das für die paar Francs mehr. Ich hätte besser weiter die Sozialhilfe kassiert.«
»Ich muss lernen.«
»Ja, lauf nur weg. Das könnt ihr alle.«
Ich zögere. Ihre hängenden Schultern. Der Brief, der mir in den Händen brennt.

Ich schäle eine Banane für Dries. Wenn er isst, hört er mit dem Kreischen auf. Aber im Fernsehen röhren die Laserwaffen, oder wie die heißen mögen, weiter. Virtuelle Realität, das ist gerade in.
Dries stopft sich die Banane in den Mund und würgt. Ich nehme ihm das restliche Stück weg, bis er alles runtergeschluckt hat. Dann füttere ich ihm Häppchen für Häppchen. Als alles aufgegessen ist, richtet sich seine Aufmerksamkeit wieder auf den Fernseher. Das Gekreische geht wieder los.
»Stell das leiser«, fährt meine Mutter Stijn an. »Und Katrien, hol mir ein Bierchen aus dem Kühlschrank, ein kaltes.«
»Warum ich?«
»Das haben wir ausgemacht. Getränke holen ist deine Aufgabe.«
Katrien zieht eine Grimasse.
»Warum Bier und nicht Cola? Du wirst noch wie die Mutter von Björn werden.«
»Wer ist Björn?«
»Mama!«
»Björn ist ein blöder Typ aus Ali Baba. Sie läuft ihm nach«, stichelt Stijn. »Und seine Mutter ist eine dicke, besoffene Schlampe.«
Ich erwarte, dass sie jetzt sagen wird, er solle sich in Acht nehmen, doch sie seufzt nur. Katrien bringt die Flasche Bier und muss noch mal laufen für ein Glas

und den Öffner. Ich glaube, sie macht es absichtlich, denn jedes Mal, wenn sie aus der Küche kommt, hat sie eine verdächtig dicke Backe.
Meine Mutter hält die Augen geschlossen.
»Läuft die Waschmaschine noch?«, fragt sie Katrien.
»Nein.« Mit vollem Mund.
»Hör auf Schokolade zu essen, du schreist sonst morgen wieder vor Bauchschmerzen. Und in die Schule musst du trotzdem. Jasper?«
Ich kann mir denken, was sie fragen wird. Und der Umschlag von Margreet brennt noch immer in meiner Hand.
»Ich muss jetzt wirklich lernen«, versuche ich es noch mal. »Ich wollte gerade raufgehen. Hier vor dem Fernseher wird das nichts.«
Sie fällt nicht darauf rein.
»Die Eltern von ... dingens ... werden verrückt sein vor Angst«, sagt sie.
Ich verbeiße mir meinen Ärger – dingens ... Und verrückt vor Angst? Ihr Vater wird wissen, warum, wenn sie herumerzählt, was er so alles mit ihr versuchte. Doch das sage ich nicht laut. Erwachsene neigen dazu, einander zu glauben, die meisten jedenfalls. Ein Lukas oder eine Maya sind selten. Und manchmal zweifele ich sogar an ihnen – wie sie wohl zu Hause sind, privat, meine ich.
»Häng erst die Wäsche auf!«

»Geht das nicht nachher?«
»Nein, und mach es jetzt mal ordentlich, ohne Falten!«
Als ich mit dem vollen Korb aus der Küche an der Kellertür ankomme, klingelt das Telefon.
»Es ist Evelien!«, schreit Stijn.
Aus den Augenwinkeln sehe ich, wie meine Mutter sich etwas aufsetzt. Katrien stellt sich ohne Hemmungen neben mich. Sie popelt in der Nase.
»Hi«, sage ich zu Evelien. »Moment bitte. Ich verziehe mich mit dem Telefon in den Flur. Die ganze Bude hört mit.«
Das Kabel reicht so gerade knapp.
»Schieß los.«
»Ich hab Post von Margreet. Ich dachte, du würdest es wissen wollen.«
»Du auch? Was schreibt sie?«
»Eigentlich nichts. Es sind Zeichnungen. Sogar ihr Name steht nicht drunter – nur eine Ratte. Und bei dir?«
»Warte, ich nehm den Umschlag. Ich wollte ihn gerade öffnen.«
Ich klemme mir den Hörer zwischen Wange und Schulter, während ich den Klebstreifen aufreiße, vorsichtig, um Fido nicht zu halbieren.
Einige Berber- und Islandaquarelle.
Eine Skizze in Tusche. Ein Junge und ein Mädchen –

ich erkenne ihren Stoppelkopf, die vier Ringe in ihren Ohren, meinen Punkschädel.
Kein Brief.
»Nur Zeichnungen«, sage ich Evelien. Ich habe Mühe, mir meine Enttäuschung nicht anmerken zu lassen. »Nicht mal eine Adresse für eine Antwort. Und der Poststempel ist unleserlich.«
»De Panne.«
»De Panne? Was will sie dort?«
»Keine Ahnung.«
»Das ist Richtung französische Küste«, denke ich laut.
»Vielleicht ist sie zu Tims Vater unterwegs . . .« Evelien hat die Geschichte in allen Einzelheiten von Dominik gehört.
»Ich weiß nicht. Wäre möglich.«
Aber warum schreibt sie das dann nicht?
War ich nicht ihr Freund?
Auf einmal wissen wir beide nicht mehr, was wir sagen sollen, aber auflegen können wir auch nicht. Es bleibt eine Weile still. Im Flur ist es kalt. Durch die Glastür schaue ich hinein. Meine Mutter nimmt den letzten Schluck von ihrem Bier. Dries schaukelt wieder, nun mit dem Daumen im Mund. Stijn und Katrien gucken in die Röhre, das Geräusch dringt nur leise zu mir durch. Am anderen Ende höre ich etwas wie unterdrücktes Schluchzen.
»Weinst du?«, frage ich Evelien.

»Warum sie und nicht einer von diesen blöden anderen?«
Darauf fällt mir auch nichts ein.
Sie putzt sich die Nase.
»Ich vermisse sie auch«, sage ich dann.
Ich drehe mich mit dem Rücken zur Glastür und wische mir eine Träne weg.
»Jasper?«
»Ja?«
»Gilt das Angebot noch? Morgen mit dir zum Gemüsemarkt?«
»Ja, wieso nicht?«
»Bringst du dann ihre Zeichnungen mit?«
»Okay. Und du auch. Um halb zehn beim Quick. Geht das?«
»Ich bin da. Ciao.«
»Ciao. Und . . . Evelien . . . danke fürs Anrufen.«
»Das ist schon okay. Bis morgen, Jasper.«
»Bis morgen. Ciao.«

Doch am nächsten Tag um neun ruft sie an und sagt ab. Sie darf nicht raus: Ihre Stiefmutter hat sie dabei ertappt, als sie ihr Frühstück erbrach. Und die hat einen Arzt verständigt.
»Hast du eine Darmgrippe?«, frage ich naiv.
Ich kann mir nicht vorstellen, dass jemand seinen Finger in den Hals steckt, um zu kotzen.

»Ich kann nicht damit aufhören«, antwortet sie kaum hörbar. »Ich will es, aber ich kann es nicht.«
»Wir werden es schon irgendwie hinkriegen«, verspreche ich schnell. »Ich werde dir helfen. Und nach dem Markt komm ich bei dir vorbei.«
Ich schiebe die Schuldgefühle weg – ich weiß, ich tu das eigentlich nicht für sie, sondern für Margreet. Oder für mich selber. Ich will die Zeichnungen sehen.

Meine Mutter verschafft mir dankenswerterweise eine Ausrede. Sie möchte kurz nach zwölf in die Klinik, zu meinem Vater.
»Ich kann nur fünf Minuten bleiben«, sage ich, sobald Evelien die Tür aufmacht.
Sie beißt sich auf die Lippen und ich sehe, dass sie nur mit Mühe ihre Enttäuschung runterschlucken kann.
»Wenn ich diese Woche noch weiter abnehme, muss ich auch in die Klinik«, sagt sie still. »Der Arzt meint, die Krankheit sitzt in meinem Kopf. Als ob ich verrückt wäre! Bin ich verrückt, Jasper?« Sie schaut mich an und ich sehe in ihren Augen meine eigene abgrundtiefe Sehnsucht.
Ich brauche sie genauso wie sie mich.
Ich rufe zu Hause an und lasse alle Verwünschungen über mich ergehen.
Warum macht sie es sich so schwer?

12

Ich schreibe immer seltener in meinem Tagebuch. Es ist, als ob ich es nicht mehr brauche. Früher glaubte ich, ich müsse alles aufschreiben, um nichts zu vergessen. Niemand könnte dann sagen: »Das hast du nur geträumt.« Oder: »So war es nicht, sondern so.« Ich hätte so den Beweis. Und was auch immer geschähe, wie sehr es mich durcheinander bringen würde, ich könnte immer die Seiten zurückblättern zu dem Moment davor. Ich würde nie wie mein Pa unwiderruflich für mich selber verloren sein.

Doch Margreet ist jetzt fast zwei Monate weg und ich habe nicht vergessen, wie der Lavendel an ihren Fingerspitzen duftet. Oder wie man einen Stern faltet mit Origamipapier. Und wie sich ihr Schaudern vor Weinbergsschnecken unterscheidet vom Zittern der Verlorenheit in einem viel zu großen Mantel.

Und ich heiße Jasper, noch immer.

Evelien ruft mich an, wenn sie Post von Margreet hat. Wir folgen ihrer Reiseroute anhand der Poststempel im Atlas. Criel-sur-Mer, Picardie.
Le Havre.
Saint-Malo.
Brest – was mich an das Gedicht Barbara von Préven erinnert, das wir voriges Jahr in Französisch gelesen haben.
Et tu marchais, souriante . . . épanouie . . . ruisselante . . . sous la pluie . . .
Saint-Nazaire.
Und dann eine ganze Weile nichts.
Arcachon.
Die Vermutung, dass sie auf dem Weg zu Tims Vater ist, scheint sich von Mal zu Mal zu bestätigen, wenn sie auch den Umweg über die Normandie und Bretagne macht und nicht quer durch das Binnenland zieht. Sie bleibt an der Küste.
Bis Ende Mai liegt sein Schiff in der Biskaya. Vor Biarritz, das hat Tim oft genug gesagt.
Und wir rechnen. Noch soundso viele Kilometer. Noch soundso viele Tage. Doch weiter denken wir nicht, jedenfalls nicht laut. Manchmal hoffe ich, sie wird jetzt bald da sein, aber im nächsten Augenblick denke ich: »Wo sein? Zu Hause?«, und dann werde ich plötzlich schrecklich wütend oder sehr traurig. Und immer endet es damit, dass ich mich schuldig

fühle, weil ich nicht wirklich froh bin für sie. Manchmal, nachts im Dunkeln, möchte ich unersetzlich sein. Weiß sie noch, wie Lavendel duftet?
Es sind immer die gleichen braunen Umschläge, ohne Absender oder Adresse – nur die kleine Ratte auf dem Klebstreifen. Und nie ein Brief. Nur Federzeichnungen und Aquarelle. Die Aquarelle bleiben abstrakt, meistens Farbe über Farbe. Sind es ihre Empfindungen, die sie malt? Die Landschaft, durch die sie zieht? »Beides«, vermutet Evelien.
Wir sind beim Gemüsemarkt gewesen; jetzt sitzen wir bei meiner Großmutter und trinken Tee. Das ist zur Gewohnheit geworden. Wenn wir kommen, ist jedes Mal der Tisch im Wohnzimmer gedeckt. Sonst, wenn sie alleine ist, isst sie in der Küche. Da brauche ich nur zwischen zwei Stühlen zu wählen, sagt sie beim ersten Mal. Sie kicherte und wir durften nicht helfen, während sie hin und her trabte.
Evelien knabbert an einem Keks.
Nach dem Abräumen nimmt meine Großmutter den Reiseführer aus dem Schrank. Es ist ein altes und dickes Buch, mit muffig riechendem, vergilbtem Papier. Der rote Leineneinband ist an manchen Stellen ganz verschlissen. Auf der ersten Seite steht in schwarzer Tinte und verschlungenen Buchstaben ein Name: Julien Schoofes. So hieß ihr Vater, mein Urgroßvater. Als er siebzehn war, mitten im Krieg, de-

sertierte er nach Frankreich. Er blieb zehn Jahre dort. Die ganze Zeit lebte er von Saisonarbeit: Trauben pflücken, Champignons ziehen, Mädchen für alles in einem Krustentierbetrieb ... Oder er machte irgendwelche kleinen Jobs, die sich gerade anboten. Er ist sogar ein Jahr mit einem Zirkus gereist, für Kost und Logis, als er pleite war und keine andere Arbeit fand. Er musste als Gegenleistung die Ställe ausmisten. Als er den Zirkus verließ, hatte er seine eigenen Nummer: Feuerschlucker. Meine Großmutter hat uns Fotos gezeigt und Evelien meinte, ich sähe ihm ähnlich.

»Warum kam er nach zehn Jahren wieder?«, wollte sie wissen.

»Eine Vorahnung. Seine Mutter lag im Sterben. Kurz darauf begegnete er meiner Mutter. Es war Liebe auf den ersten Blick. Sie versprach mit ihm nach Frankreich zurückzukehren, doch sie waren kaum verheiratet, als meine Mutter einen Rückzieher machte. Sie hätte ihre Eltern zu sehr vermisst. Bald darauf war sie mit meinem ältesten Bruder schwanger. Ich war das sechste und jüngste Kind. Sie hatte dann noch eine Fehlgeburt, als sie schon im sechsten Monat war. Fast sieben Kinder in noch nicht mal elf Jahren ... Dann starben kurz nacheinander ihre Eltern, ich kann mich noch gut daran erinnern. Ein paar Tage nach der Beerdigung kam mein Vater mit diesem Buch nach Hause. Jeden Abend erzählte er daraus. Wo er überall gewesen war, wie er gelebt hatte. Wir hingen an seinen Lippen. Ich, als Jüngste, durfte auf seinem Schoß sitzen. Ich war fünf, fast sechs. Doch meine Mutter sagte wieder Nein, als er sie fragte, ob sie nicht dort neu anfangen sollten. Das Buch kam nie mehr auf den Tisch. Er las alleine darin, still, in seinem Sessel am Fenster, bis zu dem Tag, an dem er starb.«

Die Fotos in dem Buch sind schwarz-weiß, doch mit Margreets Aquarellen daneben sehen sie auf einmal ganz anders aus.

Der steinige Strand von Criel-sur-Mer. Graues Meer unter einem noch graueren Himmel. Diffuses Licht, das sich auffächert, ein Silberrand – die Sonne, die versucht durch die Wolkentürme zu brechen? Seeschwalben, die ihre Nester hoch oben an den Kreidefelsen haben? Hört sie Musik, wenn sie malt? Der rüttelnde Wind. Das Klackern und Scheuern der Steine in der Brandung, bei jeder Welle wieder. Der Sturm haut sie aus der Felswand, Zeit und Gezeiten besorgen den Rest. Die schärfsten Kanten werden als Erste abgeschliffen. Und dann werden sie glatter und glatter und kleiner und kleiner, sie werden zu Kieseln und diese werden zu Kies und der Kies wird schließlich Staub. Menschen müssen schneller lernen als Felsblöcke.

Derselbe Strand, nun unter einer strahlenden Sonne. Azurblau und zu Weiß erhitztes Ocker.

Brest. Graugrün. Nur im Regen. Ein offener weißer Fleck für einen Jungen mit einem Fahrrad. Ich glaube, sie weint, mit einer Hand in ihrer Tasche.

Saint-Nazaire. Hier nimmt sie andere, dickere Farben. Weiße Flächen unter grünen Schatten. Sind es Häuser unter Palmen? Hat sie dort gewohnt? Oder waren sie ihr nicht zugänglich, eine unerreichbare Sehnsucht? Zum ersten Mal ist das Meer nur Hintergrund.

Und jetzt Arcachon, brauner und roter, südlicher, wo der Frühling auch schon weiter ist als hier. Blumen und Staub. Beginnt sie müde zu werden, nach all diesen Wochen? Hat sie Hornhaut an den Füßen? Oder ist sie die ganze Zeit getrampt, trotz ihrer Furcht vor Männern, die vielleicht wie ihr Vater sein könnten ...

Die Federzeichnungen sind ganz anders. Stilisiert. Suggestiv. Sie stellen Personen aus Plansjee dar; meistens sie selbst.

»Was sie wohl damit sagen will?«, fragt Evelien.

Ich schüttele den Kopf. Ich weiß es nicht.

»In der Seitenlinie ihrer Hefte malte sie auch. Flächen, die sie dann immer wieder wegstrich, wegkratzte eigentlich«, überlege ich laut.

»Vielleicht malt sie sich selbst, um zu zeigen, dass es sie jetzt wirklich gibt«, schlägt meine Großmutter vor, »oder wie sie sein möchte.«

Sie wird nicht mehr von der schwarzen Farbe absorbiert, es gibt weiße Flächen zwischen den Tuschelinien.

Ich beobachte Menschen und schreibe über sie, um mir selber einen Platz zwischen ihnen zu geben.
Ich könnte auch mit ihnen reden – das ist es, was Chuck mir neulich klarmachte. Doch ich habe schon immer besser zuhören können.
Bei Evelien klappt das nicht.
Sie ruft mich fast jeden Abend an, seitdem ich nur noch am Mittwoch in Plansjee bin.
»Jasper, wie war deine Deutsch-Klausur?«
»Jasper, wie war es bei deinem Vater? Darf er noch nicht nach Hause?«
»Haben deiner Mutter meine Mandelplätzchen geschmeckt?«
»Und? Klappt es mit Stijn, macht er nicht mehr ins Bett?«
»Jasper, was machen wir Freitagabend?«
»Lass uns einen Hamburger essen gehen«, schlage ich vor, »und dann ins Kino.«
»Dieser Hamburger, muss das wirklich sein?«
»Du willst doch bestimmt nicht weniger als fünfundvierzig Kilo wiegen, wenn du am Montag zur Kontrolle gehst?«
»Okay, aber nur, weil du mich bittest.«
»Halt«, protestiere ich. »Halt . . .«

Und dann höre ich, wie sie auf der anderen Seite wieder ganz still wird und »bis morgen« flüstert.

In Plansjee halten sie uns schon für ein Paar, Evelien äußert keinen Widerspruch. Im Gegenteil, ich habe sie in Verdacht, dass sie an den Tagen, an denen ich nicht da bin, noch etwas Öl ins Feuer gießt. Es macht mich kribbelig. Ich mag sie gerne. Und wir sind Freunde. Aber mehr nicht. Es gibt immer noch Margreet.

Es ist Mittwochnachmittag, die letzte Woche vor den Osterferien und für mich jetzt wohl wirklich eines der allerletzten Male in Plansjee. Mein Nachfolger hat sich schon ganz gut eingebürgert, wenn er auch allen außer Dominik auf die Nerven geht. Er hat aber eine Elefantenhaut. Pieter Wuyts, abgekürzt PeeWee. Vierzehn Jahre alt und hyperaktiv.
Ansonsten bleibt alles beim Alten und es scheint, dass nur ich mich verändere. Ach ja, und Tinne – die heiratet nächste Woche. Dann kommt vierzehn Tage lang eine Stellvertreterin. Sie und ihr New Ager machen eine Hochzeitsreise nach Istanbul.
Maya hat das Denk-Tu-Fühl-Spiel hingestellt. Das geht nur, wenn wir alle Zeit haben, und heute braucht niemand zu lernen. Nur die Kleinen haben Tests gehabt. Bei diesem Spiel weiß man nie . . .

Manchmal lachen wir uns scheckig dabei, doch wenn man selbst dran ist, vergeht einem das Lachen oft; und es passiert auch, dass wir uns kräftig beackern.
Zuerst werden die Würfel ausgeteilt. Wer die meisten Augen wirft – diesmal ist es Ciel –, darf anfangen. Danach geht es im Uhrzeigersinn weiter. Lukas und Maya machen auch mit und sogar Tinne, die wir haben überreden können, ihre Töpfe für eine Stunde alleine zu lassen.
Ciel wirft – eins Sechs und eine Zwei – und geht acht Schritte vorwärts. Sie landet auf Weiß und muss die oberste Karte vom gleichfarbigen Stapel nehmen.
»Du bist die Großmutter von Rotkäppchen«, liest sie, »Der Wolf kommt herein. Was tust du? . . . Komm, was soll das, ich bin siebzehn!«
»Sagst du das?«, wiehert Dominik. Und dann liegen wir anderen auch unter dem Tisch vor Lachen.
»Dieser Wolf ist bestimmt blind, wenn er das glaubt«, sagt Dave, was ihm einen giftigen Blick beschert.
»Oder er kann nicht rechnen«, sagt Evelien.
Ciel ist die Einzige, die nicht mitlachen kann. Mit dem Daumennagel ihrer rechten Hand säubert sie die Nägel der linken. Sie sind lang, mit scharfen Spitzen, und abwechselnd schwarz und weiß lackiert.
»Und?«, fragt Tim, als wir so ziemlich fertig gelacht haben. »Haut der Wolf dann ab?«
Sie zieht die Schultern hoch.

»Wenn sie siebzehn ist? Das glaubst du doch wohl selber nicht! Da bleibt er bestimmt!«, grinst Chuck.

»Klar, wieder so 'n Pädophiler!« Das ist PeeWee, der aus seiner Komikerrolle fällt. Seine Lippen werden zu schmalen Strichen. Ob das sein Problem ist? Ich sehe, wie Maya ihn anschaut, doch er muss auf einmal dringend seine Uhr stellen.

»Was ist das?«, fragt Kari. »Ein Pädophiler?«

»Das ist so 'n Typ, der Kinder vergewaltigt«, antwortet Chuck, »aber können wir jetzt vielleicht weitermachen? Ich finde, Ciel muss noch ernsthaft antworten.«

»Darüber hast du nichts zu sagen. Wie alt bist du? Auch siebzehn? Vielleicht fühlst du dich noch zu jung, um Sex zu haben, aber bei mir ist das anders. Übrigens, ab sechzehn darf man das, das steht in dieser Broschüre vom Jugendzentrum.«

»Kommt, Leute, keinen Streit, lasst uns weiterspielen«, findet Dominik.

»Ciel muss ihre Aufgabe noch machen«, wiederholt Chuck unbeirrt.

Darüber sind wir uns alle einig, auch das Team.

»Also«, spornt Maya Ciel an, »was würdest du tun?«

»Und alle anderen schweigen!«, erinnert uns Lukas noch mal an die Spielregeln. »Nur wenn man auf Gelb kommt, darf man einen Kommentar abgeben.«

»Auf alles, was gesagt wurde?«

»Auf eine Sache, PeeWee . . . Also, Ciel?«

Sie fummelt noch immer an ihren Nägeln herum, aber jetzt an denen der rechten Hand.
»Ich würde ihm Deo in die Augen sprayen und er würde den Staubsaugerstiel in die Eier kriegen. Oder meinen Lockenstab. Was ich eben als Erstes zur Hand habe.«
»Halleluja!«, sagt Dave erschrocken.
Und Chuck fragt: »Sag mal, wo wohnst du? Damit ich nicht plötzlich unerwartet bei dir läute!«
»Schnauze, Chuck, spiel«, lässt sie ihn abblitzen. »Du bist dran.«
Er kommt auf die Farbe Blau und macht ein langes Gesicht: eine Denkfrage.
»Welchen Rat würdest du Eltern für die Erziehung ihres Teenies geben? . . . Keinen«, antwortet er, ohne darüber nachdenken zu müssen. »Sie hören ja doch nicht zu. Sie machen nur Dummheiten.«
»Aber angenommen, sie hören doch zu.« Maya lässt nicht locker. »Oder wenn du selber Kinder hättest – wie würdest du es anpacken?«
Chuck seufzt.
»Wahrscheinlich auch nicht viel besser, oder? Ich denke, ich würde versuchen mich hin und wieder zu entschuldigen. Aber ich will doch keine, also . . . »
»Warum nicht?«, fragt Kari hinter ihren Haaren hervor, die sie jetzt lose trägt und die ihr glatt vor den Augen herunterhängen.

»Du stehst nicht auf Gelb«, weicht er ihrer Frage aus und schiebt die Würfel schnell zu mir weiter. »Komm, Jasper, eine neue Karte!«
»Ich tu mein Bestes . . .«
Weiß.
»Halte eine Rede von einer Minute Dauer über den Nutzen von Mohairsocken an kalten Winterabenden.«
»So lange kann Jasper nicht quasseln«, spottet Dominik.
Und Dave findet, ich solle diese Frage lieber an Tinne verkaufen, mit meinem Joker. Doch die lehnt dankend ab.
»Ich stricke nicht gerne«, lacht sie. »Und Ronny und ich stecken im Winter unsere Füße einfach zusammen.«
Ich knüpfe daran an, auch wenn meine Knie unter dem Tisch zittern – wie immer, wenn ich in der Gruppe etwas sagen soll. Doch so eine Rolle hinlegen ist was anderes, das finde ich ganz lustig.
»Die Dame hat den springenden Punkt schon genannt!«, deklamiere ich etwas schleimig, wie Verkäufer eben sind. »Denn wenn sie dann mal siebzig ist – passen Sie auf, die Zeit vergeht schneller als Sie meinen – oder wenn ein Unfall einträte – was wir nicht hoffen wollen, aber jederzeit möglich ist –, also nehmen wir an, die Dame wird Witwe, dann möchte sie nicht auf einmal auf allen Luxus verzichten. Unsere

Versicherungsgesellschaft ›Die lustige Ziege‹ hat die Lösung für dieses Problem. Für nur zweihundertfünfzig Francs im Jahr bekommt sie von dem Tag an, da sie allein stehend ist, zwei Paar Mohairsocken pro Winter. Von Hand gestrickt von solidarischen Witwen aus dem warmen Ecuador. Damit unterstützen sie zugleich unser Dritte-Welt-Projekt und alles ist selbstverständlich ökologisch einwandfrei. Unser Motto ist: ›Zurück zur Natur‹.«

»Klar!, kichert Dominik, »die Leichen ebenso, lösen sich auf und so und sind dann Nahrung für Würmer . . .«

Ich tue, als hörte ich ihn nicht. Das Lampenfieber ist übrigens aus meinen Knien verschwunden.

»Eigentlich ist es eine Art Lebensversicherung«, fahre ich fort. »Es ist wissenschaftlich erwiesen, dass kalte Füße mit einem schlechten Kreislauf zusammenhängen, ein schlechter Kreislauf verursacht wiederum Herzprobleme und so weiter. Warme Füße dagegen wecken ein Gefühl der Geborgenheit – und das wirkt lebensverlängernd.«

Lukas schmunzelt. Meine Minute ist schon längst um.

»Mein Vater sagt, man soll keinem Versicherungsvertreter trauen«, sagt Chuck, »nicht dass ich das vorhabe, aber mal angenommen – bekommt meine Freundin dann auch Mohairsocken?«

»Nein, dann nicht . . . nur wenn man eines natürlichen Todes stirbt. Das ist bei allen Versicherungen so. Nicht bei Mord oder Selbstmord und auch nicht, wenn du einfach abhaust«, antworte ich. Oder verrückt werden solltest, denke ich, sage es aber nicht laut.

Und dann muss Evelien wieder höhnisch werden, kurz verfällt sie in ihren alten Tonfall.

»Nein, bestimmt nicht«, sagt sie bissig, »dazu gibt es nicht mehr genug Ziegen.«

»Kommt«, unterbricht Lukas, »ich bin dran.«

Er nimmt die Brille aus seiner Hemdtasche und setzt sie sich auf die Nasenspitze. Er wirft zweimal Sechs und muss zur »Wand« gehen, das ist Feld vierzehn auf dem Spielbrett, und erklären, warum er manchmal die Wände hochgehen könnte. Er schnaubt und steckt seine Brille wieder weg.

»Die Wände hochgehen«, wiederholt er bedächtig. »Eigentlich passiert mir das in letzter Zeit nicht mehr so häufig. Aber zum Beispiel, wenn ich mich machtlos fühle, wenn Erwachsene Kindern Gewalt antun oder bei den französischen Atomversuchen im Ozean . . .«

»Aber früher?«, fragt Tim. »Als du so alt warst wie wir?«

Lukas reibt sich das Kinn.

»Meine Eltern putzten mich manchmal sehr herunter«, sagt er dann. »Ich konnte es ihnen nicht oft recht machen. Und wenn ich dann wütend wurde, weil ich mich ungerecht behandelt fühlte, saß ich buchstäblich zwischen den Wänden. Ich bin manchmal durch das Kellerloch auf und davon, bis sie dahinter kamen. Als ich eines Tages zurückkam, war ein Vorhängeschloss daran und ich musste läuten. Ich musste dieses Vorhängeschloss auch noch selber zahlen. Daraufhin schmuggelte ich regelmäßig Bücher in den Keller und auf dem Flohmarkt kaufte ich ein paar Kissen zum Sitzen . . . Heute kann ich darüber lachen, aber damals . . .«

»Bist du nie richtig weggelaufen?«, fragte ich.

»Doch. Ein ganzes Jahr lang. Als ich achtzehn war.«

»Und wie war das?«

»Ich lernte, dass ich überleben konnte.«

»Und dann bist du zurückgegangen?«

Er nickt. »Aber vielleicht kam danach erst das Schwierigste. Lernen, einfach zu leben, ohne dauernd das Gefühl zu haben, ich müsste mich beweisen. Nicht nur anderen gegenüber, vor allem vor mir selber.«

»Und das klappte?«, fragte Evelien.

»Meistens. Nicht immer. Es ist wie eine Fallgrube, in die ich noch manchmal tappe, doch ich finde immer wieder eine Art, rauszukommen. Und jedes Mal etwas schneller.«

»Wie Mac Gyver«, sagt PeeWee.
»Wer?«, fragt Ciel.
»Einer aus 'ner Fernsehserie. So 'n Typ, der gegen Gewalt ist, aber immer wieder irgendwie reinschlittert. Er hat nur sein Taschenmesser und schafft es ansonsten immer mit den Sachen, die zufällig vorhanden sind.«
»Aber das meint Lukas doch nicht, oder Lukas?«
»Ein bisschen schon, Evelien. Man muss sich zu helfen wissen mit dem, was einem zur Verfügung steht. Und das ist sowohl das, was im Moment greifbar ist, als auch alles, was du jemals gelernt hast in anderen Situationen, in denen du dich durchgeschlagen hast. Das besitzt man auch, es ist im Gehirn gespeichert, man kann es wieder abrufen.«
»Mein Gott, was für ein Geschwafel!«, stöhnt Ciel. »Stehst du auf der Kanzel oder spielen wir?«
Lukas schaut sie ruhig an.
»Spielen ist eine ernste Angelegenheit.« Er wählt seine Worte vorsichtig. »Man lernt gewinnen und verlieren. Manchmal hat man das zum größten Teil in der Hand – durch Strategie, Bedachtsamkeit oder durch Vertrauen auf seine Intuition; manchmal ist es purer Zufall. Aber auch dann muss man damit umgehen und eine Wahl treffen. Im Leben geht es nicht anders zu. Ich hätte meinen Eltern Recht geben können, als sie mich so fertig machten, und ich hätte ein Ver-

lierer werden können. Das wäre sehr gut möglich gewesen, denn man braucht viel Energie und Sturheit, um das Gegenteil zu beweisen. Ich hätte auch mein ganzes Leben lang jammern können, wie viel Pech ich gehabt hätte, wie alles und jeder gegen mich wäre. Ich kannte so jemanden, einen Mann in unserer Straße – gar nicht mal so alt. Wenn ich ihn sah, ging ich schnell auf die andere Straßenseite. Er schimpfte immer. Er hatte alles so satt. Vielleicht fraß das noch mehr Energie als gegen den Strom zu rudern ... Eines Tages starb er. Ich sah, wie die Totengräber seinen Sarg heraustrugen. Fast niemand folgte ihm, kaum Verwandtschaft, keine Freunde oder Nachbarn. So ein armer Hund, dachte ich. An diesem Tag beschloss ich, mich meinen Eltern zu widersetzen. Ich würde kämpfen und gewinnen, wenn ich gewinnen könnte. Und sollte ich verlieren, hätte ich alles mir Mögliche getan. Ich nahm mir vor, so zu leben, dass ich mir selber nie eine verpasste Chance vorzuwerfen bräuchte. Und das würde mich stärker machen, in anderen Momenten mit meiner Machtlosigkeit fertig zu werden ...« Er schluckte und räusperte sich. »Je mehr ich tue, was ich kann«, fährt er dann fort, »desto mehr Stützpunkte mache ich mir, um über die Mauer zu gelangen.«

»Ich finde es trotzdem Gelaber«, motzt Ciel.

»Kann schon sein, aber ich finde es gut, dass er sich

auch mal zeigt«, widerspricht ihr Dave. »Sie verstecken sich immer, aber von uns wollen sie alles wissen!«

»Finde ich auch«, sage ich. »Ich meine, ich möchte Lukas und Maya auch mal als normale Menschen sehen.«

»Ach nein!«, höhnt Chuck. »Bist du wirklich so naiv? Was zeigen sie uns denn? Wie gut sie geworden sind? Nimm uns zum Beispiel. Du kannst selbst wählen, was du aus deinem Leben machst. Entweder machst du was draus oder du stürzt dich in den Abgrund. Bullshit! Es hängt einfach von den Chancen ab, die jemand bekommt. Und in dem Abseits, in dem wir leben, wir alle, da fallen die Schläge und da gibt es wenig Chancen. Stimmt doch, oder?!«

Er haut so heftig gegen den Tisch, dass die Figuren auf dem Spielbrett umfallen. Kari hat sich auf ihrem Stuhl zusammengekauert.

»Schau sie an«, fährt Chuck fort. »Sie lernt es nie, sich zu wehren. Wenn ich sie nicht in Schutz nehme, ist sie ein Wurm, wird sie zertreten.«

Kari hebt die Arme vor das Gesicht und beginnt zu schluchzen. Chuck schaut sie seufzend an, doch als er sie an sich ziehen will, zerrt sie sich los. Sie lässt sich vom Sitz rutschen und kriecht unter den Tisch.

»Komm, Kari«, schmeichelt Chuck, während er versucht seine Ungeduld zu verbergen. »Ich hab's nicht so gemeint. Tut mir Leid, okay?«

»Ich muss gleich kotzen«, höhnt Ciel. »Lass sie doch! Sie ist eine verwöhnte Schnepfe. Sie verlangt Aufmerksamkeit und sie manipuliert dich. Und du bist ein Idiot, dass du jedes Mal drauf reinfällst.«
So was ist gefährlich.
Chucks Zunge drückt gegen die Unterlippe. Er steht auf und wir alle denken, er wird sich jetzt Ciel vornehmen, doch er bückt sich und kriecht zu Kari unter den Tisch. Er hockt sich neben sie, ohne etwas zu tun oder zu sagen. Vielleicht ist das noch am schwierigsten: nichts beschwichtigen oder in Ordnung bringen zu wollen, nur da zu sein. So wie bei Dries. Einfach ganz und gar da sein, so wie auch Kari oder Dries ganz da sind, sehr verloren und voll von ihrem Kummer und ihrer Einsamkeit. Einfach zu warten, bis es vorbei ist – vielleicht ist das auch »tun, was man kann« –, auch wenn Ciel hundertmal mit ihren Fingern auf dem Tisch trommelt. Jetzt ist übrigens Kari an der Reihe. Maya flüstert etwas in Lukas' Ohr. Er nickt und lächelt. Wie können sie so entspannt dasitzen? Ich bekomme schon wieder einen Krampf im Hintern und PeeWee geht es offensichtlich genauso. Sogar Tinne ist unruhig. Sie schaut auf die Uhr und steht auf.
»Ich setz die Suppe auf«, sagt sie, »ich bin in zwei Minuten wieder da. Oder trinken wir erst unseren Vier-Uhr-Kaffee? Etwas früher als sonst, aber . . .«

»Okay«, beschließt Maya. »Eine halbe Stunde, inklusive Abräumen und so.«
Alle stürzen davon, Lukas reißt die Gartentür auf.
»Raus mit euch, frische Luft schnappen«, sagt er, »aber köpft die Osterglocken nicht.«
Sie sind noch nicht richtig gelb; ich habe dieses Jahr gar nicht mitbekommen, wie die Knospen kamen. Lukas sieht, wie genau ich sie mir anschaue, und stellt sich neben mich.
»Hast du schon etwas von Margreet gehört?«, fragt er.
Wir haben nicht von den Zeichnungen erzählt, Evelien und ich. Und nun tut es mir Leid, denn es wird immer schwieriger, es ihm zu erzählen, aber auch, ihn zu belügen. Lukas wüsste vielleicht, was Margreet damit meint. Vielleicht erwartet sie irgendetwas von uns. Doch wenn ich darüber mit Evelien spreche, schnauzt sie mich an, dass ich Margreet dann gleich ausliefern könne.
Ich habe das Gefühl, dass er mich durchschaut.
Ich zögere.
Vielleicht möchte Evelien gar nicht, dass Margreet zurückkommt, aus Angst, sie würde das fünfte Rad am Wagen werden – und deshalb darf niemand etwas wissen. Augenblicklich kriege ich eine Riesenwut auf sie. Doch es ändert nichts an meinen Zweifeln. Ich weiß nicht, wie ich Margreet am besten helfe oder umgekehrt im Stich lasse oder verrate.

Lukas hat alle Zeit der Welt. Er studiert die Birke, die austreibt. Er hat die Augen leicht zugekniffen wegen des grellen Lichts. Seine breiten Schultern passen nur knapp in den Pullover.

»Ich habe mein Wort gegeben«, antworte ich ausweichend.

Er nickt und sagt: »Das hab ich mir schon gedacht.«

Ein Flugzeug fliegt tief über uns hinweg. Im hinteren Teil des Gartens ringen Dominik und PeeWee aus Jux. Ein komischer Anblick. Sie haben übrigens schon den Spitznamen »Dick und Doof«. Evelien, die Vier-Uhr-Dienst hat, ruft uns zum Kaffee herein.

Lukas pflückt ein letztes übrig gebliebenes Herbstblatt von der Birke und zerkrümelt es zwischen den Fingern.

»Ich habe einige Hausgespräche mit den Eltern von Margreet gehabt«, sagt er. »Ihr Vater hat einiges zugegeben . . . Ich nehme an, du weißt, wovon ich spreche.«

Ich nicke, doch gleichzeitig fühle ich, wie ich mich verspanne. Was will er von mir? Ich stoße meine Schuhspitze in den Sand neben dem Gras. Der Boden ist schwarz und hart.

»Gestern war ihre Mutter da«, fährt er fort. »Sie will sich scheiden lassen.«

»Das geht mich doch nichts an.«

»Das ist richtig«, gibt er zu. »Aber Margreet könnte es

vielleicht interessieren. Und wenn du der Einzige bist, der weiß, wo sie ist ...« Er legt seine Hand schützend über die Augen und späht in den Himmel.
Der Himmel ist blau, nur da und dort eine Schleierwolke.
»Was meinst du, Jasper? Glaubst du, es ist noch zu früh für Schwalben?«
Ich schüttele den Kopf.
»Ich weiß nicht, wo sie ist«, sage ich. »Im Ernst, Lukas. Ich weiß auch nicht, wie es ihr geht. Sie schreibt nicht. Sie schickt nur Zeichnungen. Und nie eine Adresse. Nur ...«
Ich erzähle ihm von meiner Vermutung, dass sie auf dem Weg zu Tims Vater sei.
Ich sehe, wie er blass wird und für einen Moment die Augen schließt.
»Tims Vater ist unterwegs nach Belgien«, sagt er. »Seine Schwester hat heute Morgen angerufen. Er ist gestern in den Laderaum gestürzt ... Aber sag Tim bitte nichts. Seine Tante will es ihm erst erzählen, wenn sein Pa hier im Krankenhaus liegt.«
»Wie schlimm ist es?«
»Das weiß man noch nicht. Er ist außer Lebensgefahr, aber sein Genick hat was abgekriegt.«
Ich kicke eine Ladung Sand in die Luft, Lukas legt mir eine Hand auf die Schultern.
»Ist das jetzt was zum Wändehochgehen?«, frage ich.

Zuerst denke ich, er wird nicht antworten; aber er sucht nur nach den richtigen Worten, das hätte ich wissen können. So kenne ich ihn.

»Wenn es ginge, würde ich sie niederreißen«, sagt er, »mit bloßen Händen. Doch damit ist niemandem geholfen ... Als ich ungefähr zehn Jahre alt war, hat ein besoffener Idiot meine Schwester angefahren. Er schleuderte uns vom Radweg runter. Ich glaubte, ich hätte nicht gut genug auf sie aufgepasst. Sie war gerade sechs. Als ich hörte, dass man ihr Bein nicht retten konnte, bin ich einen Tag lang abgehauen. In den Wald hinter unserem Haus. Anscheinend habe ich dort wie ein Besessener Nesseln rausgerupft. Meine Hände und nackten Beine waren völlig kaputt. Meine Eltern waren wütend. Sie meinten, ich wollte die Aufmerksamkeit auf mich lenken, ich wäre eifersüchtig ...«

»So wie ich an den Mauern entlangging und alles zählen musste und so«, antworte ich nach einer Weile.

Lukas' Hand drückt meine Schulter etwas fester.

»Ich muss nachdenken«, sage ich.

»Tu das.«

»Sagst du inzwischen noch nichts zu ihrer Mutter?«

»Versprochen. – Und was ist mit Evelien?«

Die Frage erschreckt mich nicht. Ich muss sogar lächeln. Lukas sieht mehr, als er sagt.

»Auch durch Schonung kann man jemanden verletzen«, sagt er leise. »Du schuldest ihr die Wahrheit, einfach aus Respekt.«

Den restlichen Nachmittag bin ich nicht mehr richtig mit meinen Gedanken dabei. Um mich herum wird gelacht und diskutiert. Ich höre es und bekomme auch mit, worum es geht, doch ich kann nicht mitmachen. Natürlich nehmen sie mich aufs Korn.
»Ich hab Kopfschmerzen«, versuche ich mich herauszureden.
Es ist noch nicht mal eine Ausrede. Mir brennen die Augen im Kopf. Aber diese Schweine sind zu blöd und zu blind, um es zu sehen. Sie ziehen Evelien sogar noch auf: »Heute Nacht nicht, Schatz!« Die blöde Kuh sagt nichts – jetzt dürfte sie mal keifen und da sagt sie nichts. Nur »Lasst mich in Ruhe« – ganz leise, die Augen hinter den Haaren versteckt.
Ich halte noch eine Viertelstunde durch. Dann frage ich, ob ich nach Hause gehen darf.
Doch ich gehe zu meiner Großmutter.
Und einige Stunden später, mit Blei in den Schuhen, Evelien entgegen.

Ich warte auf sie am Ladeuzeplatz, wo sich sonst unsere Wege trennen. Sie sieht mich nicht sofort. Sie ist so sehr in Gedanken, dass ich ihren Namen zweimal rufen muss. Sie erschrickt und steigt so abrupt von ihrem Rad, dass der Fahrer eines Lieferwagens hinter ihr gleichzeitig bremst und hupt. Er kurbelt sein Fenster herunter und regt sich furchtbar auf. Sie zuckt nur mit den Schultern, was ihn noch wütender macht, und wendet ihm den Rücken zu. Meine Knie zittern. Ohne abzuwarten, ob ich ihr folge, sagt sie: »Komm, Jasper, weg hier. Der Typ nervt mich ... Wie geht es deinem Kopf?«

Sie hat geweint, das sehe ich.

»Besser ... Aber was ist mit dir?«

»Nicht hier auf der Straße, bitte.«

»Sollen wir irgendwo was trinken?«

»Noch mehr Menschen um uns herum ...! Sorry. Können wir zum Stadtwall gehen?«

Es gibt dort eine Stelle mit Sträuchern und Bäumen. Wir stellen unsere Fahrräder ab und setzen uns nebeneinander ins Gras. Es ist trocken, doch weil der Boden kalt ist, fühlt es sich klamm an. Evelien bricht einen Halm ab und beginnt darauf zu kauen. Sie schaut mich nicht an. Hinter uns rast der Verkehr vorbei. Vor uns ist das Wasser grau, fast spiegelglatt, hier und da glänzt ein Ölfleck.

»Es bleibt schon viel länger hell«, sage ich.

Sie reagiert nicht.

Ich versuche heimlich auf die Uhr zu schauen. Meine Mutter wird sich schon wieder aufregen. Ich habe ihr versprochen heute Abend die Haustür abzuschleifen und morgen das Fenster, sodass ich Samstag mit dem Streichen anfangen kann. Doch das wird jetzt sowieso nichts. Sie wird sich selber wieder bedauern und gekränkt sein.

Ich weiß nicht, wie ich es Evelien erzählen soll – das ich sie nicht dabeihaben will, wenn ich Margreet suche. Ich muss alleine gehen. Ich weiß nicht, warum.

Sie starrt nur vor sich hin und hat den Grashalm jetzt so fest um einen Finger gewickelt, dass er lila anläuft. Sie scheint es nicht zu bemerken.

»Evelien . . .«, sage ich leise.

Da kehrt sie in diese Welt zurück.

Sie löst das Gras von ihrem Finger und massiert ihn, damit das Blut wieder fließen kann.

»Du hast es gewusst, das mit Tims Vater«, sagt sie. »Hast du darüber mit Lukas im Garten geredet?«

»Unter anderem.«

»Seine Tante hat ihn abgeholt. Sie gingen mit Maya nach oben. Als sie zurückkamen, sah ihr Gesicht aus wie eine alte, gesprungene Vase. Sie weinte nicht und ich dachte – das kann sie auch nicht, das letzte Wasser der letzten Blumen ist schon länger verdunstet. Ich hatte Mitleid mit ihr.«

»Und Tim?«

»›Wird er wieder zur See können‹, fragte er. Aber darauf konnte ihm niemand eine Antwort geben. Er gab allen die Hand, als er losfuhr zum Krankenhaus.«

Sie schaut mich an, still trotz der vielen Fragen, die sie haben muss. Ihre Augen sind ein Minenfeld. Ich weiß nicht, ob ich sie für uns beide entschärfen kann. Ich kann sie nur offen anschauen, während ich spreche.

»Ich will ehrlich sein«, sage ich.

Sie schluckt.

Ich erzähle ihr, was ich von Lukas weiß und warum ich zu meiner Großmutter gegangen bin.

»Ich wusste, sie würde mir helfen«, sage ich. »Meine Mutter nicht, die versteht so etwas nicht. Aber sie wohl. Sie hat mir Geld gegeben für den Zug und noch etwas dazu für unterwegs. Was sie halt so entbehren kann. Wie das denn mit dem Stein für Opas Grab wäre, fragte ich sie. Doch sie lächelte, weißt du, und sagte, zuerst kommen die Lebenden. Nur an der Tür, als ich ging, wurde ihr für einen Moment alles zu viel. Ich hatte sie schon umarmt, da hielt sie mich noch mal zurück. Bleib nicht zehn Jahre weg, sagte sie . . . Ich hab ihr versprochen, dass du ab und zu bei ihr vorbeikommen würdest. Ich hoffe, es macht dir nichts aus.«

»Es macht mir nichts aus.«

Ihre Augen füllen sich mit Tränen und ich nehme ihre Hand in meine.

»Ich weiß, du hast mich gern«, sage ich.
Sie fragt nicht: »Und du mich?« Wenigstens nicht mit Worten.
Ich reibe ihr leicht mit meinen Fingerknöcheln zwischen den Schulterblättern.
»Ich freue mich, dass wir Freunde sind«, sage ich.
»Wirst du das Margreet sagen?«
Ich nicke. »Und dass sie Recht hatte mit dir.«
Sie gibt sich keine Mühe mehr, ihre Tränen zurückzuhalten.
»Wirst du sie zurückbringen?«
»Wenn sie es möchte.«
»Und wenn sie es nicht möchte?«
»Dann werde ich Zeit brauchen.«
»Wir beide, Jasper.«
Sie lächelt, beißt sich auf die Lippen und wendet dann ihren Blick ab, hin zum dunkel spiegelnden Wasser.

Teil III

Epilog

Sie war schon weg aus Biarritz, als ich dort Sonntagmorgen ankam. Ich war müde und fühlte mich staubig von der langen Zugreise. Die letzten Tage hatte ich auch nicht besonders viel geschlafen. Meine Mutter hatte sich bis zum letzten Moment quer gelegt, obwohl Maya und meine Großmutter lange mit ihr gesprochen hatten. Am Abend vor meiner Abreise hatte sie mir sogar damit gedroht, ich bräuchte nicht mehr zurückzukommen, wenn ich meinen Willen durchsetzte. Doch sie hatte es noch nicht gesagt, als sie zu weinen anfing, mit ihren hängenden Schultern, und da wusste ich, dass ich es geschafft hatte.

»Ich mache mir solche Sorgen«, schluchzte sie in einen Zipfel ihrer Schürze. »Du bist noch so jung. Und die Drogen überall in Frankreich.«

Ich konnte sie schließlich beruhigen, indem ich sie daran erinnerte, dass ich noch nicht mal ein Aspirin nehme, es sei denn, ich wäre halb tot von einer Grippe. Sie lächelte. Ich zeigte ihr meine Reiseroute bis Biarritz, so wie ich sie mit Lukas ausgetüftelt hatte. Manchmal bekommen wir so etwas in Plansjee als Übung gestellt, doch jetzt war es echt. Lukas hatte mich alles selber aussuchen und informieren lassen, war aber mit mir zum Bahnhof gekommen, um die Fahrkarte zu kaufen. Das war gut. Ich hätte wegen der Extrakosten nie daran gedacht, einen Platz im Zug reservieren zu lassen, und dann bestimmt ein paar Stunden stehen müssen. Glücklicherweise stand ich nicht unter der Aufsicht des Jugendrichters wie andere in Plansjee, denn dann hätte ich seine Zustimmung gebraucht, um über die Grenze zu dürfen. Wer weiß, wie lange ich darauf hätte warten müssen?

Meine Mutter war in ihrem ganzen Leben nicht weiter gekommen als nach Amsterdam – als es dort noch sicher war, wie sie sagte – und nach Echternach.

Ich hatte ihr versprechen müssen, dass ich auf keinen Fall länger als die Zeit der Osterferien fortblieb, unabhängig davon, ob ich Margreet gefunden hätte oder nicht. Dann kriegten wir uns noch in die Haare wegen meinem Reisegepäck. Ich wollte einfach meinen Rucksack mitnehmen, den ich auch dabeihatte, wenn ich mit Plansjee ins Zeltlager fuhr. Sie fand, ich sollte einen Koffer mitnehmen; in den wollte sie ungefähr meinen ganzen Kleiderschrank packen.

»Du bist nicht im Zeltlager«, argumentierte sie. »Du

kommst unter die Leute. Und du musst auf jedes Wetter vorbereitet sein, es ist erst Frühling. Hier, noch extra Socken, falls du nasse Füße bekommst...«

Ich vermutete, ich würde eher einen nassen Traum haben, doch das behielt ich wohlweislich für mich.

Es endete damit, dass ich mich durchsetzte und alleine packen musste, ohne ihre Hilfe. Das war mir nur recht. Hinter meinem Rücken, während ich schlief, hatte sie meinen Rucksack natürlich noch mal aus- und umgepackt (ordentlicher) und noch das eine oder andere hinzugesteckt: ein Paket Kekse, zwei Äpfel, eine Tafel weiße Schokolade mit Reis und einen Umschlag mit Postkarte. Es war ein nostalgisches Schwarzweiß-Foto von einem Mann und einer Frau, die sich auf dem Bahnsteig um den Hals fallen. Auf der Rückseite hatte sie »An meinen ältesten Sohn« geschrieben, »Gute Reise und komme gesund zurück nach Hause. Mama« – und unter »Mama« drei Kreuze. Etwas darunter hatte sie »Papa« und die Namen der Drillinge geschrieben. Sie hatte auch einen französischen Hundert-Francs-Schein dazugesteckt.

Im Zug hatte ich nicht viel geschlafen, weil ich fürchtete eine Umsteigestation zu verpassen. Eine ganze Weile saßen einige zwielichtige Figuren in meinem Abteil. Doch wahrscheinlich waren sie harmlos und ich bildete mir das nur ein, weil mir alle möglichen

Geschichten und Fernsehfilme über Drogen und Mord einfielen. Sie sprachen Arabisch und schauten ab und zu in meine Richtung. Ich hatte mich nicht mal zum Klo getraut, ohne meinen Rucksack mitzuschleppen.

Kurz vor halb acht fuhr der Zug in Biarritz ein. Im Bahnhof summte mir das Französisch um die Ohren, mit einem fremdartigen Akzent, an den ich mich erst gewöhnen musste. Ich hatte im Buffet frühstücken wollen, doch dann sah ich die horrenden Preise, die sie für einen café crème oder eine simple Cola verlangten. Ich ging zum Klo. Es stank und die Tür war voll gekritzelt. Am Waschbecken klatschte ich mir ein paar Hände voll Wasser ins Gesicht und trank aus dem Hahn. Im Spiegel sah ich, dass mein Bart zu sprießen begann. Ich hatte kein Rasierzeug dabei – nicht daran gedacht – und beschloss ihn wachsen zu lassen. Auf der Straße aß ich meinen zweiten Apfel und anschließend noch das letzte Stück Schokolade. Das war natürlich dumm, denn nun kriegte ich wieder Durst. Bei einem Bäcker, der auch Lebensmittel verkaufte, erstand ich ein Baguette und eine Halbliterflasche Wasser, die ich unterwegs, an einem Brunnen oder Wasserhahn, regelmäßig auffüllen wollte.

Die Sonne schien und es sah aus, als ob sich im Himmel das Meer spiegelte. Ab und zu roch ich es auch, über den Benzingeruch und den Staub der Innenstadt hinweg. Aufgekratzt verließ ich das Zentrum. Das Meer hat mich schon immer angezogen. Es ist stets in Bewegung. Es kommt und geht und ist doch nie ganz weg. Es ist immer da, auch wenn man manchmal etwas weiter laufen muss, um es zu finden ...

Über breite Boulevards mit teuer aussehenden *boutiques* neben mächtigen historischen Gebäuden und, näher zur Küste, Alleen mit Zypressen und weiß getünchten Villen mit roten Ziegeldächern und Gärten voll blühendem Gehölz erreichte ich die Promenade am Wasser. Turmhohe Hotels mit Sonnenterrassen und Schwimmbädern hinter grünen Hecken oder Papyrus, Café-Restaurants, farbige Sonnenschirme, Souvenirläden ... alles genau wie bei uns, nur südländischer. In einem Eimer mit Sand klapperten fröhliche Windrädchen. Ich nahm mir vor auf dem Rückweg eines für Dries zu kaufen.

Vor meiner Abreise hatte ich mit Lukas zusammen überlegt, welcher der einfachste Weg wäre, mit dem Kapitän von dem Baggerschiff in Verbindung zu kommen. Er hatte mir auch einen Brief mitgegeben, mit Erklärungen über den Zweck meiner Reise, für den Fall, dass ich alleine nicht klarkommen würde. Doch ich sah es als Ehrensache an, es zuerst alleine zu versuchen. Ich war nur noch einen Tag in der Woche in Plansjee, hatte immer weiter abgebaut. Bald, am dreizehnten Mai, würde ich meinen Geburtstag feiern, meine Collage bekommen und Abschied nehmen. Ich würde die Tür hinter mir zuziehen und noch einen Moment auf der Türschwelle stehen bleiben. Ich war kein Kind mehr und fast erwachsen. Wahrscheinlich würde ich in der Zeit danach noch ab und zu hereinschauen, mich zunehmend fremder fühlen, wie ich es bei Vif und Arno und den anderen mitbekommen hatte. Noch mal hereinschauen, doch nie wieder zurückkehren. Mir fiel der eine schreckliche Aufsatz wieder ein. Manchmal muss man einen Schlussstrich ziehen und möchte es nicht. Und manchmal will man und kann es nicht ...

In der örtlichen Gendarmerie verwiesen sie mich zur Küstenwache. Ihr Posten lag am anderen Ende der Promenade, noch am Jachthafen vorbei.

Die Boote dümpelten weiß und glitzernd in der Sonne. Masten und Taue scheuerten im Wind, irgendwo klapperte das losgeschlagene Stück einer Persenning. Fast nirgendwo an Bord war Leben zu sehen. In einiger Entfernung, über einem hölzernen Fischerboot, kreisten Möwen. Ab und zu stürzte sich eine fast senkrecht hinunter, einen schrillen kriegerischen Schrei ausstoßend.

Der Wind war ziemlich kräftig, doch mild; mir wurde es zu warm in meinem Pulli. Ich zog ihn aus und verknotete ihn mit den Ärmeln um meine Taille. Ich

freute mich meine nackten, blassen Arme in die Sonne halten zu können. Endlich wieder Sommer!
Die Promenade führte an Bänken und Pflanzenkübeln entlang. Da und dort erkannte ich einen Oleander, einen Lorbeerbaum, einen Hibiskus. Mein Biolehrer würde stolz auf mich sein, doch ich dachte dabei an Chuck. Auf dem Rückweg könnte ich vielleicht Stecklinge für ihn mitnehmen. Alle hatten mir versprochen die Daumen zu drücken und sogar Kerzen anzuzünden. Kari hatte mir eine Zeichnung für Margreet mitgegeben. Und Evelien einen dicken Brief und ein Päckchen mit einer kleinen, sehr weichen Stoffmaus. Wir hatten sie zusammen ausgesucht und dafür in Leuven alle Läden abgeklappert.
Zwischen einem luxuriösen Hotel und einem Appartmenthaus, in dem sich im Parterre ein Imbiss mit einem Straßencafé unter Sonnenschirmen aus Schilf befand, versuchte sich ein kleines, schmales Café zu behaupten. Es führte einige Stufen zur Terrasse hinauf, auf der gerade Platz war für drei grüne Eisentische mit Stühlen. An den Holzstützen, die die Überdachung trugen, wanden sich eine Art Weinreben empor – vielleicht waren es sogar echte. *Le Philosophe* war in altmodischen, weißen Buchstaben auf das Fenster gemalt. Vor dem Eingang schlief ein großer, grauer Hund mit dem Kopf auf den Pfoten. Er schaute nicht mal hoch, als ich vorbeiging.

Es war noch früh am Tag und nicht viel los. Nur die Einheimischen, für die es ein normaler Arbeitstag war, waren unterwegs und ein vereinzelter Tourist, der noch vor dem Frühstück auf dem Strand joggen wollte – ein Träumer oder ein Fitnessfreak. Auf dem Wasser tanzten die ersten bunten Segel der Surfer Tango mit den Wellen.

Ich sehnte mich nach Margreet. Hier mit ihr herumschlendern, das alles hier mit ihr zusammen sehen ... Der Gedanke war unerträglich, dass sie ganz in der Nähe sein könnte und wir uns wegen ein paar Sekunden, ein paar Metern verpassten.

Der Offizier der Küstenwache konnte sich gut an sie erinnern. »Evidemment« war das Wort, das er gebrauchte.

Etwas anderes hätte mich auch gewundert.

Ich sagte, ich müsse sie dringend finden und dass sie aller Wahrscheinlichkeit nach versucht hatte Kontakt aufzunehmen mit dem Kapitän von *Les Néréides II*, dem Baggerschiff, das hier in der Nähe liegen sollte.

»In der Nähe ist übertrieben«, korrigierte er mich. »Es war Mittwochabend, als sie ankam ... Etwa um sieben, ich aß gerade ein Häppchen ...«

Um diese Zeit hatte ich gerade mit Evelien am Stadtwall gesessen, überlegte ich, und das rührte mich, ich weiß nicht, warum.

»Wie sah sie aus?«, fragte ich.
»Also ... nicht leicht zu verunsichern ... Warum lachen Sie?«
»Das ist sie genau ... Aber ich dachte mehr an schwarze Klamotten und so, kurze kupferfarbene Haare ...«
Das französische Wort für Schädel wollte mir nicht einfallen.
»Ja, das auch.«
Das Telefon klingelte und er nahm den Hörer ab. Ab und zu notierte er etwas auf dem Notizblock.
Er war ein großer, stämmiger Mann mit grau melierten Haaren, die ihm vom Kopf abstanden, über einem gebräunten Gesicht mit einem silbernen Schnurrbart.
Auf seinem Schreibtisch stand, leicht schräg, sodass ich einen Blick darauf werfen konnte, ein Foto von ihm und seiner Frau, zusammen mit ihren drei Söhnen, die im Alter nicht weit auseinander zu sein schienen. Den jüngsten schätzte ich auf etwa zehn, wenn ich ihn mit Stijn verglich. Sie saßen auf dem Felsvorsprung, der sich wie eine natürliche Mole in die blaue Bucht hinauszog. Im Hintergrund, auf der Spitze, ragte der weiße Leuchtturm empor. Die Familie auf dem Foto lachte sich mehr gegenseitig an als ins Objektiv.
Der Offizier legte auf und schaute mich wieder an.
»Sie wollte, dass wir sie an Bord brachten, weigerte

sich aber zu sagen, weshalb. So etwas geht bei uns nicht, aber sie drohte mit Hungerstreik ... Wieder so eine, die nicht warten kann, bis ihr Freund Urlaub hat, dachten wir anfänglich. Ich schlug vor eine Nachricht rüberzufunken. Als sie den Namen nannte, wusste ich sofort, dass es um den Mann ging, der am Vortag den Unfall hatte. Unsere Männer hatten ihn mit dem Hubschrauber geholt. Sie wusste offenbar noch nichts davon. Sie wollte auch nicht sagen, ob sie mit ihm verwandt war. Ist sie das?«

Ich schüttelte den Kopf. »Aber er ist sehr wichtig für sie. Ich fürchte, sie macht Dummheiten, wenn ich sie nicht finde.«

»Hm ... Sie sah aus, als ob sie so leicht nichts umhaut, aber das weiß man natürlich nie ganz sicher.«

»Sie haben es ihr erzählt?«

»So vorsichtig wie möglich.«

Ich seufzte; er fragte, ob ich Kaffee wollte.

Er holte ihn aus einer kleinen Küche hinter seinem Büro. Heiß und schwarz – hoffentlich wäre er so in Ordnung, er selber nähme nie Zucker und Milch. Ich nickte, in diesem Moment war mir alles egal. Mein Kopf sollte nur wieder klar werden.

»Hat sie auch gesagt, was sie weiter vorhatte?«, fragte ich. »Wohin sie gehen wollte oder so?«

»Nicht richtig. Ich habe sie zwar gefragt, um festzustellen, ob sie nicht zu sehr durcheinander war ... Ich habe sie auch gezwungen, eine Tasse Kaffee zu trinken, bevor sie ging. Essen wollte sie nicht, sonst hätte ich ihr ein Brötchen besorgt . . . Sie sagte, sie wisse es noch nicht, doch sie glaube nicht, dass sie noch länger in Biarritz bleiben würde . . . tut mir Leid.«

Ich nickte und trank meinen Kaffee aus.

Der Offizier begleitete mich bis zur Tür, bis hinaus auf die Promenade, seine Hand zwischen meinen Schulterblättern.

Ich sah stur geradeaus auf das Meer, über das die Sonne eine hauchdünne Schicht Blattgold legte.

Genau die Farbe ihrer Augen, dachte ich.

Ich wollte ihn fragen, ob er das auch gesehen hatte, doch ich zögerte zu lange und da klingelte hinter uns im Büro das Telefon. Er entschuldigte sich.

»Ich hoffe wirklich, Sie werden sie finden«, sagte er noch, bevor er sich umdrehte und hinausging.

Das Klingeln hörte auf und das französische Wort für Schädel fiel mir wieder ein: crâne.

Da musste ich weinen.

Genau eine Woche später, ebenfalls an einem Sonntag, sollte ich sie finden. In Santa Lucia de Mar, einem kleinen Fischerdorf gerade jenseits der spanischen Grenze.

Ich trocknete meine Tränen und überlegte, was sie

gemacht haben könnte, als sie den Posten der Küstenwache verlassen hatte. Bestimmt wollte sie malen, dachte ich.

Oder ging sie zuerst am Strand entlang?

Letzteres. Zuerst am Strand entlang.

Bis sie eine Stelle gefunden hatte, wo sie allein war und Steine in die Brandung werfen und den Sand zwischen den Fingern hindurchlaufen lassen konnte, wo er sich mit ihren Tränen vermischte und schlammig wurde. Ich musste an ihre Tonfigur denken. Sie selber hatte damals den Rumpf weggenommen. Sie verwahrte ihn in einer Schublade ihres Schreibtisches. Manchmal schaute sie ihn an, sagte sie, aber immer nur kurz.

War es halb acht, acht oder noch später, als sie den Strand verließ? Es war schon Abend gewesen, als sie vom Wasser zurückkehrte. Es war zu dunkel oder zu kühl gewesen, um noch draußen zu malen. Vielleicht hatte es auch geregnet. An diesem Tag waren gegen Abend über dem Stadtwall die Schleierwolken ineinander geflossen und dicker geworden wie große Milchpfützen. Evelien und ich hatten die Venus nicht finden können.

Ich sah sie nur an einem Ort malen.

Als ich bei *Le Philosophe* ankam, musste ich über den Hund hinwegsteigen. Er lag mitten auf der obersten Stufe, hob kurz den Kopf und schnupperte. Seine Augen waren glasig. Er war blind. Am Tisch in der linken Ecke, mit dem Rücken zur Wand, saß ein Mann und spielte Ziehharmonika. Er trug eine schwarze Baskenmütze und nickte mir zu. Ich fand ihn nicht gerade den Typ für ein Akkordeon, er war zu mager dazu. Ich ging an ihm vorbei und schob die Tür auf. Es war dämmrig und roch dumpf nach Kerzenwachs, Pfeifentabak und gelöschtem Kaminfeuer. Die knorrigen Balken und die Tische waren dunkel gebeizt. Es war niemand da. Ich rief ein paar Mal »Hallo?«, doch es kam keine Antwort. Ich ging wieder nach draußen. Die Sonne über dem Meer blendete mich einen Moment lang. Der Akkordeonist hörte zu spielen auf und stellte sein Instrument auf den Stuhl neben sich. Er stand auf, die runzligen Hände voller Altersflecken an den breiten, schwarzen Hosenträgern, die seine Hose bis fast unter die Achseln hochzogen.

»Wenn du dreiundsiebzig bist, wirst du lächeln über den Kummer von heute«, begrüßte er mich.

Er sprach langsam, mit einer tiefen, ruhigen Stimme. Sein Blick trieb mir erneut die Tränen in die Augen. Er zeigte auf einen Stuhl, und ohne etwas zu sagen oder zu fragen, ging er hinein. Er kam mit zwei Schnapsgläschen und einer fast vollen Flasche Apfelschnaps zurück. Seine Hand zitterte, doch er goss keinen Tropfen daneben, als er die Gläschen, wie es sich gehört, bis an den Rand füllte.

»Auf die Unvorsichtigkeit«, prostete er mir zu. »Aaaah! Zerbrich dir mal nicht den Kopf darüber, was das bedeutet, du wirst es irgendwann verstehen und dann ist es früh genug . . .«
Doch er sagte es mit milder Wehmut und ohne eine Spur von Verbitterung.
Er bewegte den Kopf kurz wie Lukas, von links nach rechts, was mir einen Stich von Wiedererkennen und Heimweh gleichzeitig gab. Er schlürfte seinen Schnaps und ich folgte seinem Beispiel. Danach schauten wir lange auf das Meer hinaus, das jetzt voller Surfer war. Ich fühlte mich völlig entspannt. Auch die Jachten segelten eine nach der anderen hinaus. Ihre Segel waren weiße Dreiecke auf dem Wasser.
Abends war das Licht wahrscheinlich anders gewesen.
»Du bist nicht hierher gekommen, um etwas zu trinken, sondern um etwas zu fragen«, sagte der Philosoph dann. »Was suchst du?«
»Nicht etwas. Jemanden. Ein Mädchen.«
Er schmunzelte und antwortete: »Bien sûr.«
Ich beschrieb ihm Margreet. Aus meinem Rucksack nahm ich die Mappe mit ihren Aquarellen und Zeichnungen. Ich zeigte sie ihm und er nickte auf eine Art, als ob ihm alles glasklar wäre.
»Sie ist hier gewesen«, sagte er. »Mittwochabend. Sie hat gemalt. Wir haben lange geredet, fast bis zum

Morgen. Danach hat sie ein paar Stunden im Stuhl geschlafen. Du musst Jasper sein . . .«

Er sprach meinen Namen komisch aus und trotzdem hörte ich ihre Stimme darin verborgen.

»Sie sucht auch«, sagte er, »und sie sieht nicht, wie nahe sie dran ist.«

Ich schaute ihn verständnislos an.

»Sich selber zu finden.« Er lächelte. »Die Menschen schaffen sich ihre Ruhelosigkeit selber.«

Er trank sein Glas leer und wollte meines noch mal nachfüllen, doch ich lehnte dankend ab, weil ich an mein Geld dachte, mit dem ich noch fast zwei Wochen auskommen musste. Er schraubte den Verschluss wieder auf die Flasche. Der Hund war mühsam aufgestanden und schleppte sich bis auf seine Füße.

»Wissen Sie, wo sie hin ist?«, fragte ich.

»Natürlich. An einen Ort, wo sie bleiben kann.«

Er sah meine Verwirrung und legte die Hand auf meinen Arm.

»Zu sich selber, Junge, wie du auch . . . Geh weiter Richtung Süden. Als sie hier Donnerstagmorgen losging, brachte sie ihre Aquarelle zur Post.« Er zeigte hinüber zur Küstenwache. »Ich habe sie nicht zurückkommen sehen.«

Ich bedankte mich bei ihm und fragte, was ich ihm schuldig sei, doch er wollte kein Geld nehmen.

»Willst du deine Flasche nicht mit Wasser füllen für unterwegs?«, fragte er, als er meinen Rucksack anschaute. »Geh nur rein. Und hinter dem Tresen ist die Tür zu meinem Wohnzimmer. Auf dem Tisch liegen meine Pfeife und mein Tabak – wenn du die mitbringen könntest . . . Die Beine wollen nicht mehr so recht . . .«
Davon hatte ich nichts bemerkt, als er den Apfelschnaps geholt hatte, doch ich verstand, als ich auf seinem Tisch ein Aquarell liegen sah. Es war ein blaugrüner Strudel und ein weißer, aufsteigender Schrei aus der schöpferischen Hand einer Sonne, von der ich nicht sagen konnte, ob sie unter- oder gerade aufging. Ich war ihm dankbar dafür, dass er mir diesen Augenblick mit ihr allein gegeben hatte, ohne mir auf die Finger zu schauen, und es tat mir Leid, dass ich daneben nichts von mir selber zurücklassen konnte. Ich konnte nur schauen.
Dann füllte ich meine Flasche mit frischem Wasser aus dem Hahn, nahm seine Pfeife und den Tabak und brachte sie ihm.
»Ne dis rien«, sagte er. »J'ai ton espoir à me rappeler.«
Er senkte nicht den Blick, doch seine Stimme stockte, als er meinen Namen aussprach.
»Au revoir, Jasper. Va-t'en maintenant.«
Wir gaben uns die Hand, dann nahm er sein Akkor-

deon und begann zu spielen, während ich, bevor ich die Stufen hinunterging, mich in einer plötzlichen Anwandlung neben den Hund kniete, seinen Kopf zwischen meine Hände nahm und ihn streichelte.

Solchen Menschen wie le philosophe bin ich unterwegs nicht mehr begegnet, doch in jedem Dorf gab es jemanden, der sich an Margreet erinnerte. Es war nicht schwierig, ihrer Spur zu folgen, wenn ich am richtigen Ort suchte. Ich entdeckte rasch, dass ich nicht in den großen, belebten Badeorten nach ihr fragen brauchte, nicht in der Umgebung von Luxushotels, Nachtklubs oder schicken Villen, sondern in den Gassen, wo das alte Fischerdorf sich um einen drei- oder vierhundert Jahre alten Kirchturm zusammenzog, auf einem Streifen zwischen der Bucht und den graugrünen Hügeln des Hinterlandes. Dorthin trieb es sie abends. Ich übernachtete sogar einmal dort, wo sie übernachtet hatte. In der Kuhle derselben Matratze, in der Mansarde einer einst vergötterten, jetzt von Gott und der Welt vergessenen alten Opernsängerin. Sie zeigte mir ihr Erinnerungsalbum mit ihren Triumphen und erzählte, als wäre es noch Mitte der fünfziger Jahre und sie bekäme noch jeden Abend Applaus und Rosen zugeworfen. Auf der letzten Seite war eine Federzeichnung von ihr, die Margreet gemacht hatte – der alten Frau sehr ähnlich, doch ganz in ihrer früheren Würde. Ich glaubte, in der Matratze den Duft von Margreets Stoppeln zurückzufinden, doch vielleicht war das Einbildung. Auf dem Nachtschränkchen neben dem Bett stand ein Glasteller mit vor vielen Sommern getrocknetem Lavendel. Ein anderes Mal schlief ich im Schuppen eines Mannes, der etwas erfinden wollte, aber noch nicht wusste, was. Die Nachbarn nannten ihn le fou, doch wenn irgendwo in einem Haus etwas zu reparieren war, klopften sie bei ihm an. Er erzählte mir, er hätte die Sohle von Margreets Sandale geklebt, und er zeigte mir den Rahmen, den er gerade in Arbeit hatte für das Porträt, das sie von ihm gezeichnet hatte. Bei einem Lebensmittelhändler tauschte sie ein Aquarell gegen Tomaten und Äpfel. Bei einem Bäcker kaufte sie Brot für eine Federzeichnung, für die er mit hochgekrempelten Ärmeln bei seinem Ofen postierte. Die war so gut gelungen, dass seine Frau eine von ihr wollte, auf der sie im Laden hinter der Theke steht. Eine Kundin, die das mitbekam, wollte eine für ihre Enkelin und schließlich musste sie einen halben Tag im Dorf bleiben und malen, bis ihre Finger wahrscheinlich steif waren. Vom Erlös, so erzählte man mir, hatte sie einen neuen Zeichenblock, zwei Töpfchen blaue und ein Töpfchen weiße Wasserfarbe und einige Pinsel gekauft. Das war in Ainhoa gewesen, kurz vor der spanischen Grenze, wo es weiße baskische Häuser gab, die zum Teil vier Jahrhunderte alt waren. Dort, wo noch Legenden lebendig waren über die Norbertiner, die im zwölften Jahrhundert neue Apostel unter den schweigsamen, rauen Fischern angeworben hatten. Ich wechselte bei der Bank etwas belgisches Geld gegen Pesetas. Es war Freitagnachmittag. Margreet hatte noch drei Tage Vorsprung.

Je genauer ich sie überall erkannte, desto stärker vermisste ich sie.

Ich fürchtete, immer zu spät zu kommen.

Wenn ich nirgends eine Schlafstelle fand, schlief ich am Strand. Mit dem Kopf auf dem Rucksack. Samstagmorgen regnete und windete es ununterbrochen. Weil ich seit Tagen nichts Warmes gegessen hatte, hatte ich es mir am Vorabend geleistet, in ein kleines Fischrestaurant zu gehen und gratinierte Muscheln zu bestellen. Ich war der einzige Gast und der patron hatte sich mit je einem Glas Weißwein auf Kosten des Hauses für uns beide zu mir gesetzt.

»Wir bekommen wieder Sturm«, hatte er gesagt.

Doch die paar Nebelschwaden über dem Meer, die sich über dem Mont Ereby und dem Col des Trois-Croix zu Wolken verdichteten, und die etwas stärkere Brise als sonst, die kleine, weiße Schaumkronen auf die Wellen quirlte, schienen mir nicht besonders Unheil verkündend zu sein. Ich hätte besser auf ihn gehört und mir ein Zimmer gemietet, doch ich hatte mir nun mal vorgenommen dafür kein Geld auszugeben. Der wichtigste Grund war jedoch meine Ungeduld. Jede Stunde, die ich weiterging, brachte mich Margreet näher.

Der Wind tobte, der Regen biss und ich hatte das Gefühl, Spießruten zu laufen – vielleicht wegen der mittelalterlichen Gebäude, die in den vergangenen Tagen überall meinen Weg gesäumt hatten. An der spanischen Grenze gestikulierte der Zöllner aus seinem Büro heraus, ich könne weitergehen. Die Lichter vom nächsten Dorf lagen einige Wegstunden vor mir.

Ich hatte nur Margreet im Kopf.

Ein paar Diskotheken und Nachtklubs waren geöffnet. Die grellen Neonreklamen leuchteten in der Dunkelheit. Einmal wäre ich fast irgendwo reingegangen. Ich war durchweicht und steif und fühlte meine Füße nicht mehr. Doch noch bevor ich auf der Schwelle war, kamen die Musik und das Gedröhne auf dem Tanzboden wie eine Dampfwalze auf mich zu und ich überlegte es mir anders.

Gegen Morgen legte sich der Wind und es hörte auf zu regnen. Die Erde duftete durchdringend und das Meer lag wie ein großer, beschlagener Spiegel da. Auf dem Rand eines Felsvorsprungs am Wasser fand ich eine Kapelle. Innen brannte ein schwaches Lämpchen hinter den kleinen vergitterten Bleiglasfenstern.

Ich drückte auf die Türklinke, die zu meiner Verwunderung nachgab. Im Lichtschein lächelte eine blaue Marienstatue zwischen weißen Rosen. Ich stellte den Rucksack ab. Meine Knie zitterten vor Müdigkeit; ich setzte mich auf eine der drei langen Holzbänke, die Arme um mich geschlagen, so wie Dries oft dasaß. Ich zitterte und klapperte mit den Zähnen. Und auf einmal war es ganz selbstverständlich, mich dort auszuziehen, pudelnackt, mich mit einem meiner Handtücher abzureiben und trockene Sachen anzuziehen, während ich die anderen zum Trocknen aufhängte. Danach legte ich mich mit einem Pulli unter dem Kopf auf die Holzbank. Der Duft von Kerzen und Weihrauch, vermischt mit dem der Rosen, war mir auf seltsame Weise sehr vertraut. Nach einer Weile hörten meine Zähne auf zu klappern und ich fiel in einen tiefen, ruhigen Schlaf. Als ich wach wurde, schien die Sonne vielfarbig durch das Bleiglasfenster. Es war fast halb zehn. Die Madonna lächelte, als ich die verkrampften Muskeln streckte und meine noch nassen Klamotten in eine Plastiktasche in meinen Rucksack packte. Ich suchte einige Münzen aus meiner Hosentasche zusammen und ließ sie in den Schlitz eines hölzernen Opferstocks fallen. Ich zündete eine Kerze an und an deren Flamme eine zweite – für Margreet und für mich –, als ob ich schon wüsste, was ihre Antwort sein würde.

In der Ferne hörte ich Glockengeläut. Es war Ostern.

Santa Lucia de Mar lag an einer kleinen Bucht am Felsenrand entlang – wie eine perlmuttfarbene Spindelschnecke, die dort nachts vom Sturm angespült worden war.

Ich ging auf bloßen Füßen an der Flutlinie entlang. Etwas oberhalb war der Sand schon wieder getrocknet und locker. Der Strand war hier schmaler und steiniger als da, wo ich herkam. Gegen elf Uhr erreichte ich die ersten Häuser: weiß, mit kleinen quadratischen Fenstern und roten Ziegeldächern, die Wäscheleinen voller Wäsche in den von Hecken umgebenen Gärten. Ich entfernte den Sand von den Fußrücken und zwischen den Zehen und zog die Schuhe wieder an. Die kleinen Straßen stiegen leicht an. Aus den Küchenfenstern wehte mir der Duft von Bouillabaisse oder Paella entgegen. Eine Frauenstimme keifte oder sang. Kinder mit großen braunen Augen und schwarzen Haaren hüpften auf einem Bürgersteig und hörten verlegen auf, als sie mich kommen sahen.

»Nicht weglaufen!«, rief ich, doch das verstanden sie natürlich nicht und kicherten.

Ich nahm die Mappe mit den Zeichnungen und Aquarellen von Margreet aus meinem Rucksack und zeigte sie ihnen.

»Margreet«, sagte ich und versuchte es weiter auf

Französisch – ob sie sie vielleicht gesehen hätten, por favor.
Sie nickten und schüttelten den Kopf, sodass ich daraus nicht schlau wurde. Ein Mädchen ging hinein und kam mit einer Frau, wahrscheinlich ihrer Mutter, zurück. Ich zeigte die Zeichnungen und wiederholte meine Frage. Sie lächelte und wies mit ausgestrecktem Arm auf die andere Seite des Dorfes.
»La-bàs«, und dann folgte ein Wortschwall in schnellem Spanisch, von dem ich nur einen Namen verstand.
Teresa wohnte etwas zurückgezogen, im letzten und höchst gelegenen Haus des Dorfes, unter einer breit gefächerten jahrhundertealten Zeder.
Margreet sagte mir später, es wäre eine Zeder, doch das war erst viel später. Anfangs schaute sie nur, nachdem ich mich vor sie gehockt hatte, und dann streckte sie die Hand aus, um mein Gesicht anzufassen mit den Bartstoppeln von mehr als einer Woche. Und ich schaute sie immer nur an, ihren Schädel und die Haare, die waren bestimmt zwei Zentimeter lang, doch noch immer aus Kupfer. Sie trug auch noch immer Schwarz: ein langes, ärmelloses Baumwollkleid, das über ihrer Brust etwas auseinander klaffte – eine scharfe Linie zwischen ihrer weißen Haut und dem Braun, das an ihrem Schlüsselbein anfing. Es war weit genug, um locker über und zwischen die Knie

zu fallen, während sie arbeitete, und lehmverschmiert wie auch ihre Arme und ihre Brille. Ich spürte, wie der Lehm auf meinem Gesicht trocknete, dort, wo sie mich mit ihren Händen berührt hatte. Sie saß auf einem Hocker vor einer Töpferscheibe. Hinter ihr und halb über sie gebeugt, stand eine Frau, zweifellos Teresa. Sie hatte ihre nackten Arme um die von Margreet gelegt und zeigte ihr, wie sie den Ton führen sollte. Ihre Köpfe waren nah und lachend nebeneinander, mit einer Vertrautheit, als ob sie sich schon seit Jahren und nicht erst seit einigen Tagen kannten. Ich hatte sie noch nie so glücklich gesehen. Ich schnallte meinen Rucksack ab, stellte ihn auf den Boden und legte die letzten zwei Meter zurück, die mich von ihr trennten. Ich schwankte vor Freude und mein Herz brach. Als ich mich vor sie hockte, fiel mein Schatten auf ihre Hände. Sie schaute auf. Ich wollte sagen, ihre Augen wären wie das Feld voller Schwertlilien, an dem ich gestern vorbeigekommen war, doch ich brachte kein Wort heraus. Sie streckte die Hand aus nach meinem Gesicht, als ob sie nicht glauben konnte, dass ich es war unter diesem Bart. Die Scheibe an ihren Füßen begann sich schneller und schneller zu drehen. Der Topf fiel zusammen. Sie weinte vor Freude.

Hinter ihr stand Teresa und sah zu, den Rücken gegen die weiße Mauer des Hauses gelehnt, die lehmverschmierten Hände auf dem ungeborenen Kind in ihrem kugelrunden Bauch.

»Du bist braun geworden«, sagte ich, als sie sich den Lehm von den Armen gewaschen hatte.

»Du aber auch.«

Es stimmte, ich hatte mich im Badezimmerspiegel kaum erkannt. Und auch sie musste noch mal mein Gesicht anfassen, sodass wir plötzlich still und ungewohnt nahe beieinander waren, nach all diesen Wochen. Ich traute mich nicht sie zu umarmen, auch wenn wir jetzt alleine waren, ohne Teresa, die in der Küche Gemüse schnitt für das Mittagessen. Es war Margreet, die mich an der Hand nahm. Sie wollte mir etwas zeigen.

Sie nahm mich mit zur Rückseite des Hauses. Zwischen der Zeder und einem Haken in der Mauer war eine Wäscheleine gespannt. Daran hingen lange Stoffbahnen, flatternd im Wind, und noch bevor sie es sagte, wusste ich, dass es Seide war. Ich erkannte die Farben der Aquarelle.

Margreet befühlte sie. »Sie sind trocken«, sagte sie.

Ich ließ sie durch die Hände gleiten. Eine tiefblaue Stoffbahn war dabei, mit Gold gesprenkelt, in sternförmigen Ausläufern. Die nahm ich von der Leine und legte sie ihr um die Schultern. Ihr Hals glühte unter der Sonne oder errötete sie so stark? Sie lachte und ich sagte: »Lass uns zum Meer gehen.«

»Ich sage Teresa Bescheid.«
Ich hörte Streiten und etwas später Weinen.
Margreet sagte nichts, als sie wieder herauskam, und ich fragte nicht danach, doch etwas stand zwischen uns auf dem Weg bis zum Strand.
Sie führte mich zu einem sandigen Einschnitt zwischen den Felsen, eine Viertelstunde vom Dorf entfernt, der hinter einer Biegung verborgen lag. Vor uns breitete sich eine wunderbare Bucht aus; in der Ferne, noch weiter nach Spanien hinein, lag die dunstige Silhouette San Sebastians. Außer uns war niemand da. An der Flutlinie pickten Möwen und einige Stelzenvögel nach kleinen Krustentieren und auf einer vorspringenden Felsinsel, etwa hundert Meter weit im Meer, hatten sich Pelikane versammelt. Ich hatte sie erst nicht gesehen, doch Margreet zeigte sie mir. Später, als sie aufflogen und sich uns näherten, um nach Fischen zu tauchen, erkannte ich sie auch.
Wir wussten nicht so recht, wo wir mit dem Erzählen anfangen sollten, doch wir begannen einfach, und während der eine redete und der andere zuhörte, wuchs die Wunde, die die Zeit geschlagen hatte, langsam zu; sie bekam eine Kruste und später eine neue, noch etwas bleiche und verletzbare Haut. Als wir müde wurden, legten wir uns nebeneinander in den Sand und sie schlief mit dem Kopf in meinem

Schoß. Und als wir aufwachten, holte sie Apfelsinen und Tomaten aus dem vertrauten Stoffbeutel.
Nur über uns und übers Zurückgehen hatten wir noch immer nicht gesprochen, als die Sonne unterging und das Meer unter dem fast vollen Mond silbern wurde. Die Luft hatte sich auf einmal stark abgekühlt und fröstelnd, die Arme umeinander gelegt, gingen wir zurück. Als Teresas Haus in Sicht kam, ließen wir uns los. Später konnte ich mich nicht daran erinnern, wer die Initiative ergriffen hatte; ich denke, wir waren es beide.
Teresa schlief in einem Sessel im Wohnzimmer und Margreet legte eine Decke über sie. Auf Zehenspitzen gingen wir in die Küche.
»Möchtest du noch etwas?«, fragte sie. »Etwas zu essen oder zu trinken?«
Dich streicheln, wollte ich sagen, doch ich bat sie um ein Glas Wasser.
Sie nahm eine Flasche und eine Schüssel mit Erdbeeren aus dem Kühlschrank.
»Sie kommen aus unserem Garten«, sagte sie, »heute Morgen gepflückt, als noch Tau drauf war.«
Unser Garten, sagte sie. Und ich war froh, dass ich es nicht gesagt hatte mit dem Streicheln.
Sie schenkte für sich und für mich ein Glas Wasser ein und begann die Stiele aus den Erdbeeren zu entfernen. Sie steckte mir eine in den Mund, dann sich

selber, immer abwechselnd, bis die Schüssel leer war. Zuerst fand ich die Beeren etwas sauer, doch ich gewöhnte mich daran und ich sagte ihr, dass der Geschmack ohne Zucker viel voller wäre. Als sie lachte, waren ihre Lippen rot.
Es war sehr still im Haus und es duftete intensiv nach Farbe, Terpentin und Ton.
Fast gleichzeitig mussten wir gähnen.
Sie stand auf und streckte ihre Hand nach mir aus.
Oben war das Doppelbett mit frischen, gestärkten Laken bezogen. Wir zitterten, doch unsere Haut wurde weich füreinander – mehr wollte sie nicht. Es gab noch unendlich viel Zärtlichkeit und die wollte sie fühlen, bevor sie so weit war sie auch zu verlangen.
Teresa saß am hölzernen Gartentisch, als wir am nächsten Morgen vom Frühstücken kamen und abgewaschen hatten. Sie hatte dunkle Ringe unter den Augen. Margreet stellte sich hinter sie und umarmte und wiegte sie und flocht ihr dickes schwarzes Haar zu einem langen Zopf, mit einer Fuchsienblüte aus der Kletterranke am Regenrohr. Sie flüsterte etwas in Teresas Ohr, die mich anlächelte, während sie den Ton weiterformte. Auf einem Holzgestell stand eine eiförmige Konstruktion aus Gips und Eisendraht, auf die sie mit einem Spachtel Tonschichten anbrachte, die sie anschließend mit ihren Fingerspitzen modellierte. Ich konnte erkennen, dass es ein Gesicht werden sollte.

Wir gingen wieder zum Meer. Margreet trug ein langes, enges schwarzes Kleid und den Schal von gestern um den Hals. Wir verbrachten den Tag wie den vorigen, redeten und betrachteten das Meer und die Pelikane; wir aßen Äpfel und Brot mit Ziegenkäse und schliefen im Sand.

Ich erzählte ihr, dass ihre Mutter sie vermisste und sich Sorgen um sie machte. Ich sagte auch, dass sie sich scheiden lassen wolle. Sie nickte und biss sich auf die Lippe und ich meinte, es rann ihr eine Träne aus dem Augenwinkel. Sie sagte nichts darauf.

Ich hatte die Geschenke mitgenommen und gab sie ihr. Die Zeichnung von Kari, den Brief und die Stoffmaus von Evelien. Sie zitterte wieder wie damals an ihrem ersten Tag in Plansjee. Der schmale Träger ihres Kleides rutschte von ihrer Schulter. Ich strich mit meiner Fingerspitze darüber und sie schmiegte ihren Kopf gegen meine Hand, ganz kurz, bevor sie plötzlich aufsprang und wegrannte, um einige hundert Meter weiter unter einer Pinie den Brief von Evelien zu lesen. Später wiegte sie sich selber in ihren Armen. Ich ließ sie und schaute nur zu ihr hinüber. Nach etwa einer Stunde kam sie zurück. Sie setzte sich neben mich und zog meinen Kopf auf ihren Schoß. Die Sonne brannte durch meine Augenlider hindurch. Ich drehte mich um, sodass mein Gesicht nur noch durch den dünnen Stoff ihres Kleides von ihrer Haut getrennt war.

Es wurde wieder Abend. Diesmal hatte sie Pullis mitgenommen. Einen aus meinem Rucksack und für sie den Pulli, den ich ihr an dem bewussten Abend in Plansjee um die Schultern gelegt hatte.

»Du trägst ihn noch«, sagte ich.

»Natürlich. Komm, gehen wir spazieren!«

Und dann, im Dunkeln am Meer, konnte die Frage gestellt werden, auf die wir beide die Antwort kannten.

»Teresa ist in dich verliebt«, sagte ich.

»Ich weiß.«

»Sie bekommt ein Kind.«

»Das wollte sie so. Der Vater weiß es nicht. Sie hat es ihm nicht erzählt und er ist nach den Ferien wieder nach Paris gefahren.«

»Ich würde so was nie verzeihen, wenn ich es herausfinden würde.«

»Du und ich würden so was auch nie machen, Jasper.«

Sie hatte meine Hand genommen und so gingen wir weiter.

Heute war der Mond ganz rund. Es schienen auch mehr Sterne am Himmel zu stehen als sonst. Und dort stand die Venus. Ich dachte kurz an Evelien. In dieser Nacht verstand ich sie. Margreet hatte ich nur erzählt, dass wir Freude seien. Sie hatte sich gefreut.

»Bist du auch in Teresa verliebt?«, fragte ich sie nun.

»Nein. Aber ich mag sie gern. Und Evelien auch. Aber nicht, wie ich dich gerne mag ... Sie machen mir keine Angst.«

»Ich würde dir nie etwas zu Leide tun.« Ich erstarrte.

»Das ist es nicht, Jasper, das weiß ich doch!«

Sie nahm mein Gesicht in ihre Hände und zwang mich sie anzuschauen.

»Es ist das hier«, sagte sie, »deinen Augen so nahe zu sein und mich ganz durchschauen zu lassen und dich ganz kennen lernen wollen ... Es ist wie ein freier Fall über dem Meer und kein einziges Rettungsboot in der Nähe.«

Sie schwieg einen Moment und sagte dann: »Ich kenne mich selber nicht mal. Vielleicht habe ich davor noch am meisten Angst; davor, wie ich mich selber in deinen Augen sehen werde. Ich werde nie wissen, ob ich wirklich dieses Bild bin, wenn ich es nicht zuerst für mich selber herausgefunden habe.«

Sie ließ mein Gesicht los, wandte sich ab und schaute über das Meer.

Sie weinte. Und ich stellte mich hinter sie, so wie sie und Teresa das machten, und zog ihren Rücken sanft nach hinten, sodass sie sich an mich lehnen konnte. Meine Arme legte ich auf die ihren.

Ich sagte ihr, was le philosophe gesagt hatte. Dass wir, sie und ich, das Gleiche suchten und dass die Menschen selber ihre Ruhelosigkeit verursachten.

»Er sagte, du wärst ganz nahe dran, dich selber zu finden.«

»Wirklich, das hat er gesagt?«

»Ja.«

»So fühle ich es auch. Ich brauche nur noch mehr Zeit. Um mich selber gut zu kennen und davor nicht wegzulaufen. Darum muss ich hier noch eine Weile bleiben.«

»Und dann?«

»Wir werden sehen. Hast du etwa keine Angst?«

»Oft sogar. Aber weißt du, Margreet, als wir Apfelschnaps tranken, da stieß er auch auf die Unvorsichtigkeit an. Manchmal muss man einfach Vertrauen haben und springen. Es wenigstens versucht haben. Ich will nicht mein ganzes Leben am Rand langlaufen.«

»Wir sind siebzehn.«

Ich drückte ihr einen Kuss auf ihren Schädel und, mit meinem Arm um sie gelegt, gingen wir nach Hause. Es sollte das letzte Mal sein, dass sie in meinen Armen schlief. Ich schwor den Sternen, ich würde die ganze Nacht wach bleiben, um sie anzuschauen, doch morgens wachte ich auf von ihrem Finger, der an meinem Bart entlangstrich.

Teresa gab mir Erdbeeren mit und Äpfel, Brot und Ziegenkäse und eine Schachtel, die ich erst zu Hause aufmachen durfte, doch ich konnte mir denken, was sie enthielt. Als ich sie umarmte, bewegte sich das Kind in ihrem Bauch. Sie ging nicht mit, um mich wegzubringen.

Margreet und ich waren still unterwegs. Manchmal blieben wir stehen, um das Meer anzuschauen. Und wir sagten zueinander, dass die Punkte hoch oben am Himmel Pelikane sein müssten.

Bei der Kapelle, in der ich in der Sturmnacht geschlafen hatte, wollten wir Abschied nehmen. Wir gingen noch für einen Augenblick hinein, um Kerzen anzuzünden und Hand in Hand auf der Bank zu sitzen. Wir kerbten mit meinem Taschenmesser unsere Initialen in die Bank, während die Madonna lächelnd ein Auge zudrückte.

»Sag meiner Mutter, es geht mir gut«, sagte Margreet. »Und dass ich sie gern hab.«

Sie nahm einen Schal in rosa und lila Tönen aus ihrem indischen Beutel.

»Der ist für sie«, sagte sie. »Es sind ihre Farben.«

Sie hatte auch einen eisblauen für Evelien. Und alle anderen sollte ich grüßen. Und Kari drücken für die Zeichnung.

Auch Tims Vater sollte ich grüßen, wenn ich ihn im Krankenhaus besuchte.

Ich versprach es ihr und es wurde so still, dass wir uns gegenseitig schlucken hörten.

Es war Zeit, zu gehen.
»Mach die Augen zu«, sagte sie heiser.
Sie band mir ein Seidentuch um, und als ich, wie ein Blinder von ihr nach draußen geführt, wieder schauen durfte, hatte sie sich umgezogen. Weiß und blendend stand sie vor mir in der Sonne, vor dem blauen Hintergrund des Meeres.
Ich wollte ihr den Schal wieder um den Hals legen, doch sie hielt meine Hand fest.
»Trag du ihn, Jasper, und ich trage die Nomadenfarben. Bis ich zurückkomme. Und dann sehen wir weiter.«
»Ja, dann sehen wir weiter.«
Ich umarmte sie und streichelte kurz mit meinem Finger über den Kopf der Ratte in ihrer Hand. Dann schnallte ich den Rucksack fest und nahm die Schachtel von Teresa, mit dem kleinen Frauenkopf aus Ton.
Und wenn ich auch lächelte – das Meer blendete mich noch lange Zeit.

Maria Seidemann

BIG CITY RAP

An diesem Nachmittag beschlossen wir eine Band zu gründen, Simon und ich. Natülich kam nur HipHop in Frage, was sonst.
Simon dachte sich die Rhymes aus, er konnte besser rappen als ich, jedenfalls am Anfang, und er machte perfekt Beat Box. Ich war fürs Mixen zuständig und für die Scratches.
Tame Birds sollte unsere Band heißen. Denn *Tame Birds* hieß der Song, den Simon gemacht hat, bevor er das erste Mal bei unserer Gang auftauchte. *Zahme Vögel singen von der Freiheit. Wilde Vögel fliegen.*

160 Seiten. Arena Taschenbuch – Band 2591
Ab 14 Jahren

Arena

Inge Meyer-Dietrich

Immer das Blaue vom Himmel

Gianna, Laura, Matthias und Arne sind ein tolles Vierer-Gespann. Für Matthias könnte es eigentlich nicht besser laufen. Aber alles ändert sich, als sein Vater, den er bewundert hat, nach einer Entziehungskur rückfällig wird. Matthias hält es zu Hause nicht mehr aus und zieht zu seinem väterlichen Freund Mahagoni. Selbst die Beziehung zu Gianna scheint am Ende zu sein. Doch Matthias hat Freunde, die ihn nicht allein lassen. Nach einer Zeit der Suche findet er Halt in seiner Liebe zu Gianna – und endlich findet er auch seinen Vater wieder.

184 Seiten. Arena Taschenbuch – Band 2588.
Ab 14.

Arena
LIFE

Barbara Büchner

Biggi, spurlos verschwunden

Petra ist verzweifelt: Nach einem Streit mit dem Stiefvater ist ihre Schwester Biggi verschwunden. Einfach von zu Hause Abgehauen.
Petra macht sich auf ihre Weise auf die Suche nach der Vermissten; Sie versucht Biggi mit einem Aufruf in ihrer Lieblingsfernsehserie zum Heimkommen zu bewegen!

184 Seiten. Arena Taschenbuch – Band 2590.
Ab 14.

Arena

Christian Bieniek

IMMER COOL BLEIBEN

Marcel, 15 Jahre, muss sich mit einem ganzen Haufen Probleme herumschlagen: Er liebt immer mindestens zwei Mädchen gleichzeitig, soeben haben sich seine Eltern getrennt, er hat zu viele Pickel im Gesicht, seine Schulkarriere ist auf dem absteigenden Ast und seine Band hat zwar wieder einen Auftritt, spielt aber miserabel.

Wie Marcel die Dinge – insbesondere in der Liebe – in den Griff bekommt (oder sie ihn?), das berichtet er selbst mit Witz, Pep und einer kräftigen Dosis Selbstironie.

184 Seiten. Arena-Taschenbuch – Band 2587
Ab 13

Arena
LIFE